"Esta obra nos ofrece una contribución relevante sobre la relación entre el Espíritu de Dios y de Cristo como el 'habilitador', 'fuente', y 'fuerza' de la vida virtuosa y de santidad del creyente en las siete cartas indiscutiblemente paulinas. Naveros analiza estas cartas en el contexto de la literatura greco-romana, especialmente el estoicismo y (neo)platonismo, y judeo-helenista, así como el desarrollo del pensamiento del Apóstol después de su 'llamada profética' en un horizonte escatológico que anticipa el juicio y la transformación definitiva del creyente a imagen del Hijo, Jesucristo".

—FELIPE DE J. LEGARRETA, Universidad de Loyola, Chicago

"El trabajo de Nélida Naveros es una aportación significativa al tema de la relación entre el Espíritu y las virtudes a los estudios paulinos en español. Su argumentación tiene importancia actual, no solo por subrayar el aspecto ético de la predicación de Pablo, sino porque presenta evidencia de cómo esta estuvo influenciada por elementos filosóficos (estoicos y platónico-medios) dentro del contexto del pensamiento de la diáspora helenístico-judía que el Apóstol de los gentiles supo sintetizar".

—ROBERTO MARTÍNEZ, Pontificia Universidad Católica de Puerto Rico

"En este estudio fresco y erudito de la comprensión de Pablo sobre el Espíritu, Nélida Naveros descubre su desarrollo gradual en el pensamiento, aparte de las convenciones sobre el 'espíritu' en la filosofía judía-helenística y greco-romana de su época, una comprensión cada vez más profunda de que el Espíritu es la fuente de toda virtud. Naveros aplica un estudio minucioso de los textos pertinentes, examinando primero el concepto 'espíritu' en las primeras cartas (1 Ts; 1 Co; Gl) y luego en las posteriores (2 Co; Flp; Flm; Ro) donde muestra al lector el crecimiento de la visión y convicción de Pablo, y su coherencia dinámica con sus enseñanzas de la vida en Cristo. Este importante estudio descubre no solo los fundamentos de nuestra visión cristiana del Espíritu como fuente de todas las virtudes, sino que también evidencia el propio crecimiento y desarrollo de Pablo en su vida profética y apostólica".

—WENDY COTTER, CSJ, Universidad de Loyola, Chicago

"Con una meticulosa investigación y análisis, a través de esta obra escrita en prosa clara y accesible, Nélida Naveros añade una nueva dimensión a nuestra comprensión del discurso ético de Pablo".

—GILBERTO A. RUIZ, Colegio San Anselmo

San Pablo, el Espíritu y las Virtudes

San Pablo, el Espíritu y las Virtudes

NÉLIDA NAVEROS

RESOURCE *Publications* · Eugene, Oregon

SAN PABLO, EL ESPÍRITU Y LAS VIRTUDES

Resource Publications
An Imprint of Wipf and Stock Publishers
199 W. 8th Ave., Suite 3
Eugene, OR 97401

www.wipfandstock.com

PAPERBACK ISBN: 978-1-6667-7753-6
HARDCOVER ISBN: 978-1-6667-7754-3
EBOOK ISBN: 978-1-6667-7755-0

08/04/23

Dedico este mi libro a mis hermanos,
Angelí, Liliana, Simone, y Abraham, con amor.

Contenido

Reconocimiento

QUIERO AGRADECER A QUIEN en vida fue mi Doktorvater, Thomas H. Tobin, SJ, por el amor que me inculcó a los estudios del Nuevo Testamento. Su ejemplo me inspiró a escribir este libro en castellano, mi lengua materna. Sus ideas y sugerencias hicieron posible que esta obra tenga un buen contenido. A mi mentor Gregory E. Sterling, Decano de Yale Divinity School, quien fue el primero que me motivó a estudiar mi doctorado cuando hacía mis estudios de maestría en la Universidad de Notre Dame. Quiero también agradecer de manera especial a Wendy J. Cotter, quien sabiamente me animó y asistió a seguir mis metas profesionales y ser una estudiosa bíblica. Un sincero agradecimiento al equipo editorial de Wipf and Stock, por el excelente trabajo que realizaron para la publicación de este libro. A mi hermano Abraham Naveros Córdova por ayudarme a leer el manuscrito y corregir el castellano. Muchas gracias a mis amigos y amigas Latinas que me incentivaron a escribir este libro. A mis hermanos y familia que siempre están allí apoyándome en todos mis proyectos académicos. A mis hermanas religiosas, especialmente a la Hermana Lydia Steele, por su amor y apoyo incondicional. Gracias!

Introducción

AL ESTUDIAR LAS CARTAS de Pablo (ca. 8 ac – 68 dc), uno encuentra sin mucho esfuerzo la conexión entre el concepto "espíritu" y su ética. De hecho, numerosos libros y métodos y enfoques han sido aplicados para proporcionar un mejor entendimiento de esta importante relación.[1] Los estudiosos bíblicos han reconocido al "espíritu divino" como el principio fundamental que apodera y transforma a los creyentes a actuar moral y éticamente — su posesión les permite vivir virtuosamente según el espíritu. Pero los estudios bíblicos están en desacuerdo sobre si el creyente (que posee el espíritu) tiene un papel pasivo o activo en el trabajo ético del espíritu, y si la opinión de Pablo sobre el espíritu fue influenciada por las ideas del Antiguo Testamento o el pensamiento judío-helenista o quizás ambos. Por consiguiente, estas preguntas importantes exigen un nuevo estudio.[2] Este libro dedica amplia atención a las nociones del espíritu en el mundo greco-romano y la tradición judía-helenística, y explora cómo las diferentes formas de entender el concepto del espíritu en ese *milieu* han afectado la manera de cómo Pablo aplica el espíritu en su enseñanza sobre las virtudes dentro de los contextos de sus siete cartas.[3]

1. Los estudios más importantes sobre el espíritu y la ética de Pablo son: Ernesti, *Die Ethik*; Pfleiderer, *Paulinism*; Pfleiderer, *Lectures on the Influence of the Apostle Paul*; Gunkel, *Influence of the Holy Spirit*; Bultmann, "The Problem of Ethics in Paul," 195–216; Schweitzer, *Mysticism of Paul the Apostle*, 293–333; Stalder, *Das Werk des Geistes*; Furnish, *Theology and Ethics*, 242–94; Wendland, *Éthique du Nouveau Testament*; Dunn, *Jesus and the Spirit*, 199–258; Barclay, *Obeying the Truth*; Horn, *Das Angeld des Geistes*; "Wandel im Geist," 149–70; Rabens, *Holy Spirit and Ethics*.

2. Por ejemplo, Fishbane, *Biblical Interpretation*; Miller, "Intertextuality," 238–309; Beale, "Old Testament Background," 1–38.

3. Baur, *Paul, the Apostle of Jesus Christ*, 245–49. Cf. Vincent, *Epistles to the Philippians and to Philemon*, xxvi; Gray, *Opening Paul's Letters*, 39–65, 139–51; Richards, *Paul and First-century Letter Writing*; Collins, *Letters that Paul Did Not Write*; Brisebois, *Saint Paul*, 59–67; Bassin, *Les Epitres de Paul*, 46–50.

Recientemente varios estudiosos bíblicos han analizado textos judíos del Período del Segundo Templo, la literatura griega y judía-helenística, así como Finny Philip (la literatura judía-helenista),[4] Craig S. Keener (la literatura greco–romana),[5] y también Rabens (la literatura judía-helenística y griega).[6] Este estudio se basa en la valiosa información ofrecida por estos autores, y pone de relieve el amplio mundo griego en el que vivieron Pablo y su audiencia. También explora *cómo* ese mundo ayudó a Pablo a dar forma a sus pensamientos sobre el espíritu y su función en la enseñanza de las virtudes cristianas y su práctica una vez que se unió a la primera comunidad de creyentes. Este libro sitúa a Pablo y su audiencia dentro del amplio contexto greco-romano. Tomando en cuenta las perspectivas de la época judía-helenista y griega, este libro analiza el desarrollo del espíritu en la enseñanza ética de Pablo. Lo que antiguamente fue entendido principalmente como un concepto estoico relacionado con el cosmos (en la filosofía griega) y como el Espíritu de Dios (en el judaísmo helenista), el espíritu se hizo la *fuente* de todas las virtudes en el nuevo mensaje ético de Pablo. Este libro ilustra cómo el espíritu se hace la *fuente* de todas las virtudes cristianas en la vida ordinaria de los judíos y gentiles creyentes, como bien se refleja en las primeras y posteriores cartas de Pablo.[7] A lo largo de este libro, incluyo a Filón de Alejandría en la discusión. Este estudio es revelador para

---

4. Finny, *Origins of Pauline Pneumatology*, explorando el entendimiento de Pablo sobre el espíritu, centrándose en el Antiguo Testamento y otros textos judíos del Período del Segundo Templo, muestra cómo las convicciones pre-cristianas de Pablo acerca del espíritu y de su propia experiencia en el camino de Damasco y primeros años con la primitiva comunidad de creyentes son factores clave que influyeron en su pensamiento acerca del espíritu. Tomando en cuenta las declaraciones biográficas de Pablo (Gl 1,13–14; Flp 3,5–6; Hch 22,3–30; 26,1–23), Philip afirma que Pablo estaba familiarizado con las diversas corrientes del pensamiento judío sobre la naturaleza y los efectos del espíritu prevalentes en el primer siglo dc.

5. Keener, *The Mind of The Spirit*, enfatiza la mente del espíritu y cómo puede dominar la mente corrupta. Utilizando un gran número de antiguas fuentes filosóficas griegas, Keener sostiene que según Pablo caminar/vivir en el espíritu requiere un constante replanteo de volver hacia Dios inspirado por las "cosas" de Cristo. Según Keener, Pablo emplea lenguaje común a partir de la reflexión filosófica para centrarse en Cristo y su papel en la transformación de los creyentes. Dentro de este contexto filosófico griego, Pablo habla de la mente dañada y la mente de la carne, en contraste con la mente del espíritu, la mente de Cristo, y la renovación de la mente humana.

6. El hincapié de Rabens (*Holy Spirit and Ethics*, 124) es el rol del espíritu en la conducta ética de los creyentes, y él lo ilustra a través de un conocimiento más profundo y una relación íntima con Dios, Jesús, y la comunidad de fe en el que los creyentes son transformados y capacitados por el espíritu para una vida ética-religiosa.

7. Para este estudio uso en el esquema de trabajo proporcionado por Dunn en su *Beginning from Jerusalem*, 2:510–12. Véase también Murphy-O'Connor, *Paul*, 184; Riesner, "Pauline Chronology," 9–29; Donfried, *Paul*, 99–117.

comprender mejor las maneras de cómo Pablo *negocia ambas* tradiciones la judía helenista y griega (filosófica) en el desarrollo de su propia enseñanza ética. Espero que este estudio abra las puertas a nuevos métodos y enfoques destinados a mejorar nuestros conocimientos sobre los mundos complejos del judaísmo y del cristianismo en el primer siglo dc.[8]

EL PRE-CREYENTE PABLO EN SU CONTEXTO GRIEGO Y JUDÍO

Antes de entrar en la discusión de cada capítulo, es importante ofrecer una breve descripción de la historia personal de Pablo para ubicarlo dentro de los contextos culturales y religiosos del primer siglo dc.[9] En los últimos tiempos, uno de los temas debatidos entre los eruditos modernos es sobre la pregunta, "¿Qué clase de judío fue Pablo?" Sanders, por ejemplo, define a Pablo como "básicamente judío, pero no un observante de la ley judía.[10] N. T. Wright afirma que Pablo era "un profundo pensador judío".[11] Mark D. Nanos, un defensor de Pablo y su adherencia al judaísmo, argumenta que Pablo era judío y su pensamiento y predicación fueron siempre en línea con la observancia de la ley judía (1 Co 9,19–23).[12] Recientemente, Paula Fredriksen ha ofrecido un argumento convincente del compromiso de Pablo al judaísmo. Una de las características de Fredriksen es su énfasis en la perspectiva escatológica de Pablo en la espera del Mesías judío. En este contexto, afirma que Pablo fue,

---

8. Los estudiosos han llegado a la conclusión de que la definición de "*judaísmo*" en el tiempo de Pablo no es fácil. Véase Sanders, *Paul and Palestinian Judaism*; Segal, *The Other Judaisms*. Sabemos también que el cristianismo primitivo en el tiempo de Pablo no fue uniforme. Véase Meeks, *The First Urban Christians*.

9. La poca evidencia que tenemos acerca de la vida de Pablo viene de sus propias cartas y los Hechos de los Apóstoles. En la carta a Filemón 9 (ca. 61–63 dc), Pablo se describe a sí mismo como un hombre viejo. De esta dato, podemos deducir que Pablo nació en ca. 8 dc y murió en algún momento a mediados o finales de los 60s, quizás en ca. 68 ac. Murphy-O'Connor, (*Paul*, 8) sitúa su nacimiento en 6 dc y su muerte en los 60s dc. Dunn (*Beginning from Jerusalem*, 2:512) pone el nacimiento de Pablo alrededor de ca. 2 ac–1 ac y su muerte a comienzos de la década de los 60s dc. No hay información clara acerca de la situación social de la familia de Pablo. Basada en Hch 18,3, algunos estudiosos sugieren que Pablo, quien tenía el mismo oficio, fabricante de carpas, como Aquila y Priscila, habría pertenecido a la clase media baja. Otros estudiosos argumentan que Pablo era de una condición social relativamente alta. Ver Schnelle, *Apostle Paul*, 62–63; Hengel y Deines, *The Pre-Christian Paul*, 15–17; Glover, *Paul of Tarsus*, 15.

10. Sanders, *Paul*, 111–14, 144.

11. Wright, *Paul and the Faithfulness*, 1407, 1410, 1408.

12. Nanos, *The Mystery of Romans*, 8, 15. Véase también Frey, "Paul's Jewish Identity," 285–321.

y continuó siendo un judío, y su misión apostólica "era totalmente coherente con las promesas de Dios a su pueblo Israel".[13]

En un mundo que estaba sumamente caracterizado por su gran cultura helenística–romana, Pablo fue y se vio a sí mismo como un verdadero judío.[14] Describiendo su vida anterior antes de su experiencia de Cristo resucitado, Pablo escribe en Gálatas, "Yo estaba adelantando en el judaísmo más allá de muchos contemporáneos de mi propia nación, más aún siendo extremadamente celoso de las tradiciones de mis padres" (1,14).[15] En esta breve declaración reveladora, Pablo se presenta a sí mismo como un judío que, a diferencia de la mayoría de sus compañeros, sobresalió en la práctica de las tradiciones del judaísmo. En la carta a los Filipenses dice, "fui circuncidado el octavo día, uno del pueblo de Israel, de la tribu de Benjamín, hebreo de hebreos; según la ley, un fariseo; según el celo, un perseguidor de la iglesia;[16] según la rectitud en la ley, yo era irreprensible" (3,5–6).[17] Pablo se consideraba un observador estricto en la práctica de la ley judía, es decir un fariseo;[18] estaba orgulloso de sus raíces judías y de sus ancestros. Sin embargo, Nanos y Fredriksen no consideran el hecho de que Pablo era también un hombre ordinario de la diáspora griega. En este sentido, Martin Hengel argumenta que Pablo *no era* "la forma más pura de un judío de Palestina"; de hecho, él era un judío de habla griega.[19] Creo que esto es un factor clave

13. Fredriksen, *Paul the Pagans' Apostle*, 122, 174.

14. Nanos, *Reading Corinthians and Philippians*, xvi, 59. Para los diferentes puntos de vista sobre la identidad judía de Pablo, véase Elliot, "The Question of Politics," 203–244.

15. Las traducciones del Nuevo Testamento son mías de *NA*[28]: Aland et al., *Novum Testamentum Graece*, salvo que se indique lo contrario.

16. Según Haacker ("Paul's Life," 23), el celo pre–cristiano de Pablo muestra sus propias convicciones e iniciativas en la defensa de sus tradiciones religiosas (Hch 8,1–3; 9,1–2), que incluía la prisión (Hch 8,3; 22,4; 26,10) y golpes (Hch 22,19) de los seguidores de Jesús ("el Camino"), incluso torturas para obligarlos a blasfemar (1 Co 12,3; Hch 26,11). Siguiendo los pasos de Pinjás (Nm 25), Elías (1 Re 18–19), Simeón y Leví (Gn 34), Matatías (1 Mac 2,24–27, 50) y Simón durante el período Maccabean (2 Mac 4,2; cf. Josefo, *A. J.* 13.297), Paul confiesa haber votado a favor de las sentencias de muerte contra los seguidores de Jesús (Hch 26,10). Sin embargo, no está claro si es que el celo de Pablo por su religión judía proviene de la enseñanza de Gamaliel, ya que este parecía ser un rabino tolerante (Hch 5,34–39). Ver Schnelle, *Apostle Paul*, 64–69; Goodenough, "Paul and the Hellenization," 28.

17. Véase también Gl 1,13; Ro 11,1; cf. 2 Co 11,22; Hch 22,3.

18. No hay pruebas de los fariseos fuera de Palestina. La narrativa de los Hechos (23,6; cf. 26,5), donde el autor asocia la familia de Pablo con la secta de los fariseos, puede muy bien ser la conclusión incorrecta del autor de los Hechos. Para una información sobre el trasfondo judío de Pablo, consulte Harrington, "Paul," 1034; Schnelle, *Apostle Paul*, 59; Delling, *Die Bewältigung der Diasporasituation*, 49–55.

19. Hengel, "The Pre-Christian Paul," 38, 43. Cf. Elliot, "The Question of Politics,"

que refleja fielmente su misión apostólica después de su "llamada profética," así como afectará considerablemente su postura hacia algunas creencias centrales del judaísmo. Su ser "judaico" no le quitó el estar inmerso en la vida cotidiana de las *poleis* greco-romanas, que se caracterizaban principalmente por su diversidad, una complicada realidad que se hizo común para judíos y gentiles de aquel tiempo. Como un judío helenista,[20] Pablo estaba expuesto al rico entorno cultural y religioso de la importante *polis* de Tarso,[21] una *metropolis* de la cultura helenística, una ciudad de atletas, retóricos y filósofos.[22] De hecho, la evidencia demuestra que Tarso era bien conocida como el centro del estoicismo, la escuela de filosofía más prominente.[23] Esta filosofía, sin duda alguna tuvo un impacto duradero en el pensamiento de Pablo sobre el espíritu.

La educación judía de Pablo en Tarso y una educación posterior más avanzada en Jerusalén dio forma a su pensamiento religioso. Como un niño de la diáspora griega en Tarso, probablemente recibió su primera educación

---

226–35; Barclay, *Jews in the Mediterranean Diaspora*, 88–97.

20. Según el autor de los Hechos, Pablo tuvo el lujo de tener doble ciudadanía: ciudadanía de Tarso (Hch 21,39; 22,3) y de Roma (Hch 16,37–38; 22,25–29; 23,27). Los dos nombres dados a Pablo — uno hebreo, Saulo, y el otro griego, Pablo — da soporte a su doble identidad. Además, la narrativa de que él "apeló a César" en Hch 22,9–12 sugiere que no sólo era un ciudadano romano (Hch 22,28), sino que también proporciona una pista sobre su condición social relativamente alta. Es importante señalar que no existe evidencia de los escritos de Pablo o de Hechos que contradigan las declaraciones en Hch 21,39; 16,37–38; 22,28, incluso si se considera que estas narrativas son un producto de la *imaginación del autor*, como Pervo dice (*Acts*, 555). Para una discusión, véase Hengel y Deines, *The Pre-Christian Paul*, 4–15; Pervo, *Acts*, 554–56; Schnelle, *Apostle Paul*, 59–62; Omerzu, *Der Prozess des Paulus*, 34–36; Goodenough, "Paul and the Hellenization," 32–33; "The Perspective of Acts," 51–59.

21. Hch 21,39. Pablo no proporciona información sobre su lugar de nacimiento, pero el autor de Hechos designa Tarso la ciudad natal de Pablo, la capital de Cilicia en Asia Menor (Hch 21,39; 22,3), una designación que no hay ninguna razón válida para dudar. Véase también Hch 9,11; cf. Gl 1,21; Hch 9,30; 11,25; 21,39. Porque algunos estudiosos ven Hechos como un "representante de la historiografía," se ha cuestionado la veracidad histórica de Hechos. Para una discusión útil sobre el género de Hechos y bibliografía, véase Pervo, *Acts*, 14–18; Barret, "The Historicity of Acts," 515–34. Para una descripción sobre la ciudad de Tarso, ver Schnelle, *Apostle Paul*, 58–59; Murphy O'Connor, *Paul*, 32–35.

22. Estrabón, *Geogr.* 14.5.13; Dio Crisóstomo *1 Tars.* 4. Cf. Schnelle, *Apostle Paul*, 58–59; Glover, *Paul of Tarsus*, 5, 10–11; Hugedé, *Saint Paul*, 63.

23. Por ejemplo, Aratos de Solos (315–240 ac), un renombrado estoico así como poeta, hizo una contribución influyente en la astronomía a la escuela estóica, en Tarso. Él colaboró con Zenón de Citium, el fundador del estoicismo. El estoico Crisipo (280–207 ac) también de Solos y un influyente filósofo en Tarso. Diógenes de Babilonia y Antipater de Tarso (200–129 ac) siguierón a Zenón de Tarso como líderes de la escuela estoica. Así mismo, Atenodoro (74 ac–7 dc) fue el más destacado estoico de su época.

en la Escritura judía en el idioma griego, o la Septuaginta (LXX).[24] Posteriormente en Jerusalén, fue educado en el seno de la secta de los fariseos (Flp 3,5), quizás a los pies del gran Gamaliel (Hch 22,3; 26,4–5) en hebreo y arameo.[25] La enseñanza griega de Pablo en Tarso — independientemente del nivel en el que podría haber sido — también ayudó a dar forma a su pensamiento.[26] Es difícil negar que las cartas de Pablo muestran algo de educación de la literatura griega e incluso algunos conocimientos filosóficos griegos.[27] Sin embargo, este trasfondo no supone una sólida o alto nivel de educación en la filosofía griega, especialmente considerando el hecho de que Pablo menciona específicamente la literatura griega sólo una vez. Esto sucede cuando se refiere a un proverbio popular de Eurípides encontrado en la comedia de Menander: "la mala compañía arruina buena moralidad" (1 Co 15,33).

Lo que es evidente en las cartas de Pablo es que su pensamiento complejo fue influenciado, tanto directa como indirectamente, por tres grandes tradiciones: la Escritura judía, el judaísmo helenístico, y algunas de las tradiciones filosóficas del mundo greco–romano, especialmente estoicismo y algunas tendencias emergentes del platonismo medio.[28] Pablo adopta los métodos de la filosofía greco–romana que habría sido familiar a su audiencia, y los adapta para expresar su propio entendimiento de su misión de formar comunidades conformadas por judíos y gentiles creyentes. Esto se muestra especialmente en sus métodos de enseñanza moral y exhortación pastoral, así como su estilo parenético de argumentación.[29] Sin embargo, como Malherbe afirma, "cuando Pablo es visto como un teólogo, los elementos helenísticos no se encuentran en el centro de su pensamiento,

24. Cf. Sanders, "Paul between Judaism and Hellenism," 79. Para la cuestión sobre el idioma nativo de Pablo, si hablaba griego o hebreo, véase Schnelle, *Apostle Paul*, 63, 68; Glover, *Paul of Tarsus*, 15–16; Van Unnik, "Tarsus or Jerusalem," 1:259–320; Hengel y Deines, *The Pre-Christian Paul*, 38–39; Tomson, *Paul and the Jewish Law*, 52.

25. Véase Sanders, *Paul and Palestinian Judaism*, 8.

26. Cf. Hengel, "Der vorchristliche Paulus," 177–295. Para una descripción detallada de la educación en el mundo griego y bibliografía, ver Hock, "Paul and Greco-Roman Education," 198–227; Hengel y Deines, *The Pre-Christian Paul*, 57–61.

27. P. ej., Rm 7; 1 Co 15,33; 2 Co 4,18; Flp 4,11–12. El estilo de la argumentación de Pablo, por ejemplo, la diatriba, tiene un fondo helenístico (1 Co 4,6–15; 9,1–18; 5,29–49; Ro 1,18–2,11; 8,31–39; 11,1–24; cf. 1 Co 6,12–20; 12,12; 13,13; 2 Co 11,16–33; Ro 2,17–24; 7,7–15). Para los debates en este tema, véase Engberg–Pedersen, *Paul in His Hellenistic Context*, y para una bibliografía básica, consulte Bultmann, *Der Stil der Paulinischen*; Stowers, *Diatribe*; Schmeller, *Paulus und die "Diatribe"*.

28. 1 Co 15,35–49; 2 Co 5,1–10. Cf. Schnelle, *Apostle Paul*, 81–82. Véase también Stendahl, *Paul*, 7; Engberg-Pedersen, *Paul and the Stoics*, 15.

29. P. ej., 1 Tes 2,2; 2,6–7; 2,11–12; 3,3–4; 3,7; 4,9–12; 5,11; 2 Co 11,18.

sino proporcionan el *medio* por el cual él conduce sus argumentos.[30] Pero cuando él y otros discuten su ministerio, es extraordinario hasta qué grado las categorías y su lenguaje derivan de los griegos".[31]

El estar expuesto tanto a la herencia judía-helenística y a la cultura greco–romana fue para Pablo una forma bastante similar a la de sus contemporáneos Filón de Alexandría (ca. 20 ad–50 dc) y Flavio Josefo (37 ac–100 dc). Pablo pudo conciliar en su pensamiento sobre el espíritu las culturas del judaísmo helenístico y del mundo greco–romano. Ambas tradiciones le prepararon para su misión como Apóstol de los gentiles en maneras de que su encuentro con el mundo helenístico fuera de Palestina le permitió presentarse a veces como un filósofo.[32] Y lo que es más importante, su misión apostólica entre judíos y gentiles le permitió a Pablo hacer uso de, y ser influenciado por, ideas y conceptos (filosóficos) griegos sobre el espíritu que fueron comunes y conocidos en su enseñanza sobre las virtudes, como lo veremos en los siguientes capítulos.

LA TESIS

El primer capítulo de este libro aborda la pregunta: ¿qué conocimiento tuvo Pablo sobre el espíritu antes de su "llamada profética"?[33] Mediante el uso de textos claves de las tradiciones filosófica-griega y judía-helenística, este análisis sitúa a Pablo en un contexto del primer siglo antes de su "llamada profética". Este enfoque apoya la identificación posterior del factor o los factores que llevaron a Pablo a dar al espíritu un lugar preeminente, y, en consecuencia, convertirse en la *fuente* principal de su enseñanza sobre las virtudes. El capítulo dos examina las primeras cartas de Pablo — la primera carta a los Tesalonicenses, la carta a los Gálatas, y la primera carta a los

30. Malherbe, "Paul," 86–98.

31. Malherbe, *Paul*, 76. Thompson (*Moral Formation*, 88–91, 109) argumenta que Pablo emplea el término "virtud" una vez (Flp 4,8) y hace alusión a dos de las virtudes cardinales (en Flp 4,8, justicia, y en Ro 12,3, temperanza). Véase también Livesey, "Paul, the Philonic Jew," 35–44. Para una bibliografía sobre el pensamiento de Pablo y la cultura griega, véase Reiser, "Hat Paulus," 77–83.

32. P. ej., 2 Co 11,16–12,10. Cf. Elliott y Reasoner, *Documents and Images*, 17. Véase también Meeks, *The First Urban Christians*, 122; Betz, *Der Apostel Paulus*.

33. Ya que Pablo nunca se consideró ni se vió a sí mismo fuera del judaísmo de su tiempo, tampoco como fundador de una nueva religión, defino su notable experiencia en el camino de Damasco, no como una "conversión," sino como "una llamada profética" (ver Gl 1,11–17; 1 Co 15,42–50, 51–57; 2 Co 3,18–4,6; 12,2–4; Flp 2,5–11; Hch 9,1–19; 22,3–21; 26,2–18), similar a la de los profetas del Antiguo Testamento, sobre todo de Isaías (49,1–6) y Jeremías (1,5; 49,1, 5–6). Para un conciso pero buena exposición sobre este tema, véase Tobin, *The Spirituality of Paul*, 43–59.

Corintios — para mostrar cómo sus nociones "viejas" del espíritu (antes de su encuentro con el Cristo resucitado) sirve como el eje fundamental para la reconfiguración de su nueva enseñanza sobre las virtudes en las primeras comunidades cristianas mixtas. Aquí, el poder del Espíritu de Dios presente en su "llamada profética" comienza a actuar en Pablo en su reflexión inicial de la intrínseca relación entre la preeminencia del espíritu y la vida virtuosa. El capítulo tres explora el punto de vista de Pablo sobre el espíritu en sus cartas posteriores — la segunda carta a los Corintios, las cartas a los Filipenses, a Filemón y a los Romanos. Los análisis de las cartas respectivamente muestran cómo el desarrollo del espíritu como *fuente* de todas las virtudes en la vida práctica de los creyentes refleja el entendimiento maduro de Pablo acerca del espíritu. El capítulo cuatro describe cómo la nueva visión de Pablo sobre el papel del espíritu como *fuente* impregna su enseñanza de la práctica de las virtudes y el rechazo de los vicios, que llega a traer consigo una nueva enseñanza de liberación. En este capítulo ofrezco las posibles razones por las que Pablo describe al espíritu como una *fuente* en su enseñanza ética. Además, identifico las tradiciones culturales y religiosas y cómo Pablo transforma estas tradiciones para hablar de la importancia de las virtudes en la vida cristiana del creyente. Por último, el capítulo cinco resume las conclusiones.

1

El Espíritu en su Contexto Greco-Romano

El mundo de Pablo en la diáspora griega fue complejo, así como lo fue el conocimiento del concepto del espíritu en las tradiciones judía-helenística y greco–romana. De una u otra forma (y en grados diferentes), las varias nociones e ideas acerca del espíritu en ambas tradiciones se reflejan en las siete cartas indiscutibles de Pablo. A fin de iluminar nuestro entendimiento sobre el lugar preeminente del espíritu en el capítulo dos y su estableci-miento como la *fuente* de todas las virtudes en los capítulos tres y cuatro en la enseñanza de Pablo, las preguntas cruciales que uno debe preguntarse y explorar son: ¿Qué ideas y nociones sobre el espíritu existían en el anti-guo mundo greco–romano? ¿A qué ideas y nociones fue Pablo expuesto antes de su "llamada profética"? ¿Cuáles fueron las nociones comunes de la relación del espíritu con la ética que judíos y gentiles habrían conocido en la diáspora griega? Estas preguntas son importantes porque nos ayudan a localizar a Pablo y a su audiencia mixta dentro del amplio contexto del mundo griego. Así como los gentiles estaban familiarizados con las dife-rentes maneras como el espíritu era entendido y relacionado en el mundo griego, también lo eran los judíos-helenísticos ordinarios y educados. Sin duda alguna, las nociones propias de Pablo de la relación entre las virtudes y el espíritu *antes* de su "llamada profética" vino a ser expresada dentro de ese contexto. De hecho, su inmersión en ese mundo provee la base no sólo para su forma farisaica de comprender y vivir el judaísmo en Palestina y en la amplia diáspora griega, sino también para sus nociones posteriores del espíritu en su enseñanza sobre las virtudes. Para mostrar lo que fueron las primeras nociones de esta importante relación que hizo Pablo cuando entró a formar parte del cristianismo primitivo, este capítulo explora la posición del espíritu en las tradiciones (filosófica) griega y judía-helenística.

CONOCIMIENTOS DEL ESPÍRITU EN LA TRADICIÓN GRECO-ROMANA

La antigua palabra griega *pneuma* (espíritu) significaba "soplar" o "respirar".[1] Mathew Edwards señala que el significado de la palabra espíritu varía de autor a autor — especialmente cuando se utiliza dentro de los diferentes sistemas filosóficos.[2] Marie E. Isaacs señala que así como *ruah* el significado más común del *pneuma* fue "viento".[3] De la metáfora "respiro de vida," el espíritu vino a significar "vida," o un agente de la "vida," el cual estaba estrechamente ligada a la "respiración".[4] En el campo de la medicina, especialmente desde la época del médico griego Hipócrates (460 ac–370 ac), el concepto espíritu fue usado para la palabra "aliento" que significó el elemento esencial para la salud corporal.[5] A veces, la palabra espíritu también significaba "alma" debido a su relación con la palabra "respiración," el principio de la vida. En última instancia, el espíritu llegó a ser entendida como la base de toda la existencia humana.[6] Metafóricamente, sobre todo en la poesía, el concepto del espíritu llevó consigo el significado transferido de la "realidad espiritual," expresando las experiencias mentales, generalmente asociadas con las relaciones interpersonales o con el mundo invisible del espíritu divino.[7] Un rasgo característico de la literatura griega y la filosofía es que a veces la palabra respiración o inspiración fue utilizada en lugar del concepto del espíritu para hablar de la inspiración divina y la profecía.[8]

1. Para ver las ocurrencias de la palabra "espíritu" (*pneuma*) en la literatura griega, véase Kleinknecht, "Πνεῦμα," 6:334–59; Liddell y Scott, *Greek-English Lexicon*, 1424–25.

2. Ver Kleinknecht, "Πνεῦμα," 6:334–59; Burton, *Spirit, Soul, and Flesh*, 13–52, 74–140, 173–77.

3. Isaacs, *The Concept of Spirit*, 15. Cf. Cage, *The Holy Spirit*, 316–17.

4. Esquilo, *Pers.* 507.

5. A veces la palabra "espíritu" fue utilizado para hablar de los animales (Eurípides, *Orest.* 277; Platón, *Tim.* 66E; 91C). Cf. Kleinknecht, "Πνεῦμα," 6:334–59, esp. 6:335.

6. Zenón, fragmento 136 (*SVF* 1.38.6–9); fragmento 140 (*SVF* 1.38.30–33); Epicteto, *Diss.* 3.3.22. Cf. Isaacs, *The Concept of Spirit*, 15; Sin embargo, la visión griega del alma se desarrolló en términos del "alma" en lugar del "espíritu". Burton, "Spirit, Soul, and Flesh," 79.

7. Eurípides, *Her. fur.* 216.

8. Platón, *Phileb.* 29A; *Phaedr.* 229B–C; *Pol.* 295D; *Theaet.* 152B). Ver Isaacs, *The Concept of Spirit*, 15.

Curiosamente, los estudiosos han reconocido que los antiguos filósofos greco–romanos no utilizaron el concepto del espíritu como el núcleo
de su ética. El espíritu (*pneuma*) era más bien un concepto estoico esencial
estrechamente asociado con la física. Si bien es cierto que el espíritu tiene un
lugar en el pensamiento judío-helenístico, como veremos más adelante, esto
no es el caso en las doctrinas filosóficas griegas. Isaacs observa que fuera
del estoicismo "el espíritu sólo tenía importancia secundaria en los escritos
griegos filosóficos y religiosos".[9] Sin embargo, es importante señalar que a
lo largo de su desarrollo el espíritu vino a ser asociado con *alguna* forma
de ética, así como lo atestiguan algunos pasajes de la literatura greco–romana.[10] Pablo y sus paisanos judíos de la diáspora griega no fueron inmunes
a las influencias que trajo consigo el intrincado desarrollo del espíritu en
el amplio mundo greco–romano, como se hace evidente en los capítulos
siguientes. Seis entendimientos principales sobre el espíritu son tratados en
este capítulo: (1) el entendimiento del espíritu como "inhalación" e "inspiración"; (2) el entendimiento del espíritu como el "espíritu vivificante"; (3) el
entendimiento del espíritu como divino y la fuente del "don de la profecía";
(4) el entendimiento del espíritu divino y el "intelecto"; (5) el entendimiento
del espíritu "material" estoico y (6) el entendimiento del espíritu divino y las
"virtudes".

El Espíritu como Inhalación e Inspiración

La antigua literatura y filosofía greco–romana asoció al concepto espíritu
con lo divino.[11] Una de las primeras formas de entender el espíritu divino
fue en relación a "inhalación" e "inspiración". A menudo los autores greco–
romanos mantuvieron la opinión común de que el dios o diosa "respira"
algún tipo de cualidad o de inspiración en una persona, y como resultado,
la persona era capaz de hacer algo espectacular, algo que no sería posible
hacerlo sin la "inhalación" del espíritu. En Homero, por ejemplo, se dice que
"algún dios insufló el pensamiento" en el corazón de Penélope, de modo que

---

9. Isaacs, *The Concept of Spirit*, 17, 18.

10. Ver Zenón, fragmento 127; Cleantes, fragmento 533; Crísipo fragmento 1009;
Séneca, *Ep.* 41.1–9; Plutarco, *Is. Os.* 2.365d; Cicerón, *Nat. d.* 1.10.26; 2.7.19; Posidonio
(Stobaeus, *Ecl.* 1.1.29). Véase también Teócrito, *Id.* 12.10–19; Valerio Máximo; Diodoro
de Sicilia 1.11.6–1.12.2. Cage, *The Holy Spirit*, 366.

11. P.ej., Esquilo, *Suppl.* 574–589; *Prom.* 877–886; Eurípides, *Hipp.* 1391–1392;
Herc. fur. 215–216; Horacio, *Carm.* 4.29–30; *Sat.* 1.4.39–48; Ovidio, *Metam.* 8.814–820;
Lucano, *Bel. civ.* 5.81–101; Hesíodo, *Theog.* 29–34; Platón, *Phaed.* 262D; Plutarco, *Def.
orac.* 40–51; *Virt. mor.* 12.

ella fue capaz de mantener a raya a sus pretendientes (*Od.* 19.138–140).[12] En su *Teogonía*, Hesíodo recibe inspiración poética, "una voz divina," que le permite componer canciones sobre personas procedentes del pasado y del futuro, así como también para componer canciones de alabanza a los dioses (*Theog.* 29–34). En otros casos, la inhalación divina resultaba en la recepción de una revelación; por ejemplo, en Eurípides (480 ac–406 ac) Hipólito recibe una oportuna revelación del espíritu divino (1391–1392),[13] y el filósofo romano Cicerón (106 ac–43 ac) consideró equivalente la "inspiración divina" con la "adivinación" (*Nat. d.* 2.66.166–167).[14]

En la época romana, la asociación de *spiritus* (espíritu)[15] con el don de la inspiración poética ya se había establecido. En Horacio (65 ac–8 ac), por ejemplo, uno recibe el arte del canto directamente del divino *spiritus*.[16] Él escribe, "fue Febo (Apolo) quien me dio inspiración, Febo quien me dio el arte lírico y el nombre de poeta" (*Carm.* 4.29–30).[17] En cierto sentido, fue el espíritu divino que directamente confirió a los seres humanos el don mayor del habla. Filósofos como Platón (*Phaedr.* 262D) y posteriormente el platónico medio Plutarco (45 a 120 dc) (*Def. Orac.* 41–50; 432 E–F), asoció la inhalación de los dioses con el don de la profecía, un tema que se analizará a continuación. Similar a Horacio, Plutarco asocia al espíritu de Apolo con la profecía como una inspiración divina o inhalación. Curiosamente, poseer el espíritu de Apolo permite al receptor a participar en el poder divino de inspiración entusiasta.[18] Para Plutarco, la posesión del espíritu

---

12. Homero, *Odyssey, Volume II: Books 13–24*, trans. Murray y Dimock. Todas las traducciones de la literatura greco-romana son mis propias traducciones del Loeb Classical Library.

13. Cf. Cage, *The Holy Spirit*, 318.

14. Cicerón, *On the Nature of the Gods*.

15. El término latino generalmente es *spiritus* o *afflatus*. Particularmente durante el período greco-romano la misteriosa figura de "Delphic Pythia" se asociaba frecuentemente con el "ser lleno con un *spiritus inspirador*," en el que el espíritu divino se apoderaba del profeta para producir no sólo éxtasis profético, sino también la inspiración profética (Estrabón 9.3.5; Esquilo, *Ag.* 1207–1212; Plinio el Viejo, *Nat.* 2.95.208; Pseudo-Longino 13.2; Dio Crisóstomo 72.12; Cicerón, *Div.* 1.89). Cf. Levison, *Filled with the Spirit*, 155–57, 172–73.

16. El divinamente inspirado don de poesía (o conversación prosa) también alude a una de las oraciones de Pseudo–Focílides. En su exhortación moral escribe, "el discurso de la divinamente inspirada sabiduría es el mejor" (oración 129). Traducido por Van der Horst, "Pseudo-Focílides," 2:579. Estos dones reflejan los dones del Espíritu de Dios que Pablo menciona en 1 Co 14,1–36, especialmente cuando menciona sobre "hablar en lenguas".

17. Horacio, *Odes and Epodes*. Véase también, Horacio, *Carm.* 1.4.39–48.

18. Este tipo de inspiración es a veces relacionado con fenómenos de "éxtasis," tales como los sueños y las elocuciones oracular de Delfos (Platón, *Tim.* 71E–72B).

divino procura también el amor humano, como él escribe, "tuvo un amigo, Xenares, que había sido su amante (o *inspirador,* como los espartanos dicen) . . ." (*Cleom.* 3.805).[19] El amor romántico entre amigos fue considerado por los espartanos como un resultado de "inhalación," que deriva directamente del divino espíritu.[20]

La manera de entender el espíritu divino en el contexto de Pablo estaba relacionada con estos antiguos y diferentes usos de "inhalación" e "inspiración" en la literatura y la filosofía griega. Estas nociones habrían sido conocidas en el tiempo pre-cristiano de Pablo; de hecho, dada la generalización de cómo estas nociones del espíritu estaban difundidas en el mundo griego, es difícil de imaginar a Pablo y su audiencia mixta estar ajeno a estas nociones. Del mismo modo, en la tradición judía-helenística hay un pequeño — pero no insignificante — reflejo de poderes divinos (p. ej., la profecía, revelación, discurso noble) como derivadas, no del espíritu de una deidad pagana, sino del Espíritu divino del Dios judío. Por lo tanto, el lugar preeminente del espíritu en sus primeras cartas de Pablo *no estaba* completamente aislada de estas ideas antiguas.

El Espíritu Vivificante

Es bien sabido que las primeras tradiciones griegas relacionaron al espíritu con la vida. En el período pre-socrático, por ejemplo, el tragediante Esquilo (525 ac–456 ac) escribe:

> Por la fuerza de Zeus sin dolor y por su soplo divino ella la dama fue detenida, y en lágrimas lloró el dolor de su vergüenza. Y recibiendo lo que verdaderamente puede ser llamada una carga dada por Zeus, ella dio a luz un niño perfecto . . . y así toda la tierra gritó, "esta es la descendencia de Zeus, ¡la generadora de vida!" (*Suppl.* 574–89).[21]

Esquilo habla del soplo divino, una palabra similar al espíritu como "la semilla del espíritu vivificante de Zeus". Aunque la referencia es en relación al

---

Véase Munzinger, *Discerning the Spirits,* 56–59; Forbes, *Prophecy and Inspired Speech,* 103–105.

19. Plutarco, *Lives.* Otros ejemplos en los que el espíritu divino inspira amor son Teócrito, *Id.* 12.10–19 y Tibulo 2.1.79–8.

20. Aunque Platón no relaciona al espíritu con amor, es importante mencionar que en las *Leyes* él habla de lo que se llama la regla de oro: "yo podría hacer a los demás como me gustaría que lo hagan a mí" (*Leg.* 913A; véase también *Crit.* 50A a 54D; *Phaed.* 62B–C). Ver Wattles, "Plato's Brush," 69–85. Cf. Hamilton and Cairns, *Plato,* 1225.

21. Esquilo, *Persians.*

poder milagroso de Zeus de "dar la vida humana," el soplo de Zeus es visto como una inspiración de *vida* divina. Análogamente, en una obra de la época romana, el historiador griego Diodoro de Sicilia (90 ac–30 ac) escribe, "ahora el espíritu que ellos llamaron Zeus, como traducimos su expresión, y puesto que él era el origen del espíritu de vida en los seres vivos, lo consideraban en cierto sentido el padre de todas las cosas" (*Biblioteca Histórica*, 1.12.2).[22] Este texto ofrece dos puntos de reflexión importantes: en primer lugar, en relación a la creación del mundo, Zeus, el padre, está asociado con el término "todas las cosas". Como el Dios Padre en el judaísmo, Zeus es el dador de la vida a todas las cosas existentes. Segundo, es sobre el espíritu de Zeus, el más alto de los dioses del Monte Olimpo, que es la "fuente" del espíritu de vida, así como en el judaísmo, el verdadero y único Dios es la "fuente" del espíritu de vida. Tanto en Esquilo y Diodoro, el poder de dar la vida está asociado sólo con el espíritu o soplo de Zeus.[23] Estos textos revelan información valiosa para comprender el contexto cultural de Pablo, así como de su audiencia, griegos y judíos de la diáspora griega. Ellos estaban familiarizados con el conocimiento común de que el soplo/espíritu divino estaba asociado con la noción de "dar vida". Cuando Pablo habla del Espíritu de vida de Dios, él es consciente en el marco griego de entender el espíritu, y cuando su audiencia mixta escuchó la frase "el Espíritu del Dios vivo," ellos lo habrían encontrado algo familiar.

El Espíritu y el Don de la Profecía

Asociar al espíritu divino con el don de la profecía es bastante amplio y popular en la literatura y filosofía greco–romana. Platón, quien utiliza el término soplo en lugar del espíritu, habla de la profecía — uno de los cuatro tipos de locura — como derivado directamente del soplo divino de Apollo (*Phaedr.* 265A–B).[24] Por ejemplo, Sócrates dice, "Los profetas y los relatadores de los oráculos bajo inspiración divina pronuncian muchas verdades; aunque no tienen conocimiento de lo que dicen, son considerados como tomando acción no menos que bajo la inspiración divina, inspirado y poseído por la divinidad" (99C–D).[25] La conexión entre el espíritu y profecías es

---

22. Diodoro Sículo, *Library of History*.

23. Plutarco también asocia Zeus con el espíritu cuando escribe, "los egipcios aplican el nombre 'Zeus' un espíritu, y todo lo que está seco o feroz es antagónico a este" (*Is. Os.* 2.365). Plutarco, *Moralia*.

24. Cage, *The Holy Spirit*, 322.

25. Véase también Platón, *Phaedr.* 244A–C, 262D; *Apol.* 22C. El historiador griego Polibio (200–118 ac), quien también emplea el término espíritu conecta la inspiración divina con sueños proféticos (*Hist.* 10.4.4–7).

igualmente descrita por Cicerón, cuando identifica las profecías dadas por la profetiza Pitia en el oráculo de Delfos como que viene directamente del espíritu divino del dios Apolo (*Div.* 1.19.37–38).

A menudo la correlación entre el espíritu divino y profecía indica una conexión implícita entre el lenguaje del poder divino y la santidad. El don de la profecía para prever el futuro consistía en una inspiración divina de poder, como Cicerón escribió, "lo que es divino" es una "exhalación subterránea que inspira al alma con poder . . . un poder tal que no sólo ve las cosas mucho tiempo antes de que ocurran, sino que realmente predice en verso rítmico . . ." (*Div.* 2.57.117).[26] El poder divino del espíritu está claramente expresado en términos de conocimiento; es decir, el *espíritu divino* da a los profetas conocimientos ocultos sobre el futuro. El poder de la adivinación se encuentra particularmente en el oráculo de Delfos, y lo encontramos en la selección del poeta romano Lucano.[27] En Plutarco existe una conexión significativa entre el espíritu divino y la cualidad (virtud) de la santidad cuando se habla de la profecía. Para Plutarco, una inspiración profética es el "más divino y santo," que es "infundido en el cuerpo y . . . crea en las almas un temperamento inusitado e inusual, una peculiaridad del cual es difícil describir con exactitud" (*Def. Orac.* 432D–E).[28] Que Plutarco identifique el espíritu divino como santidad no es único, ya que esta interesante relación fue anteriormente expresada por el filósofo pre–socrático Demócrito. Él escribe, "lo que un poeta escribe con entusiasmo y espíritu santo es más bonito" (fragmento 18).[29] Como veremos luego, ciertamente es común en el judaísmo helenístico hablar del "Espíritu Santo de Dios"; sin embargo, esta importante manera de definir al Dios judío se estableció firmemente como supremo en la enseñanza ética de Pablo.

---

26. Cicerón, *On Old Age*. La misma conexión entre poder y espíritu posteriormente es encontrada en los *Oracles at Delphi* (402B), *On Moral Virtue* (452C), y en *Dialogue on Love* (758E). Consulte también en otras literaturas greco-romanas: Eurípides, *Iphigeneia in Aulis* 751–161; Virgilio, *Aeneid* 6.9–12.42–51; Tibulo, 2.1.33–36.

27. *La Guerra Civil* 5.81–101, 128–40, 161–197. Posteriormente en el Corpus Hermeticum (C.H. 1.30), el lenguaje de "hacerse inspirado dios" aparece en referencia a un conocimiento que procede directamente de Hermes (C.H. 12.19). La traducción del C.H. es tomado de Scott, *Hermetica*.

28. Plutarco, *Moralia*. Véase también Plutarco, *Exil.* 604F–605A.

29. Curiosamente, Demócrito atribuye al espíritu la cualidad de "santo". Traducido por Taylor, *The Atomists*.

El Espíritu y el Intelecto

Tanto la literatura como la filosofía greco-romana confirman la opinión de que el espíritu divino tiene una cualidad intelectual. Aunque los textos son pocos, ellos proporcionan información valiosa para comprender mejor la naturaleza del espíritu en el pensamiento greco-romano. La referencia más temprana que atribuye al espíritu una cualidad intelectual proviene del griego dramaturgo Menander (342 ac–291 ac), en donde hace equivalente la frase "el espíritu divino" con el "intelecto". Él escribe, "Lo han hecho hablando del intelecto; porque el intelecto humano asciende a nada, mientras el intelecto de Fortuna — si es que lo llamamos espíritu divino o intelecto — es lo que dirige todo, dobla y guarda, mientras que el pensamiento mortal es el humo y sin sentido" (fragmento 482).[30] Para Menander, el intelecto no es una cualidad íntimamente conectada con el espíritu divino como algunos han sostenido;[31] para Menander el espíritu divino es el intelecto y el intelecto es el espíritu divino.

El mismo énfasis se encuentra en Virgilio, el poeta romano del período de Augusto (70 ac–19 ac). En la *Eneida*, Virgilio habla sobre el poder de la profecía describiendo la respiración de Apolo como "una poderosa mente y alma, que revela el futuro" (*Aen.* 6.9–12.42.51).[32] Así mismo, en el diálogo pseudo–platónico *Axiochus* (370 ac o primer siglo ac), la relación es entre el espíritu divino y la inteligencia y el conocimiento. Estas cualidades son bastante similares a la conexión del espíritu de profecía con la razón encontrados en Plutarco (*Def. Orac.* 41).[33] En *Axiochus*, el autor identifica estas cualidades (inteligencia y conocimiento) como "cosas buenas" del "espíritu divino permanente en el alma," mientras que contrasta el mundo inteligente con el mundo sensible.[34]

El estoico romano Séneca (4 ac–65 dc), un contemporáneo de Pablo, conecta el espíritu divino con la "razón recta" en sus *Epístolas Morales*, cuando escribe:

> No hay nada más divino que lo divino, o más celestial que lo celestial. Las cosas mortales se descomponen, caen, se desgastan, crecen, se agotan, y se reponen ... La razón, sin embargo, no es nada más que una parte del espíritu divino puesto en un cuerpo

---

30. Menander, *The Principal Fragments*.

31. Cage, *The Holy Spirit*, 323; Burton, *Spirit, Soul, and Flesh*, 114–15.

32. Virgilio, *Eclogues, Georgics, Aeneid*.

33. Véase también Plutarco, *Amat.* 16 (2.758E).

34. *Axiochus* 370B–C. Cooper, *Plato*, 1740.

humano. Si la razón es divina y lo bueno en ningún caso carece de razón, entonces el bien en cada caso es divino (*Ep.* 66.12).[35]

En este pasaje, Séneca hace dos importantes contribuciones para la comprensión de la función moral del espíritu y su asociación con el intelecto: (1) que la razón se deriva del espíritu divino, por lo tanto, pertenece al mundo inteligente, y (2) que tanto el espíritu divino como la razón están directamente vinculados con lo que es "bueno" y virtuoso. Según Séneca, una virtud, así como la razón está conectada no sólo con el espíritu divino, sino también, implícitamente, con el mundo inteligente. Este es un patrón que está presente constantemente en Pablo y Filón. Como veremos en el judaísmo helenístico y en la literatura griega y filosofía, el espíritu divino posee poderes superiores que pertenecen a la esfera racional. La misma relación del espíritu divino con el intelecto también está atestiguada en el estoicismo (p. ej., Posidonio y Crísipo).

Estoicismo y el Espíritu Material

En el estoicismo el concepto "espíritu" (*pneuma*) se entendió como material. Por Cicerón sabemos que Zenón, el fundador del estoicismo, caracterizó "la naturaleza de Dios como éter,"[36] que es la forma más elevada de la sustancia en la que los cuerpos celestiales existen (*Nat. d.* 1.14.36).[37] Para Zenón, éter o aether (expresado a veces como "aire caliente"),[38] y el espíritu son lo mismo; según Rufo de Éfeso, Zenón dijo que "el calor y el espíritu son lo mismo" (Zenón, fragmento 127),[39] indirectamente identificando al espíritu con Dios.[40] Cleantes, el sucesor de Zenón, sostiene que "el espíritu impregna

35. Séneca, *Epistles.*

36. Véase también Platón *Crat.* 410B.

37. Véase también, *Nat. d.* 1.10.26; *Acad.* 1.39; 2.126. Cf. Burton, *Spirit, Soul, and Flesh*, 106–107.

38. Análogamente, en Aristóteles el espíritu lleva consigo la idea de un vital calor (*Gen. an.* 2.3.736b35–737a1), lo cual es necesaria para la vida, y es especialmente asociado con las facultades del alma, tales como la sensación y el movimiento (*Eth. nic.* 3.1110a1–4; *Metaph.* 8.1.1042b1–35). Sin embargo, a diferencia de la teoría estoica del espíritu, Aristóteles no da una descripción precisa y detallada del significado del espíritu, ni tampoco explica su relación con los cuatro elementos materiales (*Pol.* 4.1290a1–29). Así como Furley (*From Aristotle to Augustine*, 29) atestigua, en Aristóteles, "la definición del espíritu está mal definido".

39. Rufus Ephesius, *De Part. hom.* p. 44C.

40. Los primeros estoicos identificarón al espíritu con el Existente; en otras palabras, es el espíritu quien constituye el Existente. Cf. Burton, *Spirit, Soul, and Flesh*, 113.

el universo" (fragmento 533);[41] de hecho, para el filósofo el espíritu es una "fina corporalidad" (Cleantes, fragmento 484).[42] Crísipo

(279 ac–206 ac) describe la esencia de Dios como Espíritu y su estado (sin) forma que permea el universo cuando él escribe, "Dios es un Espíritu inteligente y ardiente, de hecho no tiene forma, pero va cambiando en lo que desee y se va asimilando a todas las cosas" (fragmento 1009, *SVF* 2:299).

El filósofo estoico Posidonio (135 ac–51 ac) posteriormente afirma la declaración de Crísipo. Él escribe: "Dios es un espíritu inteligente y ardiente, de hecho, no teniendo forma sino lo que desee va asimilando todas las cosas" (*Stobaeus, Ecl.* 1.1.29).[43] Esta manera de entender el espíritu divino en estrecha relación con el intelecto y la esfera inmaterial continúa reflejándose en Séneca, quien percibió la naturaleza de Dios como un "espíritu celestial".[44] Es importante destacar que los estoicos relacionan al espíritu con las cualidades que pertenecen al mundo inteligente. Lo más significativo es que Crísipo y Posidonio declaran que "Dios es espíritu". Mientras que el primero identifica directamente al espíritu con Dios, el segundo afirma expresamente que Dios *es* Espíritu. Especialmente en Posidonio encontramos un nuevo énfasis en el conocimiento del espíritu en la escuela estoica; es decir, la idea de que el espíritu se ha hecho menos material y ha adquirido un sentido más inmaterial.[45]

En el estoicismo, Dios se compone de intelecto y espíritu, todas las cosas creadas son atribuidos a este espíritu (la propia naturaleza de Dios). En otras palabras, Dios llega a ser inherentemente asociado con el espíritu, que es la materia básica — pero inteligente — sustancia que impregna el universo.[46] John R. Levison afirma que "en el siglo primero dc una de las concepciones fundamentales del estoicismo fue que el espíritu impregna el

---

41. *SVF* 1:121, de Tertuliano, *Apology* 21; véase también Cicerón (*Nat. d.* 2.7.19), quien describe a Dios como un *divinus spiritus* ordenando y manteniendo el mundo.

42. Otros textos que muestran al espíritu como material son: Crísipo, fragmento 715; 1027; *SVF* 1:108, 28; Plotino, *Enn.* 4.7.4; Alejandro de Afrodisia, *Mixt.* 225.1–10; Crísipo, Fragmento 897 (*SVF* 2:246.15).

43. El mismo énfasis es también encontrado más adelante en Cicerón, *Acad.* 1,39; Alejandro de Afrodisia, *Mixt.* 225.1–2. Cf. Rabens, *The Holy Spirit and Ethics*, 31; Cage, *The Holy Spirit*, 349.

44. Séneca, *Dial.* 12.6.7.

45. Según Burton (*Spirit, Soul, and Flesh*, 119–121), Posidonio es el primer pensador a quien nosotros definitivamente conocemos que ha utilizado la palabra espíritu como un predicado de Dios.

46. Según Cage (*The Holy Spirit*, 325), se piensa que Cleantes fue probablemente el primero quien explícitamente hizo esta asociación, una asociación entre el espíritu divino y el mundo fue hecha durante el período pre-socrático.

cosmos vivo y racional".[47] Dentro de las antiguas nociones estoicas sobre el espíritu claramente existe una evolución. En primer lugar, es el conocimiento del espíritu en su sentido primitivo como viento, aire dotado con el poder de auto-movimiento (Crisipo, fragmento 471).[48] Al mismo tiempo, la esencia divina de Dios es también Espíritu, una sustancia material, y un espíritu sin forma impregnando el mundo. En segundo lugar, este Espíritu que es Dios se hizo menos tangible (material) a lo largo del tiempo. Por lo tanto, tres características esenciales son dadas al espíritu divino en la filosofía estoica: el espíritu es una sustancia material,[49] el espíritu impregna todas las cosas y el Espíritu es Dios. En este sentido, Dios y el espíritu comparten la misma naturaleza, y el Espíritu de Dios es la fuente del principio de la vida en el mundo.

El Espíritu y las Virtudes

Es cierto que, en los sistemas éticos de los filósofos griegos, el concepto del espíritu no juega un papel importante. Sin embargo, existen algunos textos griegos en el cual espíritu está de alguna manera asociado con las virtudes y/o el rendimiento moral. Por ejemplo, el tragediante y dramaturgo griego Esquilo atribuye al espíritu de Zeus la cualidad de la "compasión". Él escribe, "Zeus el Salvador y protector de las cosas de los hombres santos recibe como suplicantes a esta banda femenina y quizá el país pueda mostrarles un espíritu de compasión" (*Suplemento.* 25–29).[50] Aunque este texto puede referirse al viento o la respiración fisiológica de la gente de la región (líneas 1–48),[51] el espíritu de Zeus — infundido en la gente — es el que crea una actitud positiva en ellos. Anteriormente, Esquilo habla del "aliento de Zeus," utilizando el término soplo en lugar de espíritu para hablar de la inhalación del amor de Zeus (*Suplemento.* 19–20).

Igualmente, la asociación entre el espíritu y las virtudes es reflejada en la tradición platónica. En la *República de Platón*, el verdadero amor o la pasión genuina, y la perfección humana están directamente asociados

---

47. Posteriormente Diógenes Laercio (180–240 dc), escribe que "el mundo es un ser vivificante, racional, animada, e inteligentes . . . es una cosa viva, en el sentido de una sustancia animada dotado con una sensación" (*Lives* 7.142). Diógenes Laercio, *Vidas.* Para una buena descripción del espíritu y el Stoa, véase Levison, *Filled with the Spirit,* 137–40.

48. *SVF* 2:152. Cage, *The Holy Spirit,* 323.

49. Engberg-Pedersen, "The Material Spirit," 186; véase también Büchel, *Der Geist Gottes,* 47; Keener, *The Spirit in the Gospels and Acts, 7.*

50. En Esquilo, *Persians.*

51. Kleinknecht, "Πνεῦμα," 6:337.

con el soplo.[52] Estas características también son exhibidas en textos judíos-helenísticos. El espíritu divino trae consigo actitudes positivas asociadas con el "bien" y el objetivo de la vida, aunque de una manera menos sofisticada. Una diferencia esencial, sin embargo, que vale la pena destacar es: mientras para Platón, estas cualidades positivas fluyen desde cierta inspiración divina, en el judaísmo helenístico, no sólo están asociadas con el Espíritu Santo de Dios; son también cualidades brindadas al individuo y alcanzadas por la persona sólo a través del Espíritu Santo de Dios.

En *Virtud*, un diálogo socrático atribuido a Platón (ca. 350 ac–300 ac), el papel del espíritu en la práctica de las virtudes es expresado más claramente. En una discusión entre Sócrates y un amigo sobre si la virtud puede ser enseñada, Sócrates habla de la profecía como una "inspiración divina" y lo asocia con un estatus moral. Pseudo–Plato escribe:

> Entonces ¿cómo supones, Sócrates, que ellos se vuelvan *virtuosos*, si no es ni por la naturaleza o la enseñanza? ¿Cómo sería posible que ellos lleguen a ser *buenos*? . . . Sócrates responde la posesión de la *virtud* es un *don divino* grande, y los hombres se hacen *buenos* como los profetas divinos y los vendedores de oráculos. Porque ellos se convierten en lo que son no por naturaleza ni por habilidad: es a través de la *inspiración* de los dioses que ellos se convierten en lo que son (*Virt.* 379C–D).[53]

Según este pasaje, es la infusión divina que influye directamente en el comportamiento moral de una persona; de hecho, la *virtud* es un don que sólo existe por inspiración divina en aquellos que los poseen. Así mismo, Séneca explícitamente asocia el Espíritu Santo con virtudes en las *Epístolas Morales*:

> Dios está cerca de ti, él está contigo, él está dentro de ti. Esto es lo que quiero decir, Lucilio: el Espíritu Santo vive dentro de nosotros, es uno que marca nuestros *buenos* y malos actos, y es nuestro tutor. Como tratamos a este espíritu, nosotros también somos tratados por él. En efecto, ningún hombre puede ser bueno sin la ayuda de Dios. ¿Puede uno subir más arriba de la fortuna a menos que Dios le ayude a subir? Él es el que da consejo noble y recto (*Ep.* 41.1–2).[54]

---

52. *Resp.* 499B–C.

53. Traducido por Cooper, *Plato*, 1698.

54. En 41.8–9, Séneca escribe que este espíritu es el alma humana dada por Dios para que la gente pueda vivir concorde a este espíritu. Séneca, *Epistles*. Cf. Cage, *The Holy Spirit*, 337; Rabens, *The Holy Spirit and Ethics in Paul*, 32–33.

Así como Plutarco, quien relaciona al espíritu con santidad, Séneca se refiere al espíritu como un "Espíritu Santo," por lo tanto, atribuyéndolo el poder de efectuar la santidad, que es una referencia a una vida virtuosa.[55] Como en el judaísmo helenístico, para Séneca, el Espíritu Santo es Dios. Séneca afirma que Dios (un Espíritu Santo) habita en hombres buenos; de hecho, es el Espíritu Santo que da consejo noble y recto. Es decir, el Espíritu Santo de Dios conduce solamente a lo que es bueno y virtuoso, y la gente buena puede pedirle a Dios (o a su Espíritu Santo) orientación ética.

Para comprender el lugar del espíritu en el amplio mundo griego, su desarrollo semántico debe localizarse. Un desarrollo común del espíritu es su cambio de ser entendido como un término estoico material relacionado con la física a ser asociado con algunas virtudes y con la práctica de la conducta moral. En la tradición filosófica-griega, se encuentra una identificación temprana del papel del espíritu en el desempeño ético. En Pablo esta asociación se hará mucho más sofisticada que en la tradición griega o la judía-helenística.

EL ESPÍRITU EN LA TRADICIÓN JUDÍA HELENISTA

El lugar del concepto del espíritu en la tradición judía helenista de Pablo es bastante complejo y similar a la tradición greco-romana su significado varía de autor a autor. Lo que vale la pena señalar, sin embargo, es que similar a los autores greco-romanos, los autores judíos-helenistas no utilizan el término espíritu de manera uniforme en relación a las virtudes.[56] Quienes

---

55. Cf. Levison, *Filled with the Spirit*, 144–45.

56. Es importante mencionar que el lenguaje encontrado en estos textos sobre el espíritu (excepto la LXX y Filón) no se refleja en Pablo gran manera; sin embargo, estos significados alternados no pueden ser desatendidos, y con toda razón encuentran un lugar en este estudio. En la *Carta de Aristeas* (2do siglo ac) y Pseudo–Focílides, el concepto del espíritu no aparece. En los escritos de Josefo, el concepto del espíritu aparece, pero él nunca correlaciona al espíritu con una conducta ética. Como en la mayoría de los textos judíos-helenistas el espíritu en Josefo se utiliza para hablar del "espíritu divino" (*A. J.* 4.107; 6.166–118, 401–410; 10.239) y el "Espíritu de Dios" (*A. J.* 4.119; 6.22–23; 8.114). Josefo atribuye también al Espíritu de Dios las cualidades del "poder" (véase también *B. J.* 2.138 [adición eslavica]), y muestra al espíritu como fuente del conocimiento o sabiduría (*A. J.* 10.239). Cf. Cage, *The Holy Spirit*, 286–89. Como en la LXX, Josefo habla del espíritu como "viento" (*A. J.* 2.343, 349; 8.346; 9.36, 210; 10.279; 12.75; 14.28; 15.17, 20, 62), "aire" (*B. J.* 4.477) y "aliento" (*A. J.* 1.270; 3.291; 17.169), y él asocia al espíritu con la creación (*A. J.* 1.27). El espíritu está vinculado con el "principio de la vida" (*A. J.* 11.240), y el "espíritu del hombre" (*A. J.* 1.340; 3.260; 11.240), y en algunos casos el espíritu denota la emoción humana o pasión (*B. J.* 3.92). Ver Isaacs, *The Concept of Spirit*, 150–52. Josefo tiene la tendencia de vincular la posesión del "Espíritu de Dios" o el "espíritu divino" con el don de la profecía (*A. J.* 4.108, 118, 119–20; 6.166,

lo emplean, lo hacen en una forma más moderada que los autores greco–romanos, sin asignar al espíritu un papel central en sus exhortaciones éticas. Como resultado, la bibliografía seleccionada en este estudio son la Septuaginta (LXX), Aristóbulo, el *Testamento de los Doce Patriarcas*, la *Sabiduría de Salomón*, 4 Macabeos, los *Oráculos Sibilinos*, y Filón de Alejandría. Los temas sobre el espíritu encontrados en estos textos importantes (excepto en la LXX y Filón) no se exhiben mucho en Pablo; sin embargo, los significados encontrados no se pueden ignorar, y legítimamente encuentran un lugar en este libro.

La Septuaginta (LXX)

La principal fuente judía de Pablo fue sin duda alguna la Escritura judía en griego (LXX), por lo tanto, es nuestro recurso principal para explorar el lugar del espíritu en la tradición judía-helenística. La Septuaginta nos ayudará a encontrar los primeros conocimientos de Pablo acerca de la relación del espíritu con las virtudes. Como he indicado anteriormente, la palabra espíritu en la LXX se usa a menudo como la traducción de la palabra hebrea aliento y viento. El concepto del espíritu se entendía principalmente, como en el uso griego, en términos de la circulación del aire, ya sea dentro del alma humana como la respiración o fuera del alma humana como el viento.[57] Isaacs señala que de las 378 ocurrencias de *ruah* (espíritu) en el Antiguo Testamento en hebreo, 277 veces aparecen traducidas en la LXX como *pneuma* (espíritu). Estos incluyen los usos hebraicos comunes de la palabra, así como respiración, viento, principio de la vida, disposición humana, estado de ánimo, pensamiento o determinación, y el Espíritu de Dios.[58] Según Cage, la expresión "espíritu divino" fue usada para casi todos los pasajes para hablar del "Espíritu de Dios" en la Escritura judía.[59] Siguiendo esta línea Isaacs afirma que con la frase "espíritu divino" o "Espíritu de Dios" (Ez 11,24), la LXX introdujo una nueva dimensión religiosa a la comprensión habitual griega del espíritu.[60] El término espíritu también es usado para

---

222–23; 8.408), pero él nunca usa el Espíritu de Dios para representar el espíritu de inspiración. Josefo también utiliza el espíritu para denotar seres sobrenaturales, como "malos espíritus" o demonios (*A. J.* 6.211). Ver Burton, *Spirit, Soul, and Flesh*, 166.

57. Edwards, *Pneuma and Realized Eschatology*, 107.

58. Isaacs, *The Concept of Spirit*, 10–11. Véase también Cage, *The Holy Spirit*, 160–61; Baumgärtel, "πνεῦμα, πνευματικός," 6:367–68; Burton, *Spirit, Soul, and Flesh*, 141–46, 153–54.

59. P. ej., Is 34,16; 42,1; 44,3; 48,16; 57,16; 59,21; 63,10 [su Espíritu Santo], 11 [su Espíritu Santo], 14; Ez 36,27; 37,14.

60. Ver Isaacs, *The Concept of Spirit*, 17, 64.

hablar del espíritu humano[61] y los espíritus malignos (Is 19,14).[62] Similar a la visión estoica, el espíritu está asociado con el mundo; el espíritu como un "espíritu cósmico" construye y llena el mundo y lo mantiene unido (Jdt 16,13–14; Ec 24,3).[63]

En cuanto al uso del espíritu como un concepto ético en la Septuaginta varios pasajes han sido identificados por los estudiosos.[64] Especialmente en los libros traducidos del hebreo, la palabra espíritu está principalmente asociada con la *renovación futura escatológica* del pueblo de Dios y la tierra de Israel.[65] Los judíos hubieran estado familiarizados con cuatro formas básicas de entender el espíritu escatológico. Primero, el espíritu está directamente relacionado con la salvación (Is 34,16). El Espíritu de Dios causa la resurrección del pueblo de Israel en el tiempo escatológico. Es decir, a través del espíritu, Dios les traerá de nuevo a la vida eterna (Ez 3,14; 2 Mac 7,23; 14,46). Ya que el espíritu es vida y en el poder de Dios, es capaz de conferir vida eterna (Ez 1,20–21; 10,17; 37,5, 14). Segundo, el Espíritu de Dios es un don escatológico, y su función principal es la de "lavar las inmundicias de los hijos e hijas de Sión" y de "limpiar la sangre de en medio por un espíritu de juicio y con un espíritu de fuego" (Is 4,4).[66] El papel del espíritu en Isaías *no es* explícitamente en el campo ético; es más bien escatológico, ya que se refiere a Sión de ser purificado (es decir, el pueblo de Israel que se limpia de los pecados) por un espíritu de discernimiento y de ardor en el tiempo escatológico (Is 1,25–28). Su importancia radica en el hecho de que para los judíos el papel escatológico del Espíritu de Dios fue la de "purificarles" y "lavarles" de las impurezas (pecados).

Como hemos encontrado en la literatura greco–romana, la Septuaginta describe al Espíritu de Dios como Santo (Ec 38,23; Is 42,1; 44,3; 63,11). Este Espíritu divino y santo llena el interior del individuo (Ec 39,1–11; Is 11,3), habita en el pueblo de Dios (Ez 36,27), y les orienta a "hacer su

---

61. P. ej., Is 19,3; 26,9; 27,8; Ec 38,23; Ez 3,14; 21,7; 1 Mac 13,7; Sab 15,16. Como Isaacs (*The Concept of Spirit*, 12, 17) señala sobre el "espíritu humano," es importante observar que la tendencia de la LXX es no aplicar el espíritu al espíritu humano. De hecho, es Pablo quien desarrolla el uso del espíritu con referencia al "espíritu del hombre," y en gran medida con el "Espíritu de Dios".

62. El uso de la palabra "espíritu" en referencia al mal o a los demonios sólo se encuentra en Ef 2,2; 6,12; 1 Ti 4,1.

63. La traducción es de Pietersma and Wright *A New English Translation*.

64. Los pasajes más importantes son: Ez 36,25–28; 37,1–14; Is 32,9–20; 44,1–5; Jl 3,1, 2; Sab 1,6–7; 7,7, 22–25; 9,17; y 4 Mac 7,13–14). Para un buen análisis de estos pasajes, véase Philip, *The Origins*, 34–76; Rabens, *The Holy Spirit and Ethics in Paul*, 163–66.

65. Philip, *The Origins*, 80. Zimmerli, *Ezekiel 2*, 248–49.

66. Cf. 11,14; 30,28; Ez 36,26–27; Is 30,28; 44,3.

nombre glorioso" (Is 63,14). Lo que era común para todos los judíos fue la asociación del espíritu con las ordenanzas o la ley judía. Esta noción del Espíritu, que es de Dios y Santo, es la fuerza que le permitió a Israel y sus descendientes vivir según los mandamientos de Dios. En la orientación escatológica Ezequiel se imagina la renovación futura de los corazones/mentes (la naturaleza íntima de los seres humanos) en estrecha asociación con el Espíritu de Dios y sus ordenanzas. Ezequiel escribe, "les daré otro corazón y voy a impartirles un espíritu nuevo y sacaré de sus cuerpos el corazón de piedra, y les daré un corazón de carne a fin de que éstos puedan caminar de acuerdo a mis ordenanzas y cumplan mis estatutos y los ejecuten y ellos serán para mí como un pueblo, y yo seré un Dios para ellos" (Ez 36,27; 11,19–20). Más adelante en el pasaje Ezequiel escribe, "tiren todas vuestras impiedades que cometieron contra mí y haréis para vosotros un corazón nuevo y un espíritu nuevo" (18,31). El Espíritu de Dios traerá consigo una prodigiosa transformación mediante la infusión de un nuevo espíritu, su propio Espíritu, en los Israelitas.[67] Por un lado, el "corazón de piedra" que es testarudo, rebelde, e insensible será sustituido por un "corazón de carne" que es suave, impresionable y sensible. Por otro lado, el "espíritu de desobediencia" será sustituido por "el Espíritu de Dios". El resultado del don gratuito de Dios será que su gente va a experimentar un cambio radical de corazón (el "asiento de la personalidad").[68] Lo que es crucial en estos pasajes es la palabra "nuevo," que no es sólo una referencia a una "nueva alianza" (cfr. Jer 31,31), sino también habla de un "Espíritu nuevo," una potencia que dará fuerza a la gente para hacer cosas nuevas,[69] y que hará posible una nueva forma de vida virtuosa.

La descripción de Ezequiel de la promesa de Dios y la restauración de la tierra de Israel y su gente, es claramente la reivindicación de la santidad de Dios a través del impartimento de su Espíritu. Es el Espíritu de Dios el que causará que su pueblo *camine según sus ordenanzas,* para que así puedan observar fielmente sus leyes.[70] En los Septuaginta, la obediencia a las ordenanzas de Dios es el camino de la justicia, "la luz sobre la tierra" (Is 26,9) y en el espíritu las ordenanzas enseñan discernimiento y sabiduría (Job 32,7–8; Ec 39,6–10; Is 11,4). En la LXX, el papel escatológico del Espíritu de Dios es también traer juicio, condena (Is 28,6; 11,3–4) y bendición (Ec 39,6). Aquellos piadosos que siguen las ordenanzas de Dios aprenden la justicia/ rectitud, la verdad y reciben las bendiciones de Dios. Aquellos impíos que

---

67. Block, *The Book of Ezekiel,* 355.
68. Taylor, *Ezekiel,* 226.
69. Zimmerli, *Ezequiel 2,* 249.
70. Cf. Block, *The Book of Ezekiel,* 356.

no aprenden la justicia/rectitud en la tierra llegan a su fin, porque no actúan con la verdad (Is 26,10).

Tercero, en la LXX, en algunas ocasiones el Espíritu Santo de Dios está vinculado con las virtudes. Un ejemplo es Isaías 11,2: "el Espíritu de Dios reposará sobre él, el espíritu de sabiduría e inteligencia, el espíritu de consejo y fortaleza, el espíritu de ciencia y de santidad" (también Is 32,17–18). Lo que se expresa en la Escritura judía es que el Espíritu Santo de Dios tiene el poder de producir una *transformación* ética, que es una nueva vida (Ez 37,2–24) experimentada por aquellos a quienes Dios "derrama" su Espíritu Santo (Jl 2,28–29; Is 44,3; Ro 5,5).[71] Esta vida en virtud es "un signo de la nueva era" traída por el Espíritu Santo de Dios.[72] En Joel, no obstante, el arrepentimiento es lo que trae la transformación ética en el tiempo escatológico (2,12–14). Ciertamente, en la LXX, obedecer las instrucciones de la ley de Dios (Ec 39,1–8) es la clave para el arrepentimiento y el estar lleno del Espíritu Santo de Dios empodera a uno para realizar obras maravillosas (Ec 48,12–14).

Cuarto, el concepto espíritu fue entendido como aquello que tiene la característica de "conocer los misterios ocultos" (Ec 39,1–11; 48,22–25; Dn 4,6). En el complejo mundo de los judíos de la diáspora griega, la capacidad de conocer el misterioso conocimiento de Dios fue atribuido al Espíritu Santo. Uno de los principales efectos divinos del Espíritu de Dios es revelar el conocimiento de Dios. El espíritu es definido como el "Espíritu de entendimiento" (Is 11,2; Ex 31,3), el "Espíritu de sabiduría" (Ex 31,3) y el "Espíritu de ciencia" (Susana 63; Ex 31,3). Este "conocimiento oculto" revelado por el Espíritu divino se asocia algunas veces con la profecía y visiones,[73] especialmente cuando el "Espíritu de sabiduría" y el "Espíritu de fuerza" (Ec 48,24) se refieren a las habilidades proféticas.[74]

---

71. Ver Ez 39,29; Ec 39,6. El verbo "derramar" se utiliza a menudo en la LXX refiriéndose a la inhabitación del espíritu. El lenguaje de Dios enviando su Espíritu también está presente en Jdt 16,13–14. Mientras que en algunos pasajes la efusión del Espíritu de Dios es exclusivamente a Israel, en Ec 39,1–11 (para ser llenados con el espíritu de entendimiento es claramente una recompensa para los pocos) sólo algunos reciben el espíritu de entendimiento (ver también Ez 36,26–27; 37,1–14). Otros pasajes como en Isaías (32,9–10; 44,1–5) puede interpretarse como una efusión universal del espíritu (cfr. Jl 3,1–5). Como en Pablo, la recepción del espíritu en Joel termina las desigualdades sociales.

72. Cf. Philip, *The Origins*, 54; Furnish, *Theology and Ethics of Paul*, 130.

73. Dn 4,6; Jl 2,28–29; Ec 48,12–14, 22–25; Ez 37,9. En el judaísmo post-exílico en particular, la frase "el Espíritu Santo" comenzó a ser utilizado como un término técnico para el *Espíritu de Dios como el inspirador de la profecía* y otras acciones extraordinarias. Véase Cage, *The Holy Spirit*, 162; Isaacs, *The Concept of Spirit*, 13.

74. Según Cage (*The Holy Spirit*, 172, 161, 164), el "espíritu de sabiduría" y el "espíritu de poder" no necesariamente puede implicar el Espíritu Santo de Dios, al menos

Naturalmente, el espíritu ocupa un lugar importante en las Escrituras judías. El término espíritu, al referirse al Espíritu de Dios es divino y santo. Este espíritu está estrechamente asociado con el poder de Dios, con la promesa escatológica del Espíritu de Dios, con la entrega de la vida eterna, con el conocimiento de los significados o misterios ocultos y con el don de la profecía y las visiones, así como en la tradición griega. El Espíritu Santo de Dios está vinculado con la orientación ética expresada con los términos de "limpieza" y "arrepentimiento," así como con la transformación escatológica hacia una nueva vida. Esta nueva vida implica una vida de *virtudes*, especialmente aquellas virtudes asociadas con el intelecto: la sabiduría, la piedad, el conocimiento o ciencia, la comprensión y el consejo (Is 11,2). Los judíos unen estas virtudes y todo lo que el Espíritu Santo de Dios genera a la observancia de la ley mosaica. Los mandamientos éticos de la ley judía contienen las enseñanzas y las instrucciones para adquirir un corazón puro y limpio, para evitar la impiedad y los pecados. Según Ezequiel, dar al Espíritu como la promesa de Dios era un "signo de los tiempos mesiánicos" (Ez 37,14; 39,29; Is 42,1; 44,3; 59,21; Jl 2,28). Por lo tanto, la transformación de la tierra y de la gente fue el tiempo del Mesías. De hecho, la relación de pacto entre Dios e Israel se creía ser renovado con el Mesías en la "Nueva Alianza".[75] Es importante recalcar que estas ideas representan principalmente el "conocimiento medular" en el saber de Pablo sobre el espíritu *antes* que entró a formar parte del cristianismo naciente. La profecía de salvación de Ezequiel y su presentación de una futura realidad escatológica puede haber tenido una potencial importancia en el pensamiento de Pablo. En el capítulo siguiente será evidente cómo estas características de la orientación futura en estos textos de los Setenta (LXX) sustancialmente anticipan la reinterpretación de Pablo de un radicalismo y nueva experiencia de la presencia divina de Dios en asociación con la efusión del espíritu.

---

en lo que respecta a las declaraciones explícitas. Cage explica que la frase "Espíritu de Dios," simplemente puede ser "una variante estilística del 'Espíritu de Dios,'" y puede referirse a "un regalo de Dios, pero no al Espíritu del Dios mismo". Sin embargo, su argumento no tiene ninguna aclaración a fondo.

75. Cf. Taylor, *Ezequiel*, 226. En este sentido Horn ("Wandel im Geist," 168–69; *Das Angeld des Geistes*, 119), señala que, sobre todo, la primera carta a los Tesalonicenses es una ilustración de la fuerte influencia de las Escrituras judías en la comprensión de Pablo sobre el espíritu.

Aristóbulo (2do siglo ac)

En los escritos de Aristóbulo,[76] la palabra espíritu aparece solo dos veces, en los fragmentos 2 y 4.[77] Sin embargo, solo uno de estos fragmentos (fragmento 2) corresponde al presente estudio.[78] Aristóbulo (según Eusebio) escribe: "en consecuencia, quienes tienen la gran capacidad intelectual están sorprendidos por la sabiduría de Moisés y el Espíritu divino, en virtud de la cual ha sido proclamado como un profeta también" (fragmento 2, 8.10.4). Este texto habla especialmente sobre las extraordinarias palabras de Moisés y su vasto conocimiento. En la cosmovisión judía-helenística, fue la obra del Espíritu divino que hizo de Moisés un profeta y similar a la visión del mundo greco-romano, a través de la inspiración del Espíritu Moisés fue infundido con la capacidad intelectual que sorprendió a su pueblo. Lo que tomamos del fragmento 2 de Aristóbulo es que los judíos del *milieu* en la época helenística vieron al espíritu como el Espíritu divino y lo asociaron con el don de profecía como en la tradición (griega) filosófica, viéndolo como un "tipo" intelectual de la virtud (p. ej., sabiduría). Los poderes divinos del Espíritu de Dios fueron descritos en las categorías de las nociones greco-romanas sobre el espíritu. Significativamente, en Aristóbulo encontramos la primera asociación del Espíritu de Dios con el intelecto en la tradición judía-helenística.

76. Cinco fragmentos de las obras de Aristóbulo fueron preservados por Clemente de Alejandría (ca. 215 dc) y Eusebio de Cesarea (ca. 339 dc). Eusebio, *Ecclesiastica Historia* libro 7 and *Praeparatio Evangenlica* libros 8 and 13; Clemente de Alejandría, *Stromata* libros 1, 5, and 6; *Protrepticus* libro7. Los fragmentos muestran el intento de Aristóbulo de juntar la tradición judía y la filosofía helenística. Para los estudios sobre Aristóbulo, consulte Yarbro Collins, "Aristobulus," 2:831–42; Barclay, *Jews in the Mediterranean Diaspora,* 150–58; Collins, *Between Athens and Jerusalem,* 186–90; Holladay, *Fragments,* 43–45.

77. Ver Aristóbulo, fragmento 2 (Eusebius, *Praep. ev.* 8.10.4) y fragmento 4 (Eusebio, *Praep. ev.* 13.13.5).

78. En el fragmento 4, 13.13.5, Aristóbulo habla de Zeus, el soberano de todos, quien "sostiene los reinos de los vientos en su vuelo sobre el cielo y el flujo acuoso".

Los Testamentos de los Doce Patriarcas (2do siglo ac–2do siglo dc)

La palabra espíritu en los Testamentos es ubicuo;[79] de hecho, aparece a lo largo de las exhortaciones éticas de los Patriarcas.[80] El lugar del espíritu en esta literatura judía refleja las nociones del término en la LXX. Por ejemplo, el espíritu es utilizado para hablar sobre "el Espíritu de Dios", y está directamente asociado con las virtudes y la santidad (*T. Simeón* 4.4; *T. Benjamín* 8.3; 9.3). El espíritu también está relacionado con el conocimiento, cuando es identificado como "un espíritu de entendimiento del Señor" (*T. Levi* 2.3; también 18.7; cfr. 8.2). Lo que es particular en los Testamentos es que la palabra espíritu se utiliza a menudo para describir dos actitudes de conducta. El plural de la palabra "espíritus" es empleado para mostrar no específicamente una conducta moral, sino dos formas de vida o dos actitudes diferentes de la voluntad humana: "el bien" y "el mal".[81] El concepto espíritu

79. Los *Testamentos de los Doce Patriarcas* (*T12P*) contienen las supuestamente últimas exhortaciones éticas de los doce patriarcas a sus familias para actuar virtuosamente y evitar pecados. Cada patriarca ofrece su testamento con las historias de su vida (*T. Asher* es la excepción) donde ilustran una virtud o un vicio. De particular importancia son: la historia de Rubén, que describe la maldad de la fornicación; la de Simeón, que se centra en el vicio de la envidia; la de Judá que identifica los vicios de la embriaguez y la fornicación. La historia de Isacar muestra la virtud de la mente única; la de Zebulon exalta la virtud de la compasión; y la de José ejemplifica las virtudes de la castidad y el perdón. Además, cada testamento contiene un conjunto de instrucciones o exhortaciones éticas, una predicción del futuro de cada tribu, y una conclusión con la descripción de la muerte y entierro del patriarca. Estas instrucciones éticas emplean el lenguaje y conceptos éticos tomados de los sistemas éticos filosóficos griegos, especialmente estoico. Sobre la ética de los Testamentos, véase Thompson, *The Moral Formation*, 34–41; Kee, "The Ethical Dimensions", 259–70; De Jonge, "The Transmission of the Testaments", 1–28. Para una discusión general, véase Collins, *Between Athens and Jerusalem*, 174–77; Kee, "Testaments," 1:775–828; Ulrichsen, *Die Grundschrift*, 343; De Jonge, *The Testaments*; "The Main Issues," 508–24; Hultgård, *L'eschatologie*; Collins, *Between Athens and Jerusalem*, 177–78.

80. *T. Rubén* 2.1–3.9; 5.3; *T. Simeón* 3.1, 4; 4.4, 9; 5.1–2; 6.6; *T. Levi* 2.3; 3.2–3; 4.1; 9.9; 18.7, 12; *T. Judá* 13.3; 14.2, 8; 16.1; 20.1–5; 24.2–3; 25.3; *T. Isacar* 4.4; 7.7; *T. Zebulon* 9.7–8; *T. Dan* 1.6–8; 2.1; 4; 4.5; 5.5–6; *T. Neftalí* 2.2; 3.3; *T. Gad* 3.1; 4.7; 5.9; 6.2; *T. Asher* 1.9; 6.2; *T. José* 7.2; *T. Benjamín* 3.1–8; 4.5; 6.1; 8.1–3; 9.3.

81. El espíritu de la gracia, *T. Judá* 24.3; el espíritu bueno, *T. Benjamín* 4.5; el espíritu de amor, *T. Gad* 4.7; el espíritu de la comprensión y de la santificación, *T. Levi* 18.7; los siete espíritus, *T. Rubén* 2.1 — 3.9; el espíritu de la verdad, *T. Judá* 20.1, 5; los espíritus errantes, *T. Neftalí* 3.3; el espíritu de engaño, *T. Judá* 25.3; *T. Zebulon* 9.7; *T. Dan* 5.5; *T. Benjamín* 6.1; el espíritu maligno, *T. Simeón* 3.5; 4.9; 6.6; *T. Asher* 1.9; los espíritus malvados, *T. Levi* 18.12; el espíritu de Beliar, *T. Levi* 3.3; *T. Isacar* 7.7; *T. Zebulon* 9.8; *T. Dan* 1.7; los espíritus invisibles, *T. Levi* 4.1; el espíritu de la envidia y la promiscuidad, *T. Judá* 13.3; los cuatro espíritus malignos: deseo, ardor, pasión, libertinaje, y codicia sórdida, *T. Judá* 16.1; el espíritu del odio, *T. Gad* 3.1; 6.2; espíritus de la promiscuidad sexual y de la arrogancia, *T. Levi* 9.9; *T. Judá* 14.2; *T. Dan* 5.6; el

se utiliza más a menudo en relación con "los malos espíritus,"[82] lo cual indica que el uso común del término espíritu no siempre tiene conexión con el Espíritu de Dios.

Es cierto que el uso de la forma plural "espíritus" muestra dos formas de vida y que está más a menudo asociado con "los espíritus malos". Sin embargo, es importante reconocer que cuando el espíritu se utiliza para hablar de los "espíritus buenos" en las exhortaciones éticas de los patriarcas, está también indirectamente correlacionada con el esfuerzo del individuo para practicar las virtudes y evitar los vicios. Según los Testamentos, hay dos espíritus trabajando dentro de una persona y cada espíritu intenta persuadir a la virtud (el espíritu de la verdad) o al vicio (el espíritu de error).[83] Mientras que los "espíritus malos" están en conexión con "el espíritu de Beliar o Satanás" (*T. Dan* 1.7; *T. José* 7.4; *T. Benjamín* 3.4), los "espíritus buenos" están relacionados sólo con el Espíritu de Dios (*T. José* 4.4) y se cree que conducen a los judíos a una vida virtuosa y santa (*T. Benjamín* 8.1–3). De hecho, la efusión del Espíritu de Dios sobre una persona — tal como se expresa 5 veces en los Testamentos (*T. Simeón* 4.4; *T. Levi* 2.3; *T. Judá* 24.2, 3; *T. Benjamín* 8.2) — motiva a los espíritus buenos a inducir a los judíos a practicar la virtud y evitar el vicio. La creencia es que el que posee el Espíritu de Dios (*T. Simeón* 4.4) camina de acuerdo con los decretos de Dios (*T. Judá* 24.3–4; *T. Isacar* 5.1).

Los Testamentos resaltan el lugar del espíritu dentro del marco de su contexto judío. La mayoría de las nociones éticas relacionadas al espíritu en los Testamentos son menos filosóficas y más canónicamente judías.

---

espíritu de la mentira, *T. Dan* 2.1; el espíritu de la ira, *T. Dan* 1.8; 2.1; 4. 5; el espíritu del error, *T. Judá* 14.8; 20.1; *T. Simeón* 6.6; *T. Isacar*, 4.4; *T. Zebulon*, 9.8; *T. Asher*, 6.2.

82. Para más detalles ver, H. W. Hollander y M. De Jonge, *The Testaments of the Twelve Patriarchs: A Commentary* (Studia in Veteris Testamenti Pseudepigrapha; vol 8; Leiden: E. J. Brill, 1985), 41–50. Josefo habla de los "malos espíritus" (*A. J.* 6.211, 214; *B. J.* 3.919; 7.185), y de incorpóreos "espíritus de los malvados" (*B. J.* 7.185), pero no los utiliza en contraste con los buenos espíritus. Él también utiliza la palabra griega "demonios" para describir "los malos espíritus" (*B. J.* 7.185; *A. J.* 6.211). Isaacs (*The Concept of Spirit*, 33) argumenta que Josefo parece entender "demonios" como los espíritus de los difuntos malos, que pueden poseer a los vivos (*Vita* 402; *B. J.* 1.556).

83. Estos contrastes de actitudes éticas entre dos "espíritus" (bueno *vs.* malo) encuentran ecos en la literatura temprana helenística (Jenofonte *Mem.* 2.1.21–34; Hesíodo, *Op.* 287–292), en la Escritura judía (Dt 30:15; Sal 1:6; 139:24; Pr 2:8–22; Jer 21:8), en los textos del Período del Segundo Templo (los Dos Caminos 1QS III, 13–IV, 26), en el Pseudoepígrafo (*1 Enoch* 91–107; *2 Enoch* 30.14–15; 2 Esd 7.3–8), y en los posteriores escritos cristianos (*Did.* 1.2–6.2; *Barn.* 18–20; *Herm. Mand.* 6.2; Arístides, *Apol.* 15; *Apos. Con.* 7.1–19). Aunque estos son temas importantes, el análisis de estos textos van más allá del ámbito de este estudio. Para una erudita reconstrucción de la tradición de los Dos Caminos, ver de Sandt y Flusser, *The Didache*, 112–31; Draper y Jefford, 429–528; Suggs, "The Christian Two Ways Tradition," 60–74.

Los patriarcas sabían de la relación inherente entre el Espíritu de Dios y la adquisición de virtudes. El Espíritu de Dios es descrito como "el espíritu de santificación," "el espíritu de amor," expresado así mismo como "el espíritu de la verdad," "el espíritu de entendimiento" y "el espíritu de gracia." Sin embargo, la relación entre el Espíritu de Dios y la virtud del amor se manifiesta principalmente en la virtud del "amor fraterno,"[84] que es junto con la moral sexual, el foco principal en las exhortaciones.[85] Para los patriarcas, el espíritu y amor operan juntos a través de la observancia de la ley mosaica, pues consideraban la virtud del amor como la esencia de la ley.[86]

La Sabiduría de Salomón (primer siglo ac–primer siglo dc)

La palabra espíritu es un concepto popular en el libro de la Sabiduría[87] y a veces es utilizado en estrecha conexión con el término estoico "sabiduría".

---

84. En los Testamentos, la llamada al amor, a amarse mutuamente es común; de hecho, José es un modelo de amor, especialmente de la confraternidad (*T. José* 17.2–8; *T. Zebulon*; *T. Simeón* 4.4–7; *T. Isacar* 5.2; *T. Dan* 5,3; cf. *T. Gad* 3.1–5.11; *T. Simeón* 2.6–7). Esta virtud se destaca también en Sab 13:23–16 y en *Let. Arist.* 225, 229. Cf. Thompson, *Moral Formation According to Paul*, 80, 160.

85. *T. Rubén* 4.6–9; 8,5; *T. Gad* 6.2; 6.3; *T. Benjamín* 3.3; 4.3. Thompson, *Moral Formation According to Paul*, 35.

86. La exhortación a observar "toda la ley" o "todos los mandamientos" impregna los Testamentos. Es importante destacar que en los Testamentos no se hacen hincapié a la circuncisión, la observancia del sábado, y la comida (las leyes alimentarias y la circuncisión se mencionan sólo una vez, pero no se fomenta su observancia). Esto no es único, ya que estas omisiones se encuentran también en Pseudo–Focílides. Sorprendentemente, el autor no menciona la ley mosaica, la circuncisión o las observancias del sábado. Lo que es más sorprendente esque la idolatría está totalmente ausente (común en el judaísmo helenista), a pesar del hecho de que la referencia al monoteísmo de los judíos es implícita (8, 17, 29, 54, 106, 111). Sin embargo, existen varias referencias al politeísmo (75 "los bendecidos" y 104 "dioses"). Aquí, encontramos un paralelo con Filón (*Opif.* 27, "dioses visibles"). Para un buen estudio y bibliografía sobre Pseudo–Focílides, véase Collins, *Between Athens and Jerusalem*, 168–74; *Wisdom in the Hellenistic Age*, 158–77; Barclay, *Jews in the Mediterranean Diaspora*, 336–46; *Flavius Josephus*, 355–58.

87. El libro de la Sabiduría es generalmente dividido en tres secciones: el exhortatorio, llamado el "libro de la escatología" (1 — 6); el encomio, llamado "el libro de la sabiduría" (6 — 9); y el epidíctico llamado el "libro de historia" (9 — 19). Véase Collins, *Between Athens and Jerusalem*, 196. Para buenos comentarios sobre el libro de la Sabiduría consultar Tanielian, *Archbishop Nerses Lambronac'i Commentary*; Winston, *The Wisdom of Solomon*; Georgi, *Jüdische Schriften*, 391–478; Clarke, *The Wisdom of Solomon*; Engel, *Das Buch der Weisheit*; Reese, 90–121; Collins, *Between Athens and Jerusalem*, 195–209; *Jewish Wisdom*, 176–221; Barclay, *Jews in the Mediterranean Diaspora*, 181–91; Grabbe, *Wisdom of Solomon*.

El autor de la Sabiduría se refiere al espíritu 18 veces[88] y habla de la sabiduría 119 veces. De estas instancias, dos aspectos importantes afloran de manera que enriquecen nuestro entendimiento en cuanto a la posición del espíritu y de cómo fue visto en el judaísmo helenístico de Pablo y su audiencia.[89] El libro de la Sabiduría no sólo proporciona la base para sugerir que la mayoría de los judíos corrientes de la diáspora griega fueron expuestos a conocimientos platónicos y estoicos básicos. El libro también ofrece algunas pistas para entender las nociones sobre el espíritu que fueron compartidas y aplicadas filosóficamente para hablar del Espíritu Santo de Dios.

Hay ideas y nociones básicas del espíritu encontradas en la Sabiduría que son compartidas por otros escritores judíos-helenísticos. El autor afirma que el espíritu es dado por Dios al individuo (1,5; 2,3; 11,20; 15,11), que este Espíritu es Santo (1,5-7; 9,17) y que es potente (11,20-21). Sin embargo, el autor va más allá de estos puntos de vista comunes del espíritu en los ambientes judíos y aplica al espíritu cualidades superiores. Él observa al espíritu como un concepto que no perece y que vive eternamente (2,3; 16,14) y lo define como incorruptible (12,1), un término familiar filosófico en el platonismo y en el platonismo medio. Por lo tanto, los judíos que vivieron en la diáspora griega habrían entendido la palabra espíritu como un concepto que pertenece a la esfera de lo divino. Ellos también entendieron al espíritu como "un espíritu que da vida"[90] infundida en el alma de las personas a través de la oración (7,7; 9,17). El autor escribe, "yo [Salomón] oré y entendimiento me fue dado, pedí a Dios y el *espíritu de sabiduría* vino a mí" (7,7). Este texto muestra la asociación del Espíritu de Dios con las virtudes de "entendimiento" o "sabiduría práctica" (cfr. 1,7), "sabiduría," e indirectamente con la mente o la inteligencia. Esta es una importante conexión representada anteriormente en Aristóbulo, e indirectamente en la LXX y *T12P*, así como también en Menander. Lo que es crucial es que estas ideas de inmortalidad y de incorruptibilidad y las relaciones del espíritu con

88. Referencia al "Espíritu de Dios" en 1,5, 6, 7; 5,23; 7,7, 20, 22; 9,17; 11,20 [dos veces]; 12,1; 15,11; referencia al "espíritu humano" en 2,3; 15,16; 16,14; referencia a los "espíritus" en 7,23, y referencia al "viento" en 5,3, 11; 13,2; 17,18.

89. Para un estudio detallado de los paralelismos entre Pablo y la Sabiduría, ver Grafe, "Das Verhältnis der paulinischen," 251-86; Fee, *God's Empowering Presence*, 911-13.

90. 15,11; véase también 2,3; 16,14. El autor de *José y Aseneth* también habla de "un espíritu vivificante," pero no en un sentido ético, cuando el autor describe el don celestial del "nido de abeja" como "un espíritu de vida" (16.14; 19.11; cf. 18.9-11). Para una discusión de este texto en relación con el entendimiento judío de un "espíritu material," véase Rabens, *The Holy Spirit and Ethics*, 11, 54-67. Para una visión general, véase Collins, "Joseph and Aseneth," 97-112.

virtudes/mundo inteligente/mente o intelecto son atribuciones centrales del espíritu en la enseñanza de Pablo sobre las virtudes en sus cartas.

Además, el autor de la Sabiduría destaca la santidad del espíritu divino y afirma que el Espíritu Santo de Dios reside sólo en una persona recta (o virtuosa). Él escribe, "un Espíritu Santo y disciplinado escapará del engaño y partirá de pensamientos absurdos y será avergonzado cuando la maldad se aproxima" (1,5). Según el autor, es este espíritu que conduce a todas las personas en el camino de la sabiduría que es el camino de las virtudes (8,7). En efecto, "caminar por los caminos del Espíritu de Dios" es el "camino correcto" para alcanzar una vida que agrade a Dios (9,18). En este sentido, Philip acertadamente identifica al Espíritu Santo de Dios como el "principio interno de la vida humana y moral".[91] Curiosamente, el autor en 1,5 se refiere al Espíritu Santo de Dios como un espíritu que no habita en una persona injusta o incorrecta, insinuando que el recipiente del espíritu debe ser virtuoso continuamente. De manera similar, en 1,4, el autor hace una declaración análoga ("la sabiduría no entrará en un alma que planea hacer el mal, o residirá en un cuerpo involucrado en pecado"),[92] pero esta vez en referencia directa a la sabiduría y no al espíritu (se verá luego que, para el autor, espíritu *es* sabiduría). Al describir cómo los judíos están llamados a vivir de manera justa, el autor de la Sabiduría hace hincapié a la práctica de la ley mosaica. Era común entre los escritores judíos-helenísticos que la observancia de la ley estaba destinada a llevar a la práctica de las virtudes, así como la evasión de los vicios.[93] En el libro de la Sabiduría, las diversas prácticas de la ley son consideradas por el autor como los caminos de la justicia y la desobediencia a la ley es considerada como el camino de la injusticia (vicios/pecado) y una "esclavitud al pecado" (1,4).[94] Con respecto a esto, Tanielian escribe:

> Aquellos que son sinceros en su fe en Dios y meditan en la práctica de las virtudes son reprochados por el Espíritu Santo e increpados por su conciencia si se apartan de [hacer] buenas obras, porque Él instruye sus mentes para regocijarse en la ley de Dios. Cuando la ley de la carne lo contradice y lo esclaviza a la ley del pecado, el pobre hombre es reprendido y reprochado.[95]

91. Philip, *The origins*, 92; Cage, *The Holy Spirit*, 170.

92. Véase también 1,3–5; 1,9–11, donde el espíritu huye del engaño y los pensamientos necios.

93. Cf. Tobin, *Paul's Rhetoric*, 67.

94. Es importante mencionar que en la Sabiduría, el autor contrasta la práctica de vicios y virtudes en términos de la sabiduría versus maldad, cuando escribe, "contra la sabiduría el mal no prevalece" (7,30).

95. Tanielian, *Commentary on Wisdom*, 125.

La Sabiduría y el Espíritu

Como se señaló anteriormente, el autor del libro de la Sabiduría percibe a la "sabiduría" (*sofía*) y al espíritu de una manera similar, y a veces utiliza ambos términos indistintamente. No obstante, es importante señalar que en la Sabiduría, la representación es compleja.[96] Usando el lenguaje filosófico (estoico y platónico), el autor alaba la naturaleza y el poder de la sabiduría (Sb 6,22–10,21). Por ejemplo, los 21 atributos o calificativos que describen a la sabiduría en Sb 7,22b–24 son en gran parte tomadas de la filosofía estoica,[97] especialmente la afirmación de que "la sabiduría se impregna y penetra en todo" en la creación (*SVF* 2.42, 1021, 1033). En Sb 7,25–26 sin embargo, el autor se aleja de su plano estoico y describe la esencia de la sabiduría y su singular eficacia usando lenguaje platónico medio. Las cinco metáforas — aliento o exhalación, emanación, refulgencia, espejo e imagen — enfatizan la noción que la sabiduría *es* una "emanación" del poder y la gloria de Dios.[98] Ella no es sólo la "diseñadora de todas las cosas" en la creación (7,22); ella es uno con Dios porque ella es la "imagen" de Dios y "emana de Dios" (7,25–26).[99] Una característica de la Sabiduría es, que, en términos éticos, juega el papel central. De hecho, el autor la presenta como la "fuente" de las virtudes: "los frutos de ella son las virtudes". Especialmente, las cuatro virtudes cardinales son descritos como los dones de la sabiduría divina (8,7).[100]

Un aspecto interesante en el libro de la Sabiduría es la asociación con las virtudes. La sabiduría como "el espíritu de sabiduría" (7,7) y como "un espíritu humano" (1,6; véase también 7,22) tiene la función de proporcionar entendimiento y conocimiento intelectual (7,18–19), pero también posee cualidades morales (7,15) para la orientación ética (7,21). El origen de la sabiduría, como destaca el autor, es el deseo sincero de la instrucción ética (7,15) basado en la observancia de los mandamientos de la ley. Ella inspira virtudes, enseña moderación, prudencia, justicia y valentía;[101] vivir en sabiduría significa vivir una vida virtuosa.[102] Como el guía principal para la

---

96. Ver Winston, "Wisdom," 149–64; Grabbe, *Wisdom of Solomon*, 68–80.

97. *SVF* 2.780; 2.937.

98. Cf. Winston, *Wisdom*, 184–85; Reese, *The Hellenistic Influence*, 13.

99. Para una discusión mas amplia, consulte Tobin, "Logos," 4:348–56; "The Prologue of John," 252–69.

100. Este es el único momento en que el autor hace una referencia a las cuatro virtudes cardinales (auto–control o templanza, prudencia o sabiduría práctica, justicia y valentía [véase Platón, *Phaed.* 69C]).

101. Pfleiderer, *Primitive Christianity*, 2:24–25.

102. 6,18–19; 7,14; 8,7; 9,10–12, 18; 15,2. Rabens, *The Holy Spirit and Ethics*, 155.

vida ética, la sabiduría conduce a la vida inmortal, que es la vida del alma en la presencia de Dios (7,12–30).[103] En efecto, "Dios no ama nada, excepto a la persona que vive con sabiduría" (7,28; 11,24).[104] La sabiduría (=espíritu) proporciona la garantía de la incorruptibilidad y el último objetivo del camino a la salvación. El contraste en 9,13–18 en referencia a la sabiduría (=espíritu) es un reflejo de una manera dualista de la sabiduría, un pasaje que usa el lenguaje material, perecedero, mortal *vs* lo celestial, inmaterial, inmortal, imperecedero e incorruptible.[105] Como se señaló anteriormente, este lenguaje era típico en los comienzos del platonismo medio actual en el primer siglo dc.

El aspecto ético más notable de la Sabiduría es su factor distintivo, es decir, el espíritu comparte las cualidades de la sabiduría. Para el autor el espíritu es la sabiduría y viceversa (1,6–7; 7,22–23; 9,17–18),[106] esto es en el sentido de que ella posee en su propia naturaleza el Espíritu Santo de Dios.[107] El espíritu (= sabiduría) como la *fuente* de vida juega un papel cosmológico importante; similar al espíritu estoico, el Espíritu incorruptible de Dios permea el mundo y mantiene todas las cosas juntas (1,7; 12,1).[108] Mientras que el autor atribuye al espíritu y la sabiduría el conocimiento del mundo, y los describe en términos de las cinco metáforas platónicas (7,25–26), las distintas ciencias naturales son dadas solamente a la sabiduría (7,16–22). Además, los 21 atributos dados a la sabiduría en categorías estoicas (*SVF* 2.42) son atribuidos al espíritu (7,22–24),[109] y al igual que la sabiduría, el espíritu posee conocimiento y entendimiento (1,7; 7,7).[110]

Entonces ¿cómo se debe interpretar la visión del espíritu en la ética de la Sabiduría? Dado el tono global de los pasajes de "espíritu–sabiduría," el autor refleja claramente la idea que en el pensamiento judío la práctica de las virtudes se atribuye a la figura central de la "sabiduría," que creía ser y

103. Pfleiderer, *Primitive Christianity*, 2:26–27.

104. Cf. Cage, *The Holy Spirit*, 171.

105. El autor de la Sabiduría también muestra la inmortalidad explícita del Espíritu de Dios en 12,1 ("por tu espíritu inmortal está en todas las cosas").

106. Los estudios ya han enfatizado esta importante asociación en la Sabiduría. Ver Philip, *The Origins*, 92; Isaacs, *The Concept of Spirit*, 20–22; Bieder, "Πνεῦμα in Wisdom," 6:371; cf. Engel, *Das Buch der Weisheit*, 53–54. Imschoot, "Sagesse et Esprit," 37.

107. Horn, "Wandel im Geist," 155.

108. Cf. Bieder, "Πνεῦμα in Wisdom," 6:371–72. Cf. Wolfson, *Philo*, 1:95.

109. Bieder, "Πνεῦμα in Wisdom," 6:371. El espíritu de la Sabiduría recibe cualidades de la razón/espíritu de los estoicos; el espíritu es inteligente, santo, único, no contaminado, puro, . . . y como tal, este espíritu poderoso, igual que la sabiduría, está orientado hacia lo bueno (virtudes) y está exento de vicios.

110. Lo distinto del espíritu es que no es personificado o "moldeado en carne" como lo es la sabiduría (7,1, 22; cf. 1,6).

tener al "espíritu" (Sb 1,6; 7,22). Lo que es significativo con respecto a estos pasajes de la Sabiduría es que el espíritu, al igual que la sabiduría, están asociados con una función y desempeño ético: el espíritu conduce a las virtudes y aleja de los vicios (7,27–30; 14,22). De la Sabiduría, por lo tanto, podemos deducir dos puntos importantes: primero, que la vida ética judía estaba centrada en una triple estructura (Dios–sabiduría/espíritu–la ley mosaica) y era esencial para la salvación; y la segunda, que en las concepciones pre-cristianas sobre el espíritu en el entender de Pablo no hubo una distinción clara entre los términos estoicos de la sabiduría y el espíritu. Esto es algo que no les preocupaba mucho a los judíos que vivieron en la diáspora griega, al menos a aquellos que estuvieron expuestos al texto de la Sabiduría. El libro de la Sabiduría nos ofrece una nueva ventana a través del cual el lugar del espíritu y su relación con la ética en la tradición judía-helenística pueden ser vistos dentro de las categorías populares de la filosofía griega.

4 Macabeos (primer siglo dc)

En 4 Macabeos — libro que relata los terribles momentos que Eleazar y los siete hermanos y su madre pasaron cuando enfrentaron a Antíoco IV Epí-fanes (175 ac–164 ac)[111] — la palabra espíritu sólo aparece dos veces (7,14 y 11,11).[112] Estos dos pasajes ofrecen un vistazo de cómo el espíritu fue visto

111. El autor muestra cómo por medio de la razón filosófica y la fidelidad a los mandamientos de la ley mosaica, los judíos fueron capaces de derrotar la tortura y el martirio (véase también 2 Mac 6–7). La defensa de las leyes de la alimentación en 4 Macabeos es similar a la *Carta de Aristeas* (128–171), pero el autor de 4 Macabeos no intenta allegorizar las leyes de la alimentación, de la misma manera como el autor de la *Carta de Aristeas* lo hace. Véase Collins, *Between Athens and Jerusalem*, 206. A diferencia de Filón, quien considera las leyes de la alimentación como una moderación de la pasión, para el autor de 4 Macabeos, las leyes de la comida judía tienen un significado más simbólico que se asimila a los estoicos, la erradicación de todos los placeres y deseos. Las leyes de la alimentación enseñan a los judíos el auto-control para que, con la orientación y la obediencia a la ley divina, ellos los Judíos superen todos los placeres y deseos. El autor utiliza el ejemplo de Eleazar, y los siete hermanos y su madre, para explicar dos cosas: que la razón domina las emociones y todos los vicios, y que la razón guía a las virtudes de la valentía y la resistencia que condujo a la caída del rey Seléucido Antíoco IV Epífanes. La razón, según el autor, prevalece sobre todas las emociones, incluso por sobre el amor a los padres e hijos (2,9–14). Así mismo, el autor destaca el rol de la ley y su compatibilidad con la razón (7,7–10). Para ver comentarios de 4 Macabeos y bibliografía, véase deSilva, *4 Maccabees*; Barclay, *Jews in the Mediterranean Diaspora*, 369–80. Para una información general de la ética en 4 Macabeos, ver Thompson, *Moral Formation*, 23–30.

112. Aunque el autor no da cuenta detallada de su ética, la virtud de la piedad toma un lugar central en el relato del autor sobre la historia de Eleazar, y los siete hermanos y su madre. La función principal de la piedad puede verse especialmente en la

en la tradición judía-helenística de Pablo. Primero, la palabra "espíritu" es utilizada para hablar del "espíritu" humano. El autor escribe: "en esta condición, jadeando por el espíritu y asfixiándose en el cuerpo" (11,11). Lo más importante para este estudio, el espíritu también está conectado con el término "razón" (*logos*). Hablando de la vejez de Eleazar, el autor escribe, "él se convirtió de nuevo en joven que posee al espíritu a través de la razón" (7,14). No está muy claro si la palabra espíritu se refiere al Espíritu de Dios o al espíritu humano. Lo que es de gran importancia, sin embargo, es que este pasaje muestra que los judíos en la diáspora griega estaban familiarizados con el término estoico "razón". Viendo la conexión del espíritu con la razón, como en Aristóbulo y en la Sabiduría, los judíos sitúan al espíritu en estrecha asociación con el ámbito intelectual o el mundo inteligente. Por lo tanto, quisiera sugerir que los judíos en la tradición judía-helenística convergieron en un punto importante en su visión espiritual: entendieron al espíritu como una realidad espiritual, divina, relacionada con el mundo intelectual, la esfera de la mente o inteligencia. Pablo no habría estado exento de esta forma de entender la palabra espíritu.

Los Oráculos Sibilinos (2do siglo dc–7mo siglo dc)

El entender sobre el tema del espíritu en la tradición judía-helenística también proviene de los *Oráculos Sibilinos*.[113] En una forma similar al de otros textos judíos-helenísticos discutidos anteriormente, especialmente el *T12P*, las nociones del espíritu se encuentran dentro del contexto de la tradición judía.[114] El Espíritu es el de Dios (*Sib. Or.* 3.701; 7.69) y está estrechamente

---

adquisición de virtudes; de hecho, de una manera similar a Filón, la piedad está estrechamente asociada con la práctica de la ley judía y las virtudes cardinales.

113. Los *Oráculos Sibilinos* están compuestos de un prólogo, 12 libros y 8 fragmentos que contienen pronunciamientos oraculares en el estilo del verso épico. Sólo los *oráculos compuestos* entre el siglo II ac y el siglo II dc se incluyen en la discusión (aunque su procedencia, composición, y la fecha siguen siendo debatido): son *Sib. Or.* 1–2, 3, 4, 5, 7, 8, y los fragmentos 1–3 (que probablemente son parte de la *Sib. Or.* 3.1–45). La característica más importante de los *Oráculos Sibilinos* es "la predicción de miserias y desastres que vendrán sobre la humanidad". Al igual que los libros proféticos, los *Oráculos Sibilinos* describen la destrucción de personas específicas (los impíos) y las ciudades, y la restauración del pueblo de Israel (los judíos piadosos). Para estudios sobre los *Oráculos Sibilinos* y bibliografía, véase Collins, "Sibylline Oracles," 1:317–472; Barclay, *Jews in the Mediterranean Diaspora*, 216–28.

114. El término "espíritu" aparece muchas veces, p. ej., *Sib. Or.* 3.40, 687, 701, 722–23; 4.46, 5.67; 189, 171, 192; 7,69; 11.113. Referencia al espíritu humano en *Sib. Or.* 3.4–5, 295, 489, 73; 7. 126; el uso del espíritu en referencia a la fuerza y el poder humano en *Sib. Or.* 5.206; 11,99, 107, 119, 180.

asociado con las virtudes. En este sentido la Sibila escribe, "el Espíritu de Dios no conoce la mentira" (*Sib. Or.* 3.701).[115] Esta idea, que el Espíritu de Dios está asociada con la bondad y disociada con el mal, también se refleja en *Sib. Or.* 7.69, donde la Sibila distingue al Espíritu de Dios como "santo".[116] Esta relación intrínseca entre "el Espíritu Santo de Dios" y las virtudes, como en los otros textos judíos, está principalmente asociada con la obediencia a la ley de Dios (*Sib. Or.* 5.357; 7.126).

Al igual que en el *T12P*, los *Oráculos* emplean el término "espíritu" (*pneuma*), no sólo para referirse al Espíritu de Dios, sino también para hablar de la actitud interior; es decir, si la disposición humana es éticamente impulsada a actuar virtuosamente o no. La palabra "espíritu" identifica una cualidad moral en una persona, así se trate de un "buen espíritu" o un "mal espíritu". Este dualismo es menos destacado que en el *T12P*. Por ejemplo, una actitud negativa interior es identificada como "un espíritu impío" (*Sib. Or.* 5.171), como "un desvergonzado espíritu" (*Sib. Or.* 3,40; 5.192), lo que se relaciona a menudo con hechos en contra de la ley y como "un espíritu insensato" (*Sib. Or.* 3.687), que está especialmente relacionado con "la ignorancia de la ley" y "la idolatría" (*Sib. Or.* 3.722–23). Transgresiones como la inmoralidad sexual, la idolatría y otros pecados en contra la ley deriva de estos "espíritus malos".[117] La Sibila describe una cualidad ética que es positiva usando el término espíritu. En *Sib. Or.* 5.67, la Sibila pregunta, "¿dónde está tu espíritu resistente entre la gente? Porque hiciste estragos contra mis hijos que fueron ungidos por Dios e incitaste el mal contra la gente buena". En un contexto en que la Sibila habla en contra de Egipto y sobre su destrucción, esta aplica el término "espíritu" dualmente como en los Testamentos. A Egipto y a su pueblo les falta el "espíritu resistente" para hacer el bien y evitar el mal.

Lo que podemos extraer de los *Oráculos* es que las Sibilas ponen un énfasis en Dios como la fuente de la justicia y rectitud. Es Dios quien da al piadoso "un espíritu, vida y gracia" (*Sib. Or.* 4.46; 4.189). La Sibila visualiza a Dios como la "fuente" principal del espíritu, anunciando en el día del juicio, así como en la LXX, Dios dará a los piadosos su "espíritu" que tiene vida. El objetivo en la resurrección del piadoso (aquellos que viven de acuerdo con la ley de Dios) es que Dios les dará vida eterna a través de su Espíritu.

115. Véase también *Sib. Or.* 8.185–87, 287; cf. Sab 1:7. Todas las traducciones se deriva de Collins, "Sibylline Oracles," 1:317–472.

116. *Sib. Or.* 7.69 es en el contexto de una interpolación cristiana (7.64–75) del bautismo de Jesús. En ella la Sibila habla de Cristo como palabra, el Padre, y el Espíritu Santo, los tres unidos.

117. Como los Testamentos, los *oráculos* también asocian acciones perversas con Beliar (*Sib. Or.* 3.73).

En el pensamiento judío, certeramente, el Espíritu de Dios desempeñaba un papel central en encaminar a los fieles judíos a alcanzar la recompensa (la vida eterna y la salvación). Las mismas nociones sobre el espíritu serán encontradas en las enseñanzas de Pablo sobre las virtudes.

Filón de Alejandría (ca. 20 ac–50 dc)

Filón, un contemporáneo de Pablo, valoró profundamente las Escrituras judías (LXX), su modo de vida y, sobre todo, el valor ético de la ley mosaica. Dentro de los contextos de sus escritos,[118] el término "espíritu" (*pneuma*) aparece 151 veces,[119] pero como en la mayoría de los textos judíos-helenistas, el espíritu no desempeña un papel importante en la ética. Como la mayoría de los escritores judíos-helenistas, el concepto central de Filón en su discurso ético es la virtud de la piedad.[120] Sugiero que el entendimiento del espíritu se deriva principalmente de la LXX y también en parte de las escuelas filosóficas griegas, sobre todo el estoicismo.[121] Filón toma de su herencia judía el asociar al *pneuma* con "viento," "aliento," "espíritu" y lo más importante su identificación del espíritu como el "Espíritu de Dios".[122] Curiosamente, una manera similar a Pablo, a veces, Filón coloca

118. Filón escribió más de 70 tratados, de los cuales unos 37 sobreviven gracias a los primeros cristianos, como Orígenes, Eusebio, y Clemente de Alejandría, quienes utilizarón las obras de Filón y los guardarón en su biblioteca. El corpus de Filón reconocidos por nosotros se divide generalmente en cuatro series o grupos: las alegorías de la ley, la exposición de la ley, las preguntas y respuestas y diversas obras. Para la descripción del corpus de Filón, consulte Harlow and Collins, *The Eerdmans Dictionary*, 1070–80; Royse, "The Works of Philo," 32–64; Morris, "The Jewish Philosopher Philo," 3:826–80. Para más información sobre los escritos de Filón, véase Schenck, *A Brief Guide*, 9–28 y 97–118; Borgen, "Philo of Alexandria," 33–82; Sandmel, *Philo of Alexandria*, 29–81; Goodenough, *An Introduction*, 29–81. Sobre la cuestión de la transmisión de los escritos de Filón, ver Runia, *Philo in Early Christian Literature*, 16–31.

119. Ver Borgen, et al., *The Philo Index*. Para los estudios sobre el entendimiento de Filón del espíritu, consulte Burton, *Spirit, Soul, and Flesh*, 141–72; Leisegang, *Der Heilige Geist*, 19–136; Verbeke, *L'Evolution*, 238–60; Pulver, "Das Erlebnis," 111–32; Laurentin, "Le Pneuma," 390–436; Eltester, *Eikon im Neuen Testament*, 30–59; Rabens, *The Holy Spirit and Ethics in Paul*, 67–74; "Pneuma," 294–329.

120. P. ej., la LXX, la Carta de Aristeas, T12P, 4 Macabeos, el resumen de las leyes en Josefo, y los *Oráculos Sibilinos*. Para más detalles, véase Naveros Córdova, *Philo*.

121. Cf. Burton, *Spirit, Soul, and Flesh*, 157.

122. Como "viento" en *Opif.* 80; 113; 3.53, 223; *Cher.* 13, 37, 38; *Post.* 22; *Deus* 60; *Agr.* 174; *Migr.* 148, 217; *Her.* 208; *Congr.* 133; *Somn.* 2.85; *Abr.* 43, 92, 160; *Ios.* 33; *Mos.* 1.41; 2.104; *Spec.* 1.26, 92, 301; 2.71, 191; 4.27; *Aet.* 11; *Flacc.* 155; *Legat.* 177; *Prov.* 2.47; QG 2.28; QE 2.55b; a veces es referido como "brisa" en *Opif.* 41; *Deus* 26; *Somn.* 2.67, 86, 143; *Praem.* 41; *Prov.* 2.43, 45; "aire" en *Cher.* 111; *Sacr.* 97; *Gig.* 10; *Ebr.* 106; *Somn.* 2.166; *Spec.* 2.153; cfr. *Spec.* 4.123. Como "respiración" en *Leg.* 1.37, 37, 91; 3.14; *Det.*

al espíritu junto con el término de la carne (*Post.* 67; *Gig.* 29; *Agr.* 44; *Virt.* 58), pero no están en oposición dentro de un contexto ético.[123] A menudo el contraste entre el espíritu y la carne es en referencia a los "espíritus invisibles" o el "espíritu divino" (Dios) y "toda carne" (el cuerpo humano). Al igual que el autor de 4 Macabeos, Filón relaciona la palabra "espíritu" con el "espíritu humano," especialmente cuando habla del "espíritu" de Moisés (*Gig.* 26 y *Mos.* 2.40; *Fug.* 123 [Nm 14,24]). De una manera similar a los autores griegos, en la LXX, Aristóbulo, Pablo y Filón conectan el espíritu divino con el don de la "profecía" (*Fug.* 186; *Mos.* 1.175, 277).[124] En Filón también encontramos frases como "poseído", "lleno" (*Mos.* 1.175; *Decal.* 175), "morada" (*Virt.* 217) y "guiando" (*Mos.* 2.265)[125] en relación con el espíritu. Estos son patrones judíos importantes que se conectan con la LXX y apuntan hacia el lenguaje de Pablo en su enseñanza ética.

En Filón hay varias reflexiones de las diferentes formas de entender al espíritu en la tradición griega. Al igual que otros escritores judíos-helenístas (4 Macabeos y la Sabiduría), influenciados por las nociones del espíritu en la filosofía griega, Filón da tres importantes atribuciones al espíritu. Primero, el espíritu divino es entendido en términos de la razón, como la imagen de Dios (idea platónica).[126] Es una "sustancia inmaterial" (*Opif.* 29), "invisible" (*Somn.* 2.252), por tanto, parte del mundo *noético* o intelectual.[127] En segundo lugar, el espíritu es identificado como "potencia," "fuerza" y "energía" (*Leg.* 1.42; *Plant.* 24); todos los cuales son atribuciones estoicas del espíritu material. Además, aplicando categorías estoicas Filón describe al espíritu

---

80, 81 [la esencia de vida es respiración], 83, 84; *Deus* 35, 84, 98, 175; *Somn.* 1.30; *Mos.* 1.93; *Decal.* 33; *Spec.* 1.338; *Virt.* 135; *Praem.* 144; *Aet.* 111, 128 [inhalación], 139; *Legat.* 63, 125; "respiración" en *Leg.* 1.33; 3.161 [Dios sopló]; *Legat.* 188, 243; "sopló de vida" en *Opif.* 29, 30, 131; *Leg.* 3. 161; *Det.* 80; "dando vida" en *Opif.* 30. Como "sopló divino" en *Opif.* 30, 135, 135; *Leg.* 1.33; *Her.* 55, 57 [inhalación divina]. Como espíritu en *Leg.* 42, 42; *Gig.* 24, 24, 27; *Deus* 2; *Plant.* 44; *Fug.* 134, 182; *Spec.* 1.6; *QG* 2.59, 59. Como el "Espíritu de Dios" en *Leg.* 1.33; *Gig.* 19 [Gen 6,3], 22, 22, 23; *Ios.* 116; *Leg.* 1.33; algunas veces se refiere como "Espíritu divino" en *Opif.* 144; *Gig.* 23, 23 [Ex 31,2f.], 24, 28, 29, 53, 55; *Deus* 2; *Plant.* 18, 24; *Her.* 265; *Mos.* 2.265; *Spec.* 4.49, 123; *Virt.* 217; *QG* 1.5; 2.59.

123. También es interesante que en tres de estos pasajes (*Post.* 67; *Agr.* 44; *Virt.* 58) y en *Mos.* 2.40, Filón utiliza al espíritu en su forma plural. En las tres primeras instancias, escribe: "El Dios de los 'espíritus' y de todas las carnes," y en *Mos.* 2.40, Filón habla del "más puro de los espíritus," que es el de Moisés.

124. Para más detalles sobre el don de profecía en Filón, ver Philip, *The Origins*, 108–113.

125. En otras ocasiones, Filón usa el lenguaje de "otorgamiento" (*Fug.* 186) y "sellado" (*Plant.* 44; 18) para describir la posesión del espíritu divino.

126. Véase *Leg.* 1.42; *Plant.* 44; *Fug.* 123; *Mos.* 2.265; *Spec.* 1.171, 277; *QG* 2.59; cf. *Spec.* 4.217.

127. Cf. Leisegang, *Geist*, 23–25; Verbeke, *L'Evolution*, 245–47, 256–59.

divino como "una sustancia racional" (*QG* 2.59) que encuentra "morada" en el alma humana (*Virt.* 217).[128] El que Filón asocie al espíritu con lo racional muestra su intento de conectar directamente el espíritu divino con la razón, la mente o intelecto.[129] Tercero, similar a algunos de los textos examinados anteriormente, el espíritu está asociado con la sabiduría (*Gig.* 24, 27, 47), el conocimiento y el entendimiento (*Leg.* 1.27), la firmeza (*Det.* 17) y la verdad (*Mos.* 2.265).[130] Estas cualidades que posee el espíritu son virtudes que guían el alma hacia la perfección con la ayuda de la mente (cf. *Fug.* 123). Como en la LXX y algunos autores judíos-helenistas, en Filón hay una modesta, pero importante, asociación del espíritu con las virtudes y con el ámbito racional que no deben ser ignorados. Lo interesante es que la misma relación triple (espíritu–virtudes–intelecto) se encontrará en la configuración ética de Pablo.

Otro aspecto importante de la posición del espíritu en Filón es la disociación intencional que existe entre el espíritu y la carne. Él manifiesta: "la principal causa de la ignorancia es la carne, . . . por tanto el espíritu divino no puede morar" (*Gig.* 29; cf. 53).[131] Aunque no está claro si Filón está haciendo un contraste ético entre el espíritu y la carne; personalmente argumentaría que sí, por lo menos apunta en esa dirección.[132] Lo que está claro para Filón es, que el Espíritu de Dios permanece sólo en aquellos que llevan una vida contemplativa y pacífica (*Gig.* 47–55) y una vida de rectitud (cfr. *Mos.* 2.265); es decir, una vida virtuosa. Sin duda, la declaración de Filón es análoga a la Sabiduría, donde se dice que el espíritu huye del engaño y de los pensamientos necios, porque el Espíritu de Dios no puede encontrar una morada en estos (vicios y pecados). Aquí encontramos un

---

128. En *Gig.* 22; *Det.* 81; *Aet.* 111; *Spec.* 2.153; *Prov.* 45; cf. *Opif.* 131; *Aet.* 86, 125, Filón describe al espíritu utilizando un lenguaje estoico. Para diferentes argumentos, véase Siebeck, "Die Entwicklung," 392; Rüsche, *Das Seelenpneuma*, 31–32; Pulver, "Das Erlebnis," 123, 126–27.

129. Véase también *Leg.* 1.42; *Mos.* 2.265; *Spec.* 1.171; 277.

130. A lo largo de estas líneas, Philip (*The Origins,* 105) enfatiza, el espíritu divino como parte racional del alma, haciendo a la mente racional y capaz de conocer a Dios (*Cher.* 100–101). El espíritu es la fuerza que genera el pensamiento (*Plant.* 23–24; *Spec.* 1.6).

131. Cf. Philip, *The Origins,* 106–107.

132. En Filón el término carne por sí mismo no tiene implicaciones éticas (también en *Gig.* 19–31, 53; *Deus* 2; *Det.* 98; *Leg.* 3.69; *Her.* 243; *Mut.* 33; *QG* 1.90); es decir, decir que "la causa de la ignorancia es la carne" no hace a la carne la "fuente" directamente de la maldad moral. Sin embargo, hay buenas razones para pensar que en Filón hay un reflejo primitivo de la asociación de la carne con lo que no es bueno, es decir, con lo no virtuoso. Curiosamente, el autor de la Sabiduría concibe la ignorancia como el origen de los vicios (14,22). En sabiduría, uno encuentra una relación directa de la ignorancia con los vicios. Para el uso de la carne en Filón, véase Isaacs, *Spirit, Soul, and Flesh,* 151–72.

modesto eco a la fuerte disociación que Pablo hace entre el espíritu y los vicios (las obras de la carne).[133] Tal vez, estos autores judíos-helenistas (p. ej., el autor de la Sabiduría, Filón, y Pablo) fueron reflejando las perspectivas (sobre la disociación del espíritu de toda maldad) tomadas de sus propios entornos judíos-helenistas, al menos entre sus audiencias/lectores más filosóficamente orientados.

Mientras que el espíritu está disponible para todos los judíos, Philip señala, la permanencia del espíritu divino no está garantizada para todos, depende del *estado moral* del individuo.[134] Describiendo cómo es vivir una vida agradable a Dios a diferencia de la mayoría de los autores judíos-helenistas, Filón no hace una asociación directa entre el espíritu y la ley mosaica y no califica al espíritu como "santo". A pesar de estas diferencias principales para Pablo, las principales fuentes de Filón para su entendimiento del espíritu provienen principalmente de la LXX; en segundo lugar, de las nociones estoicas sobre el espíritu y también del pensamiento platónico. Influenciado por la tradición filosófica-griega, el espíritu en el entender de Filón toma un papel cosmológico, antropológico y también teológico. Como un representante del platonismo medio corriente, Filón tiende a combinar categorías platónicas (inmaterial) y estoicas (material) en su tratamiento sobre el espíritu. Como veremos en el capítulo cuatro, en estos dos puntos Filón y Pablo convergen.[135] A diferencia de Pablo, sin embargo, la representación del lugar del espíritu en Filón no añade nada nuevo al entendimiento del espíritu encontrados en la LXX y en otros textos judíos-helenísticos, así como en las obras filosóficas griegas.[136] Es Pablo, quien asumirá el papel de innovador.

CONCLUSIÓN

Tomados en conjunto, lo que surge de la evidencia obtenida de los escritos de autores greco-romanos y judíos-helenísticos son las nociones esenciales sobre la posición del espíritu y su desarrollo que son compartidos por ambas tradiciones. En la complejidad del mundo griego, Pablo y otros judíos ordinarios helenísticos habrían estado familiarizados con la forma de cómo

---

133. Para más detalles, véase el capítulo dos.

134. Philip, *The Origins*, 118.

135. Argumentaría que los puntos de vista de Filón y Pablo sobre el espíritu es orientada tanto hacia lo estoico y platónico.

136. En los capítulos siguientes, veremos que Pablo es un gran innovador en su visión del espíritu porque su nuevo entendimiento del concepto va más allá de ambas tradiciones.

el espíritu fue utilizado en el lenguaje hablado. Es interesante saber que el espíritu en el judaísmo helenístico está directamente asociado con el poder de Dios (especialmente en *la Sabiduría de Salomón* y de forma indirecta en la LXX, Filón y quizás en los *Oráculos Sibilinos*).[137] Además, la mayoría de autores judíos-helenistas reconocieron una conexión entre el espíritu de Dios y la salvación/vida eterna (LXX, *T12P*, *Sabiduría de Salomón*, y *Oráculos Sibilinos*).

La mayoría de los judíos-helenistas y autores griegos exhiben desarrollos importantes del espíritu; es decir, de ser entendido como un concepto material estoico relacionado con la inhalación, inspiración, y profecía, a estar asociado con las virtudes y convertirse en un término incipiente utilizado para describir la transformación del desempeño ético del individuo. A lo largo de su desarrollo, el entendimiento del espíritu en su tiempo precristiano de Pablo llegó a ser concebido como inspirador del buen comportamiento. En el pensamiento judío helenista, existe una clara noción de que el Espíritu Santo de Dios confiere rectitud y virtudes en la tradición de la Sabiduría;[138] sin embargo, el papel del espíritu es compartido con la sabiduría. El Espíritu de Dios es representado como el "habilitador," transformando la vida nueva de las personas. Del mismo modo, en la literatura y la filosofía griega, la idea común de que el espíritu de Dios a veces funciona como una fuerza divina llevando a la gente hacia las virtudes comenzó a manifestarse rudimentariamente. Este es el amplio y complejo mundo de donde Pablo emerge a la cristiandad primitiva, donde diferentes ideas, conceptos y atribuciones del espíritu son compartidos en diferentes grados entre judíos y griegos. Ciertamente, uno puede saber o inferir el contexto amplio en el que Pablo desarrolla su conocimiento sobre el espíritu en su enseñanza

---

137. En *Sib. Or.* 3.701, el *Oráculo* expresa la idea de que el Espíritu de Dios no conoce "ninguna mentira y está en todo el mundo". No hay sólo una alusión al poder del Espíritu de Dios, sino también a la presencia del Espíritu de Dios en todas las cosas, así como el estoico espíritu/razón.

138. Este estudio refuerza la opinión de Wendt (*Die Begriffe*, 151–53), quien argumenta que Pablo no fue el primero en asociar el concepto del espíritu con la ética, y que el entendimiento tradicional del espíritu en su punto de vista cristiano de Pablo tuvo un rico y profundo significado. Para opiniones similares, véase Gloël, *Der Heilige Geist*, 238–41; cf. 354, 397; Büchsel, *Der Geist Gottes*; Schweitzer, *Paul and His Interpreters*; Schweitzer, *The Mysticism of Paul*, 294. Para obtener una visión general del enfoque de Schweitzer, consulte Rabens, *The Holy Spirit and Ethics*, 269–73; Furnish, *Theology and Ethics*, 256–59; Jacoby, *Neutestamentliche Ethik*, 398–402. Rosner (*Paul, Scripture and Ethics*) argumenta que Pablo en su ética está con firmeza dentro del judaísmo precristiano, en su exégesis de los textos bíblicos, y en su comprensión de la comunidad de alianza. Rosner estaba particularmente interesado en demostrar que Pablo no cita del Antiguo Testamento con descuido; al contrario, la Escritura judía fue una fuente crucial y formativa para la ética de Pablo.

sobre las virtudes. Cuando Pablo articula sus reflexiones iniciales acerca del espíritu, primero como preeminente y luego como la *fuente* de su doctrina sobre las virtudes, estas ideas y conceptos habrían estado resonando en su mente. Por lo tanto, la trama de su pensamiento acerca de cómo alcanzar las virtudes, así como la salvación, está construida sobre la base de estos conocimientos antes de su "llamada profética". Como veremos a continuación, los conocimientos de Pablo son el punto de partida desde el cual ampliará aún más lejos su entendimiento "judío antiguo" sobre el espíritu e irá más allá de su doble herencia, judía helenista y greco-romana.

2

La Preeminencia Ética del Espíritu en las Primeras Cartas de Pablo

LA FORMACIÓN DE PABLO en el "judaísmo" y la diáspora griega fue afectada por las formas complejas de relaciones de las *poleis* greco-romanas a lo largo del mundo mediterráneo (p. ej., en Galicia, Macedonia, Acaya, y Asia).[1] Cuando Pablo entró a formar parte del cristianismo primitivo, después de su "llamada profética," trajo consigo las nociones e ideas populares acerca del espíritu tanto de las tradiciones judías-helenísticas como de la greco-romana. Tal como aparece en sus cartas su punto de vista sobre el espíritu está arraigada en esta época del mundo (judío) helenístico.[2] Las primeras comunidades cristianas que Pablo fundó no sólo fueron compuestas de personas de diferentes niveles sociales, educación y ocupación, sino también de personas de diferentes orígenes.[3] Este capítulo ilustra cómo el espíritu funciona en las primeras cartas de Pablo — la primera carta a los Tesalonicenses, Gálatas y la primera carta a los Corintios. La principal pregunta que este capítulo aborda es: ahora que Pablo ha recibido la "llamada profética" y el poder del Espíritu de Dios ¿cómo comienza a hablar del Espíritu de Dios a los oyentes judíos y gentiles en las *poleis* griegas? Lo que significó el poder

1. Para obtener información sobre ciudades y pueblos en el mundo griego durante el tiempo de Pablo, vea Meeks, *The First Urban Christianity,* 14–16, 40–50.

2. Schweizer ("Spirit of Power," 259–78) ya hizo la afirmación, similar a Pfleiderer, que el entendimiento de Pablo sobre el espíritu fue influenciado por ambas tradiciones, judía y helenista. Él interpreta el entender de la pneumatología de Pablo de ser en gran parte el resultado del contexto helenista en el que Pablo se vió a sí mismo.

3. Para una buena discusión sobre este tema, véase Meeks, *The First Urban Christians,* 43–73.

del espíritu en el mismo momento y después de su "llamada profética" nos ayuda a comprender las líneas de pensamiento de Pablo en su enseñanza sobre las virtudes, especialmente en términos de los grandes temas éticos: el lugar del espíritu y de la ley judía, los contrastes entre el espíritu y la carne, y entre la libertad y la esclavitud.

EL PODER ÉTICO DEL ESPÍRITU EN LAS CARTAS DE PABLO

Las reflexiones iniciales (las primeras cartas) y maduras (las posteriores cartas) de Pablo sobre el espíritu después de su "llamada profética" están claramente expuestas durante su carrera misionera (ca. 33–68 dc). Como el fundador y líder de diversas comunidades cristianas primitivas, Pablo interactuó con frecuencia *mediante* cartas con los judíos y gentiles creyentes de las distintas comunidades. Al leer sus cartas, uno detecta las peculiaridades de cada comunidad (sus problemas y necesidades, como también sus debilidades y fortalezas), cada una dentro de su propio contexto helenístico, así como también el carácter de Pablo en relación a cada comunidad. Esta interacción de cartas se debe principalmente a tres razones: (1) *mantener* vínculos estrechos con los creyentes de las comunidades, especialmente con aquellos que él fundó; (2) *continuar* exhortando y enseñando a los creyentes lo que implica su nueva vida en Cristo y cómo deberían vivir virtuosamente en un entorno variado y hostil; y (3) *defender* la autoridad de su evangelio y apostolado dentro de los diversos contextos de las comunidades cristianas primitivas.

El Concepto del Espíritu

Antes de embarcar en la discusión de este capítulo, importantes hechos generales sobre el espíritu son presentados. En las siete cartas genuinas de Pablo, la palabra "espíritu" (*pneuma*) y sus cognados (espiritual [adj.] y [espiritualmente [adv.]) aparecen 122 veces.[4] En 18 casos, el espíritu está

---

4. El sustantivo espíritu: 1 Ts 1,5, 6; 4,8; 5,19, 23; Gl 3,3, 2, 3, 5, 14; 4,6, 29; 5,5, 16, 17, 18, 22, 25 [2x], 29; 6,1, 8, 18; 1 Co 2,4, 10, 11, 12, 13, 14; 3,16; 4,21; 5,3, 4, 5; 6,11, 17, 19; 7,34, 40; 12,3, 3, 4, 7, 8, 9, 9, 11, 13; 14,2, 14, 15 [2x], 16, 32; 15,45; 16,18; 2 Co 1,22; 2,13; 3,3, 6, 8, 17 [2x]; 4,13; 5,5; 6,6; 7,1, 13; 11,4; 12,18; 13,13; Flp 1,19, 27; 2,1; 3,3; 4,23; Plm 25; Ro 1,4, 9; 2,29; 5,5; 7,6; 8,2, 4, 5, 6, 9, 10, 11, 13, 14, 15 [2x], 16, 23, 26, 27; 9,1; 11,8; 14,17; 15,13, 16, 19, 30; el adjetivo espiritual: Gl 6,1; 1 Co 2,13, 15; 3,1; 9,11; 10,3, 4, 4; 12,1; 14,1, 37; 15,44 [2x], 46 [2x]; Ro 1,11; 7,14; 15,27; y el adverbio espiritualmente: 1 Co 2,14. Para una excelente ilustración de la complejidad de Pablo en su uso del espíritu y sus cognados, consulte Winger, "The Meaning of Πνεῦμα," 706–25;

explícitamente conectado con el término "poder" (*dunamis*) excepto en las cartas a los Filipenses y Filemón.[5] Como voy a mostrar en breve, esto ocurre con frecuencia, tanto en relación con el "evangelio" (*euangelion*)[6] y Cristo (1 Co 5,4; Flp 3,10, 20–21; 4,13; Ro 1,4). Una importante característica judía en la ética de Pablo es que el espíritu frecuentemente es identificado como "el Espíritu de Dios". En efecto, el énfasis en el espíritu como "el Espíritu de Dios" está explícitamente atestiguado en seis de sus siete cartas (excepto Filemón). La visión cristocéntrica de Pablo lo llevó también a hablar del espíritu como "el Espíritu de Cristo" (excepto en la primera carta a los Tesalonicenses y Filemón). Esta nueva aplicación se deriva principalmente de sus primeras reflexiones sobre la relación entre el espíritu y su ética.

Hay dos puntos importantes que se debe tener en cuenta antes de la presentación de este y los siguientes capítulos. Primero, Pablo no desarrolló una exposición completa de "un sistema ético" en sus cartas como Pfleiderer alegó.[7] Prueba de ello, en ninguna de sus cartas genuinas Pablo utiliza el concepto de espíritu exclusivamente para enseñar sobre las virtudes. Aunque es difícil hablar del "sistema ético de Pablo," sus cartas reflejan el tipo de comportamiento que Pablo espera de sus lectores, judíos y gentiles creyentes que viven en Cristo. Sus primeras y posteriores cartas revelan el deseo de Pablo de enseñarles cómo se debe caminar y agradar a Dios.[8] Lo particular en Pablo es que usa el concepto de espíritu para elaborar una comprensión compleja de la ética,[9] más que ningún otro escritor

---

Cage, *The Holy Spirit*; Puzo, "Significado," 437–60; Turner, *Grammatical Insights*, 17–22; Levison, *Filled with the Spirit*; Isaacs, *The Concept of Spirit*, 70–81; Kümmel, *Man in the New Testament*, 43–47.

5. Ver 1 Ts 1,5; Gl 3,5; 1 Co 2,4; 5,4–5, 14; 3,1; 5,4; 12,9–11; 2 Co 6,6–7; Ro 1,4; 15,13, 19.

6. P. ej., 1 Ts 1,5; 1 Co 2,4–5; 2 Co 6,6–7; Ro 15,19. Los pasajes Ro 1,4 y Ro 15,19 forman un *inclusio*, enfatizando así el espíritu como poder. La palabra griega "dios" en 15,19 se omite en algunos mss (p. ej., B) y en otros mss (p. ej, A D*, F, G, 33) "santo" es añadido. Pero los primeros mss (p. ej., P46, א, D1, Ψ) leen "Espíritu de Dios". Véase Fitzmyer, *Romans*, 713; Metzger, *A Textual Commentary*, 537.

7. Pfleiderer, *Primitive Christianity*, 1:409. Los estudiosos modernos que sostienen que Pablo no establece un conjunto de códigos morales, tampoco ofrece una organización ética coherente son: Schnabel, "How Paul Developed," 267–97; Furnish, *Theology and Ethics*, 208–212; Thompson, *Moral Formation*, 6, 9–10; Dibelius, *From Tradition*, 239. Betz, *Galatians*, 282.

8. Ver Schrage, *Ethik*, 13–14; Furnish, *Theology and Ethics*, 211; Rosner, "Paul's Ethics," 213.

9. Los estudiosos modernos reconocen que el espíritu es un factor *sine qua non* en la ética de Pablo. Para buenos estudios, ver Rosner, *Paul and the Law*, 126; Munzinger, *Discerning the Spirits*, 202–203; Freed, *The Morality*, 56; Schrage, *The Ethics*, 178; Sampley, *Walking Between the Times*, 43–62; Hays, *Moral Vision*, 32; Schnabel, "How

judío-helenista de su época. Los conocimientos sobre el espíritu de ambos judíos y griegos (filosóficos) helenísticos son sin duda ampliados por él para incluir, por ejemplo, el espíritu humano (1 Co 2,11); posteriormente la parte interior del ser humano (Rom 1,9). Más importante aún, el papel ético del espíritu se convierte en preeminente para enseñar a todos los creyentes sobre la adquisición de las virtudes y la evasión de los vicios.

LA PRIMERA CARTA A LOS TESALONICENSES

La primera carta a los Tesalonicenses, escrito probablemente a principios de su carrera apostólica entre los años 49 y 51 dc, es una breve correspondencia que refleja la predilección de Pablo hacia su comunidad de Tesalónica en Macedonia después de su fundación. Él escribe esta carta para aclarar cuestiones importantes acerca del asesoramiento que los creyentes en Tesalónica le pidieron, así como a tratar algunos problemas que Timoteo podría haber percibido durante su estancia con ellos. Mientras que la mayoría de los eruditos reconocen únicamente los capítulos 4 y 5 como exhortación moral, toda la carta está impregnada con un tono ético desde el principio hasta el final.[10] En el curso de la carta, tanto el evangelio y la virtud del amor fraternal se destacan como elementos esenciales en la ética de Pablo. Dentro de este contexto, él habla a sus judíos y creyentes gentiles principalmente sobre el lugar del espíritu y su función en su doctrina sobre las virtudes. En la primera carta a los Tesalonicenses, hay 5 referencias al espíritu (1,5, 6; 4,8; 5,19; 5,23). En estos pasajes hay información importante que refleja las primeras nociones de Pablo sobre el espíritu y cómo comienza a desarrollar su preeminencia en su ética.[11] Propongo que en esta carta Pablo establece el fundamento de su nueva enseñanza ética estableciendo una unidad entre el evangelio Dios/Cristo y el espíritu.

Lo que "Ustedes Saben": No Es la Ley Sino el Evangelio de Cristo

La palabra "ley" (*nomos*) nunca aparece en toda la carta. Esto es sorprendente, teniendo en cuenta el hecho de que la vida de Pablo antes de unirse a la comunidad cristiana primitiva — como él mismo lo atestigua — estaba

Paul Developed," 296; Drane, "Tradition," 167–78; Horn, "Wandel im Geist," 149–70; Hafemann, *Suffering and the Spirit*, 44.

10. Ver Malherbe, *The Letters to the Thessalonians*, 80; "Exhortation," 238–56; Green, *Letters to the Thessalonians*, 181; Witherington, *1 and 2 Thessalonians*, 107; Weima, *1–2 Thessalonians*, 246.

11. Cf. Horn, "Wandel im Geist," 168–69.

muy arraigada en la fidelidad y la observancia de la ley mosaica. Suponiendo que esta fue la primera carta de Paul escrita después de su "llamada profética," encontramos en esta etapa temprana de "ser creyente" su disociación de la ley mosaica, uno de los principios éticos más importantes dentro del judaísmo. Su abandono de la práctica de los mandamientos de la ley mosaica no fue un proceso gradual. En el momento de su experiencia divina con Cristo resucitado en el poder del espíritu, su compromiso con la observancia de la ley mosaica llegó inmediatamente a su fin. Mi opinión desafía las largas gamas de opiniones sobre Pablo entre los judíos, especialmente la de Nanos, quien va tan lejos a decir que Pablo no estaba libre de la ley y después de su "experiencia profética" continuó observando la Torá (1 Co 9,20–23; cf. Gl 2,11–14).[12] De manera similar a Nanos, Fredriksen afirma que Pablo, quien alaba "la ley," estaba apasionadamente comprometido a promover su observancia en sus comunidades gentiles. Según Fredriksen, el mismo Pablo y los creyentes en Cristo no estaban "libres de la ley".[13] A veces, Pablo parece haber predicado la práctica de la ley (Gl 5,11) y que alababa la ley y la alaba (Ro 7,12), tengo un considerable desacuerdo con las declaraciones de Nanos y Fredriksen. Ciertamente, Nanos y Fredriksen omiten pasajes importantes para discutir, p. ej., Gl 5,3; 4,21; 3,10; Ro 14,1, 14, 20. Para Pablo, el evangelio de Cristo se convirtió en el principio esencial de la vida ética de los creyentes, después de su "llamada profética".[14]

Pablo menciona explícitamente la palabra "evangelio" (*euangelion*) 7 veces.[15] Para él, el evangelio — las enseñanzas de Jesús durante su ministerio — es el "evangelio de Dios" (2,2, 8–9) y "el evangelio de Cristo" (3,2), expresado a veces como la "palabra del Señor" (1,8; 4,15). Pablo enlaza el evangelio con Dios, a fin de sugerir que su proclamación del evangelio (3,6) es también la "palabra de Dios" (2,13; cf. 1,6), quien es la "fuente" del evangelio que él predica.[16] A través de Pablo y sus compañeros (Silvano y Timoteo) llamados los "apóstoles de Cristo" (2,7), el evangelio llegó a los creyentes gentiles en "poder" y en "el Espíritu Santo". Pablo dice, "pues nuestro evangelio no llegó a vosotros en palabras solamente, sino también en poder y

---

12. Nanos, *Reading Corinthians*, 59–88; "A Jewish View," 159–93. Para las respuestas a los argumentos de Nanos, véase Schreiner y Johnson, "Response," 200–209.

13. Ver Fredriksen, *Paul the Pagans' Apostle*, 122–174.

14. Byron, *1 and 2 Thessalonians*, 25; Furnish, *Theology and Ethics*, 66; Tobin, *Spirituality*, 64.

15. 1,5; 2,2, 4, 8, 9; 3,2, 6. Para una buena discusión sobre el tema del evangelio en Pablo, ver Graham N. Staton, "Paul's Gospel," en Dunn, *St Paul*, 173–84, 173–84.

16. Cf. Weima, *1–2 Thessalonians*, 160, 162–64.

en Espíritu Santo y en mucha convicción, como ustedes saben qué tipo de hombres éramos en ustedes por causa de vosotros" (1,5).[17]

La primera identificación del espíritu con la santidad de Dios es la clave para la asociación que Pablo hace más tarde entre el espíritu y la adquisición de virtudes y la evasión de los vicios (esp. Gálatas). Cuando Pablo atribuye al espíritu la cualidad de santidad, él recuerda a los creyentes tesalonicenses lo que *ya saben*: que la fuente de su "santificación," que viene a través del espíritu santo; tiene sus raíces en la naturaleza divina y santa de Dios.[18] En esta carta Pablo demuestra un cariño especial por la expresión "habiendo sabido" o "habiendo conocido".[19] Los judíos y griegos creyentes en Tesalónica estarían familiarizados con algunas asociaciones entre el espíritu y la conducta moral. Pablo se refiere también, al conocimiento de los creyentes de lo que significa y comprende ahora como agradar a Dios, así como lo expuso y enseñó en el evangelio de Cristo (de Dios). La primera y más importante cosa de los creyentes en la *polis griega* es que "agradar a Dios" (2,4; 4,1; cf. 2,15) es la voluntad de Dios (4,3; 5,18) y es necesario porque los lleva a su "santificación" (4,3; 5,23) y a "la salvación" (5,8, 9). No debería sorprender a los creyentes que su vida virtuosa y santa deriva ahora del evangelio, que vino a ellos en poder y en Espíritu Santo. Por lo tanto, en la comunidad de creyentes de Pablo, aceptar el evangelio se hace crucial para una vida ética adecuada (2,1 — 3,13; 4,1 — 5,18).[20]

Para Pablo, la ley mosaica no juega un papel en la ética; de hecho, nunca se menciona en la carta. Los creyentes Tesalonicenses *ya sabían* y comprenden que el Espíritu Santo de Dios les "hace posible" vivir su vida virtuosa a la luz de las nuevas enseñanzas proporcionadas por el evangelio enseñado por Pablo y aquellos que ejercen liderazgo. En este sentido, Dunn señala que "todo lo que Pablo tenía en vista era la verdadera iluminación, potencia convincente del evangelio mismo".[21] Según Pablo, su visita a Tesa-

---

17. Pablo menciona "el Espíritu Santo" también en 1,6 y 4,8. En 4,8 y después en 2 Co 1,22; Ro 5,5 y 11,8 Pablo aplica la fórmula judía "Dios nos dio el espíritu" como se encuentra en Ez 36,26–27; 37,6, 10, 14.

18. Un argumento distinto es ofrecido por Fee (*God's Empowering Presence*, 51–52), quien argumenta que en 4,8 la *fuente* de los creyentes para vivir en santidad es, en realidad, sólo el Espíritu Santo, tomando completamente fuera la participación de Dios en la santidad del espíritu.

19. Véase 1,4, 5; 2,1, 2, 5, 11; 3,3, 4, 5; 4,2; 5,2, 12. Pablo una vez reemplaza "sepan" con el imperativo "recuerden" en 2,9; cf. 1,3. Para las interpretaciones de esta frase de Pablo, ver Shogren, *1 & 2 Thessalonians*, 90, 137, 156, 201–203; Weima, *1–2 Thessalonians*, 96, 140–41, 213–14, 259–60, 345.

20. Cf. Fee, *God's Empowering Presence*, 878–79.

21. Dunn, *Theology of Paul*, 456.

lónica no fue en vano (2,1; 3,6; cf. 2,7–12; 2,20), porque los creyentes han aprendido y han vivido bien el evangelio de Dios (de Cristo).

El Poder del Evangelio de Cristo y el Espíritu

Junto con su nuevo entendimiento del espíritu, Pablo introduce el papel del evangelio como esencial en la práctica de las virtudes. Su nuevo énfasis en la conexión del evangelio con las virtudes es mostrado en un contexto en el que se ocupa de los problemas de la comunidad y personales.[22] Al comienzo de la carta, Pablo exhorta a "ser imitadores de nosotros y del Señor Señor" (1,6; también 2,14) y los alaba porque son "un ejemplo para todos los creyentes en Macedonia y en Acaya" (1,7). Él desarrolla su pensamiento ético en torno a esta noción junto con la experiencia de sus colaboradores y los asuntos de preocupación de la comunidad. A la luz de la fuerza del evangelio, Pablo explica cuestiones éticas específicas, y comienza con el *monoteísmo*, una creencia central en el judaísmo. Elogiando la fe de los creyentes Tesalonicenses (1,7–10), les recuerda cuando "se volvieron a Dios y dejaron a los ídolos para servir al Dios vivo y verdadero" (1,9; véase 3,8; Ez 36,25).[23] Como Weima señala, en un lugar como Thessalonica donde muchos dioses y diosas, héroes o personificaciones de virtudes estaban siendo adorados, no era fácil para los creyentes "retornar a Dios de los ídolos".[24] Ellos no sólo saben acerca del evangelio como su guía ética para una vida virtuosa;[25] también tienen la virtud de la fe para que muestren su confianza "en un Dios" (1,3, 7–8; cf. 2,10; 5,8) y "en su palabra solamente" (2,13).

Pablo alaba a los creyentes en Tesalónica por vivir el evangelio y su ejemplo de fe, incluso fuera de Macedonia y Acaya (1:8). De la misma manera, reafirma su verdadera respuesta a la predicación del evangelio. Pablo les alienta en medio de los cultos paganos a "permanecer firmes en el Señor" (3:8). Lo que está en juego para Pablo es que el único y verdadero Dios es ahora la fuente del evangelio y de su Espíritu Santo. Cuando dejaron atrás su forma de vida pagana, "ellos tomaron la medida radical de

---

22. Malherbe, *The Letters to the Thessalonians*, 76.

23. Los comentaristas describen la antigua ciudad de Tesalónica como una ciudad politeísta. Tanto como escritos como evidencias arqueológicas han demostrado que Tesalónica fue una de las principales ciudades del imperio romano y, como tal, tenía un número significativo de los cultos paganos y templos, así como muchas deidades. Para más detalles sobre este tema, vea Wanamaker, *The Epistles to the Thessalonians*, 4–5; Byron, *1 & 2 Thessalonians*, 12–13; Weima, *1–2 Thessalonians*, 9–10; Mitchell, "1 and 2 Thessalonians," en Dunn, *The Cambridge Companion*, 51–63, esp. 51–52.

24. Weima, *1–2 Thessalonians*, 22, 282.

25. Cf. Fee, *God's Empowering Presence*, 43; Freed, *The Morality*, 56.

LA PREEMINENCIA ÉTICA DEL ESPÍRITU

abandonar esos dioses que formaban parte de la adoración de su familia y de su comunidad"[26] y "vinieron al único y verdadero Dios" (cf. 3,9–13).

Además, Pablo aconseja a los creyentes Tesalonicenses sobre la *conducta sexual* (4,2–8).[27] Una vez más es un tema que ya fueron instruidos; Pablo dice, "ustedes saben". ¿Qué es lo que saben? Ellos *saben* que tienen el Espíritu Santo de Dios dentro de ellos; ellos son capaces de llevar a cabo su vida virtuosamente, de controlar/poseer su propia nave[28] en santificación y honra y evitar la pasión del deseo, la impureza y la fornicación (4,4–8). Aunque Pablo nunca menciona la palabra "virtud" en la primera carta a los Tesalonicenses, todas sus exhortaciones son acerca de la práctica de las virtudes y el rechazo de los vicios. El cuerpo humano para Pablo es importante para la "santificación," así como también "el alma humana y el espíritu" (5, 23–24). Estos aspectos de una conducta virtuosa guiados por las enseñanzas del evangelio con el poder del Espíritu Santo de Dios llevarían a los creyentes a la "imitación" del Señor y de Pablo (y de sus colaboradores, Silvano y Timoteo).

Respondiendo a la pregunta de los creyentes Tesalonicenses sobre los muertos y los que aún seguirán vivos en la parusía (4,13–18; 5,1–10), Pablo les explica lo que ya *saben* (5,1, 12). Que los que ya están muertos y aquellos que todavía están viviendo resucitarán como Cristo.[29] Pablo toca el objetivo de vivir el evangelio de Cristo: "encontrarse con el Señor y estar siempre con él" eternamente en el reino de Dios y Su gloria (2,12). Esto ocurrirá en su segunda venida. Por tanto, es en este contexto escatológico (4,15–18; 5,1–25) que Pablo exhorta, anima y da testimonio del poder del Espíritu Santo de Dios y su evangelio en la realización del objetivo final de los creyentes. Es también en este contexto escatológico que el pensamiento pre-cristiano de Pablo sobre el espíritu comienza a cambiar. En la conclusión de su exhortación ética, él vuelve a exponer todo lo que ha escrito a los creyentes Tesalonicenses con cuatro imperativos: "no extingan el Espíritu," "no rechacen las profecías," "aférrense al bien," y "absténganse de toda forma

26. Green, *The Letters to the Thessalonians*, 106–107.

27. Cf. Branick, *Understanding Paul*, 120.

28. Hay un debate sobre la interpretación de la palabra "nave". En Liddell y Scott (*A Greek-English Lexicon*, 1607) su significado abarca desde "nave," "implemento de cualquier tipo," "objeto inanimado," "cosa," hasta "cuerpo". Para un buen debate sobre este tema y las diversas interpretaciones, ver Green, *The Letters to the Thessalonians*, 191–94; Fee, *God's Empowering Presence*, 51–52; Witton, "A Neglected Meaning for *Skeuos*, 142–43; Wanamaker, *The Epistles to the Thessalonians*, 152–53; Witherington, *1 and 2 Thessalonians*, 113–14; Murphy-O'Connor, O.P., *Paul*, 125.

29. 1:10; 2:19; 3:13; 4:14–17; 5:10, 23–24. Aunque no hay ninguna referencia directa a la "unión con Cristo," existe la noción de que la salvación futura de los creyentes será una vida con Jesucristo para siempre.

del mal" (5,19–22). Aquí, el énfasis está en primer lugar en el poder del Espíritu Santo de Dios.

Comportamiento Apropiado e Inapropiado

Una de las primeras evidencias de la actitud de Pablo hacia una conducta virtuosa y no virtuosa proviene de la primera carta a los Tesalonicenses. En su exhortación ética, él todavía no contrasta al espíritu y la carne. Sólo un moderado contraste dualista es enfatizado, una realidad dualista que de alguna manera apunta hacia la antítesis "espíritu–carne" establecido posteriormente en la carta a los Gálatas (5–6). La carta ya refleja la dimensión moral y escatológica de la existencia de los creyentes Tesalonicenses en el contraste entre el comportamiento que es "apropiado" (agradar a Dios) o es "propio" para el día (luz) y el comportamiento que es "inapropiado" (agradar a los hombres) o "pertenece" a la noche (oscuridad).[30] Este contraste se expresa dualísticamente: "agradar a *Dios*" (2,4; cf. 2,15) y "agradar a *los hombres*" (2,4, 15); "hijos de la *luz*" (5,5) e "hijos de *las tinieblas*" (5,4, 5);[31] "ser del *día*" (5,5, 8) y "ser de la *noche*" (5,5, 7); "estar *despiertos*" (5,6) y "estar *dormidos*" (5,6–7); "buenos" y "malos" (5,15, 21–22), "salvación" (5,8, 9; cf. 2,16) y "la *ira* hasta el final" (1,10; 2,16; 5,9).

Es importante señalar que el ambiente en la que Pablo escribe esta carta es distinto a la de Gálatas. Siguiendo esta línea, Malherbe señala: "la carta no es polémica o apologética, al contrario, tiene un estilo bastante amigable y exhortativo".[32] Pablo expresa abiertamente su profundo afecto y verdadera admiración por su "creyentes"; incluso en los momentos de sufrimiento y aflicciones, los creyentes judíos y griegos se destacaron en las virtudes. La primera carta a los Tesalonicenses destaca una serie de vicios y virtudes que no están puestos en relación del contraste entre el espíritu y la carne; las virtudes son: amor (1,3; 3,6, 12; 4,9; 5,8, 13), santidad (4,3–4, 7), paz (1,1; 5,3, 23), esperanza (1,3; 2,19; 4,13; 5,8), fe (1,3, 8; 3,2, 5–7, 10; 5,8), amor fraternal (4,9), seguridad, (5,3) y alegría (1,6; 2,19–20; 3,9); los vicios son: impureza (2,3; 4,7), acto pecaminoso (2,16), holgazanería (5,14),

---

30. Cf. Malherbe, *The Letters to the Thessalonians*, 296.

31. El lenguaje de Pablo refleja la terminología de Qumran y su descripción de la realidad dualista de los "hijos de la luz" y los "hijos de las tinieblas" (1QS III, 13–IV, 26). Como Malherbe (*The Letters to the Thessalonians*, 294) expresa, Pablo como otros cristianos puede haber sido influenciado por el dualismo de la comunidad de Qumran. Un dualismo similar también se encuentra en la Ro 13,12 y 2 Co 6,14–7,1.

32. Malherbe, *The Letters to the Thessalonians*, 80–81.

adulación (2,5), lujuria (4,5), engaño (2,3), codicia (2,5), maldad (5,22) y fornicación (4,3).

La lista muestra que la fe y el amor, seguido por la esperanza, son las virtudes más importantes en la primera carta a los Tesalonicenses. Todas estas virtudes se manifiestan en la vida del creyente y practicando el evangelio, que llegó a los creyentes en poder y en el Espíritu Santo de Dios. Aunque Pablo no menciona el mandamiento del amor, la virtud del amor es muy alentado por él.[33] Está estrechamente asociado con las virtudes de la fe (3,6; 5,8) y la esperanza (1,3; 5,8); de hecho, juntos son la clave para ser virtuosamente "sobrio" y alcanzar la "salvación" (5,8). Además, la carta elogia altamente el amor fraternal, una virtud semejante al amor. Como lo fue para los patriarcas en el *T12P*, el amor fraternal es una virtud judía esencial para Pablo y para los creyentes Tesalonicenses, quienes habrían buscado a Pablo para asesoramiento en esta virtud. Pablo afirma que la virtud del amor fraternal les fue enseñado por "Dios mismo" (4,9),[34] y es una virtud que sus queridos hermanos y hermanas han sobresalido en su práctica entre ellos, e incluso en toda Macedonia (3,12-13; 4,10, 12). No obstante, Pablo los anima de nuevo a "amarse los unos a los otros" y "sobresalir *más* virtuosamente" en el amor mutuo y la estima hacia quienes ejercen el liderazgo en la comunidad (5,12-13; cf. 1,7).

El amor recíproco alentado por Pablo y sus compañeros Silvano y Timoteo (1,2-5,10; 19-25) es estimulado a los creyentes (4,18; 5,11-18).[35] Pablo exhorta a vivir "una vida tranquila," a "hacer su propio trabajo" y a "andar correctamente con los extranjeros" (4,11-12). Él les insta a amonestar a los "holgazanes," "a consolar a los pusilánimes," "a defender a aquellos que son débiles," "a ser paciente para con todos" (5,14), así como siempre "perseguir el bien del uno y del otro y el de todos" (5,15). Schrage afirma, "el amor humano, como el amor de Dios, no es una actitud o una emoción, sino un acto (1,3), la libertad de sí mismo y la apertura a los otros".[36] En Pablo

33. El término "amor" aparece 6 veces (1,3; 3,6, 12; 4,9; 5,8, 13), y en su forma adjetiva una vez (2,8).

34. La carta muestra que el evangelio fue también "enseñados por Dios" y se hizo efectivo en los creyentes por el Espíritu Santo. Algunos estudiosos relacionan la frase "enseñado por Dios" con Jer 31,33-34 (véase también Is 54,13 LXX), donde el espíritu actúa eficazmente en el corazón de los creyentes; ellos sabrán todo sin la necesidad de maestros para enseñarles. Para una discusión sobre este tema, consulte Schnabe, "How Paul Developed His Ethics," 278; Weima, *1-2 Thessalonians*, 288; Malherbe, *The Letters to the Thessalonians*, 244-45.

35. La palabra "alentar" en la primera carta a los Tesalonicenses es mencionado 9 veces (2,2, 12; 3,2, 7; 4,1, 10, 18; 5,11, 14); la palabra "amonestar" dos veces (5,12, 14) y la palabra "exhortación" dos veces (2,3, 12).

36. Schrage, *The Ethics of the New Testament*, 246.

encontramos un mayor énfasis en la conexión de la virtud de la caridad y el espíritu que en la tradición judía-helenística. Según él, la práctica de un amor genuino y también de las otras virtudes sólo es posible en el poder del Espíritu Santo de Dios.[37] Les permite adquirir un corazón virtuoso e inocente, de manera que, cuando el Señor venga, los creyentes se reunirán con él y recibirán la salvación eterna (5,8, 23). Pablo expresa su amor a sus hermanos y hermanas cuando él, al final de su carta, les envía un auténtico *"beso santo"* (5,26). La importancia dada a la virtud del amor fraternal y a la exhortación a "amarse los unos a los otros" se cristalizan en Gálatas como el "mandamiento del amor". Por primera vez, la relación intrínseca entre la virtud del amor y el espíritu se distingue dentro de la trama de la antítesis espíritu–carne, cuando Pablo describe el amor como el "fruto" del espíritu.

Conclusión

En la primera carta a los Tesalonicenses, Pablo comienza a reemplazar sus concepciones pre–cristianas acerca del espíritu. Este cambio se observa sobre todo en términos del rol ético del espíritu en relación a la ley mosaica. La primera reflexión sobre el espíritu como preeminente en su enseñanza ética empieza a tomar forma dentro del entendimiento judío del espíritu como el Espíritu Santo de Dios. Vemos que la perseverancia de Paul en el monoteísmo está arraigada en la tradición judía. Estas relaciones (espíritu como preeminente y espíritu como el Espíritu Santo de Dios) son identificaciones esenciales que se pondrán de relieve en Gálatas. Desde que la figura de Cristo se vuelve central, vivir el evangelio de Cristo en el espíritu Santo de Dios es lo que lleva a los creyentes a la imitación de Cristo, una característica ética fundamental que Pablo expondrá posteriormente en sus cartas. Además, el amor es la principal virtud y en Pablo es recíproco. Él enfatiza que fue dada (enseñada) por Dios y en respuesta, los creyentes en Tesalónica están para amarle y amarse unos a otros. Este amor se manifiesta sobre todo en la virtud de la caridad fraterna (una virtud importante en la

---

37. Según Horn (*Das Angeld des Geistes,* 163; véase también "Wandel im Geist," 163–68), Pablo asocia al espíritu sólo con la virtud de la caridad, y no con las otras virtudes. Sin embargo, si bien es cierto que en la primera carta a los Tesalonicenses Pablo hace un fuerte énfasis a la virtud del amor (o/y amor fraterno), una virtud que fluye naturalmente del espíritu cuando los creyentes viven deacuerdo a la voluntad de Dios (conducta correcta), Pablo conecta el espíritu de Dios con otras virtudes, aunque todavía no son fuertemente enfatizados como en Gl 5,13–6,10 y la primera carta a los Corintios (especialmente el capítulo 13). Su énfasis en el comportamiento que está "adecuado con" (agradar a Dios) o es "apropiado con" el día (luz) está relacionado con el espíritu. Esta conexión apunta a la asociación que más tarde hace Pablo entre el espíritu y las virtudes.

tradición judía), y no sólo es practicada entre los miembros de la comunidad; sino llega a todos los pueblos que viven en Macedonia. Ahora, agradar a Dios requiere que los creyentes tengan Su Espíritu Santo y vivan de acuerdo con las enseñanzas del evangelio, que es de Cristo y de Dios.

LA CARTA A LOS GÁLATAS

Gálatas es quizás la carta más difícil de las siete cartas indiscutibles de Pablo. Fue escrita en algún momento a principios de los años 50 dc en Éfeso o Corinto. La carta en sí es singular en el sentido de que, en ella, Pablo se ve forzado a lidiar con un problema externo específico que es una amenaza para la fe de los creyentes Gálatas. Aparentemente, habían "algunas [personas] perturbando" a los creyentes en Galicia, deseando "pervertir el evangelio de Cristo" (1,7). Estaban persuadiendo a los creyentes a recibir la circuncisión para ser justos ante Dios. Gálatas presenta un tono polémico que muestra a un Pablo profundamente comprometido a defender la verdad del evangelio y la autoridad de su apostolado.[38] En un contexto en el que Pablo defiende la validez y el origen divino de su evangelio a los gentiles y desmiente a los falsos maestros de la circuncisión,[39] presenta por primera vez su visión del espíritu como preeminente en su doctrina sobre las virtudes. Pablo se mueve más allá de algunas nociones comunes e ideas del espíritu en una manera que amplía su entendimiento del mundo griego. En el curso de su argumentación en Gálatas, Pablo desarrolla una visión negativa de la observancia de la ley. Como resultado, él redefine el entendimiento total de la función ética de la ley conectando al espíritu con virtudes. En esta carta encontramos claramente la posición de Pablo de su conexión del espíritu con la ética. En Gl 5,13 — 6,10, por primera vez, Pablo desarrolla una fuerte oposición entre el espíritu y la carne relacionando al espíritu con la virtud y a la carne con el vicio. Además, él establece por primera vez un fuerte contraste entre las nociones de libertad y esclavitud. Estos componentes centrales destacan importantes elementos ya mencionados en la primera carta a los Tesalonicenses y continuarán en sus cartas siguientes.

38. Para un buen resumen de los argumentos de Pablo en Gálatas, consulte Tobin, *Paul's Rhetoric*, 63–70; Hansen, "Paul's Conversion," 213–37.

39. Sobre la cuestión de la identidad de los oponentes en Gálatas, véase Hurd, "Reflections," 129–48; Schreiner, *Galatians*, 39–52; Bruce, *Epistle to the Galatians*, 25–27.

La Liberación del "Yugo de la Esclavitud"

En la carta a los Gálatas, la palabra espíritu y su cognado (espiritual) aparecen 19 veces.[40] La primera relación de Dios con Cristo y el espíritu viene reflejado en esta carta. Esta relación se manifiesta en la manera en que Dios es "nuestro Padre" (1,1, 3, 4; 4,2), Cristo es "Hijo de Dios" y el espíritu es el "Espíritu del Hijo de Dios" (4,4–6; 1,6; 2,20).[41] Pablo explica a los lectores judíos y gentiles que el espíritu y Cristo (4,4–5; cf. 1,6; 3,13) son enviados por el Padre. A través de la obra redentora del Hijo de Dios, los creyentes vienen a experimentar al Espíritu Santo y divino de Dios en su conducta ética (3,1–5).[42] En su nuevo entendimiento de Pablo el rol del Hijo de Dios se convierte en un factor central para la comprensión de los creyentes que el poder del espíritu les permite clamar "Abba, Padre," una expresión cariñosa de aquellos que creen en Cristo y en su evangelio.[43] El envío del Hijo de Dios, según Pablo, pretende rescatar al pueblo de Dios de la "maldición de la ley" (3,13; 4,5; Dt 27,26; 21,23) a través de su muerte en la cruz (3,1; 5,24; 6,13, 14), y liberar a los creyentes del "yugo de la esclavitud" (5,1; cf. 2,4) que es la ley.

La libertad de la ley (el yugo de la esclavitud) no debe entenderse de la misma manera como James Louis Martyn y sus seguidores (la llamada "Escuela Unida" o "Escuela Apocalíptica") han considerado.[44] La interpretación apocalíptica de Martyn sobre Gálatas, que subraya la dimensión cósmica del pensamiento de Pablo, destaca la muerte de Jesús y su resurrección como el evento crucial en el cual Cristo derroca los poderes oscuros y ocultos del "siglo presente malo" (Gl 1,4; 1 Co 15), por lo tanto, logrando algo nuevo,

---

40. El sustantivo "espíritu" en 3,2, 3, 5, 14; 4,6, 29; 5,5, 16, 17 [2x] 18, 22, 25 [2x], 6,1, 8 [2x], 18; y el adjetivo "espirituales" en 6,1.

41. La expresión "el Espíritu de Su Hijo" en 4,6 es un *hapax theologomenon* en el Nuevo Testamento y el único en Pablo. Ver Schreiner, *Galatians*, 271–72; Betz, *Galatians*, 209–210; Dunn, *Epistle to the Galatians*, 209; Longenecker, *Galatians*, 174. Para un buen estudio sobre el tema de la "filiación" y su trasfondo judío, véase Scott, *Adoption*.

42. Cf. De Boer, *Galatians*, 266.

43. El creyente recibe al espíritu en su bautismo (3,27) como cumplimiento de la promesa hecha a Abraham; como Abraham y sus descendientes, a través del Hijo de Dios y su espíritu, reciben una nueva relación con Dios. Es muy significativo de que el único lugar en Gálatas donde Pablo nombra al espíritu como "el Espíritu del Hijo de Dios" es en referencia al grito de "Abba". Lull, *The Spirit in Galatians*, 157; cf. Schreiner, *Galatians*, 272. Según Betz (*Galatians*, 211), "Abba" fue adquirido de la comunidad palestina de creyentes de habla aramea por creyentes de habla griega. Él afirma que Pablo tenía en mente la "Oración del Señor," que los creyentes utilizaban como reflejo de su auto-entendimiento como "hijos" del Padre.

44. Un similar argumento es encontrado en Martyn, *Galatians*, 38–39.

algo diferente, esto es, la "nueva creación". Por lo tanto, Pablo inaugura un "rompimiento" en el presente, lo que hace entender una oposición radical entre el acto apocalíptico de Dios en Cristo (revelación) y el judaísmo (la religión).[45] Sin embargo, la posición negativa de Pablo con respecto a la práctica de la ley (el yugo de la esclavitud) viene como consecuencia del acto salvífico de Jesús y el envío del Espíritu de Dios. Pablo lo comprende como una *continuación* (o cumplimiento) de la promesa de salvación de Abraham y no como una liberación del "presente y mal tiempo". Pablo habla de una liberación de los Gálatas creyentes de la "observancia" de los mandamientos de la Ley mosaica (esp. la circuncisión) en el campo de la ética. Además, Pablo no separa el tiempo presente del pasado; cuando escribe "pero cuando vino la plenitud de los tiempos" (4:4), él muestra una secuencia cronológica de la promesa a la consumación, es decir, a partir de Abraham, la Antigua Alianza (la ley mosaica) a Cristo, la Nueva Alianza (el mandamiento del amor o de la ley de Cristo). Dentro de este contexto, como veremos luego, el lenguaje "espíritu" de Pablo se vuelve de alguna manera *invasivo*, mientras que establece por primera vez una conexión intrínseca entre el espíritu y la ética; y entre el espíritu y la Nueva Alianza. El pensamiento ético de Pablo es bastante claro en Gálatas (3,6–29; 4,1–11; 5,14; 6,2), pero será más claro en Romanos.

A medida que Pablo trata la ley mosaica como un "yugo de la esclavitud," su negatividad hacia la ley pone tanto a Cristo y al espíritu en una oposición radical a la ley mosaica de manera que su observancia no tiene más valor ético. En este sentido Fee expresa, "para Pablo, el don del Espíritu Santo junto con la resurrección de Cristo, significó el fin de la época de la Torá".[46] Pero "el final de la época de la Torá" no debe entenderse en el sentido de que la ley mosaica no tiene continuidad con el evento de Jesucristo y la ley de Cristo. Es más bien en el sentido de que el Espíritu de Dios "ha invadido" su pensamiento ético, así como también los corazones de los creyentes para orientarlos éticamente. Pablo asegura a los creyentes Gálatas que el espíritu entra en sus corazones sólo "desde" o "a través" de la fe (3,2, 5, 14; 5,5) y en Cristo Jesús (2,16, 20; 3,22, 26).[47] Es "en el Espíritu de la fe"

45. Para un tratamiento detallado sobre los problemas del enfoque apocalíptico en Gálatas, véase Wright, *Paul*, 35–186.

46. Fee, *God's Empowering Presence*, 369.

47. La frase "fe de/en Cristo" (Gl 2,16, 20; 3,22; Ro 3,22, 26; Flp 3,9) es objeto de acalorados debates, ya que se puede representar como genitivo objetivo (a través de la fe *en* Jesucristo) o como un genitivo subjetivo (a través de la fe *de* Jesucristo). Este estudio toma la posición de la mayoría de los eruditos (genitivo objetivo). La razón por optar la frase como un genitivo objetivo es porque Pablo en Gálatas trata de persuadir a los Gálatas creyentes de que la justicia/rectitud no es a través de la observancia de la ley mosaica, sino a través de la fe *en* Jesucristo. La cuestión principal que Pablo trata

fuera de la observancia de la ley mosaica que la verdadera justicia/rectitud llega (2,16). En el pensamiento de Pablo, la diferencia entre la "libertad" y la "esclavitud" toma un nuevo enfoque en el adviento del enviado de Dios a (Su Hijo) Jesús y a su Espíritu (4,6). La vida ética de los creyentes ahora debe caracterizarse por la libertad de la ley y una libertad guiada por el espíritu y no por la observancia de la ley, que es una especie de esclavitud (capítulos 5–6).[48] Dentro de este contexto Pablo asegura a los creyentes que "si la justicia llega a través de la ley, entonces Cristo murió en la cruz en vano" (2,21; cf. 3,10–18; 5,4).[49] Si no tienen el Espíritu del Hijo de Dios en sus corazones, no pertenecen a Cristo (cf. 2,16–17; 3,6–14). En esta declaración, vemos el punto fundamental de su enseñanza ética: El poder de Dios Padre se muestra a través del espíritu y en su Hijo Jesucristo (3,5), y este poder del espíritu se concentra la vida virtuosa y santa de los creyentes.[50]

Las Virtudes Opuestas a los Vicios

Uno de los principales componentes de Pablo en su enseñanza ética es el contraste entre el espíritu y la carne. Por primera vez, él aplica y concretamente *establece* el término espíritu como un divino "habilitador". Especialmente, en Gl 5,13 — 6,10, él establece al espíritu en contra de la práctica de la ley como un medio de alcanzar las virtudes y evitar los vicios. Por primera vez, Pablo expande el significado del término carne asociándolo con los vicios y pecados, creando así un nuevo matiz en la palabra carne

---

en Galacia no es la fidelidad de Cristo, su obediencia a Dios, sino la respuesta de los creyentes a *esa* fidelidad. En efecto, el tema de interés es la fe de los creyentes. Para una buena discusión sobre este tema, véase Hultgren, "The *Pistis Christou*," 248–63.

48. Cf. Tobin, *Paul's Rhetoric*, 212–13.

49. Martyn (*Galatians*, 246) traduce el sustantivo "justicia" o "rectitud" como un sustantivo activo "rectificación" o "justificación". Lo que es problemático es que Martyn no explica porqué toma esta opción aquí. Evidentemente, a lo largo de Gálatas el principal argumento de Pablo no se centra en el evento de que los creyentes son justificados; por el contrario, Pablo habla del estado (de Justicia/rectitud) que los creyentes tienen como resultado de estar en Cristo. En otras palabras, Pablo se refiere a la condición de ser santos, pero no al evento que les hizo santo (Gl 2,15–21). Como Wright (*Paul*, 177) correctamente argumenta, en Gálatas Pablo está preocupado por la situación actual de aquellos que han sido justificados, no con el evento por el cual llegaron a ese estado".

50. El "espíritu" como "poder" se presenta de manera que ambos son de Dios y ambos se complementan para actuar de forma dinámica como un instrumento ético en la vida justa/recta de los creyentes. Esta es la única instancia donde Pablo conecta al espíritu con el término "poder," y esto ocurre al comienzo de su principal argumento de disuasión (3,1 — 4,31). Hay una referencia al verbo "poder," donde Pablo habla de la ley como una ley que "no puede" dar o facilitar la vida (3,21).

(espíritu *vs.* carne).[51] Pablo atribuye a la carne una connotación ética–negativa relacionado con "la realidad humana y pecadora" controlada por pasiones y deseos (2,17; 3,3, 22; 4,23, 29; 5,13, 16, 17, 24; 6,8). En Gálatas, de las 19 referencias del espíritu, 7 veces es contrastado fuertemente con la carne (3,3; 4,29; 5,16, 17 [2x], 6,8 [2x]). Pablo usa una pregunta retórica — un estilo utilizado por los maestros griegos para involucrar a sus oyentes — en donde los mismos creyentes recuerdan su propio momento de transformación por el Espíritu de Dios: "¿Habiendo comenzado en el Espíritu, están ahora siendo perfeccionados en la carne?" (3,3). Él identifica al espíritu y a la carne como dos realidades contrapuestas que pertenecen a dos períodos distintos en la vida ética de los creyentes: "antes" y "después" de la venida del Hijo de Dios y su Espíritu (3,6–14; 4,1–7).

Pablo va aún más lejos al definir la vida virtuosa o no virtuosa de los creyentes en términos del espíritu y la carne. Su descripción del *espíritu* (virtudes) como lo opuesto de la *carne* (vicios y pecados), se muestra especialmente en el contexto en donde él distingue el vivir "en el espíritu" (rectitud) y el vivir en la "observancia de la ley mosaica" (maldad). La distinción de Pablo no debe ser tomada en el sentido de un "rompimiento" radical del presente (la Nueva Alianza) del pasado (la Antigua Alianza), que es la posición de la "Escuela Apocalíptica". El énfasis ético de Pablo es visto claramente: la pregunta acerca del rol de Cristo y su Espíritu como fundamentalmente opuesto a la ley mosaica. Fee señala que la pregunta candente es, ¿cómo están los creyentes en Gálatas llamados a vivir virtuosamente sin la observancia de la ley, ya que la época de la ley ha llegado a su fin?[52] Ahora para Pablo "es evidente que nadie es justificado ante Dios en la ley" (3,11). A la hora de disuadir a los creyentes de aceptar la circuncisión, Pablo consistentemente resalta el contraste entre la carne y el espíritu y lo hace en términos del contraste entre la virtud de la fe y la ley.[53] En su argumento

---

51. En Gálatas, y en sus cartas posteriores (1 Co 2,11; 5,3–5; 7,35; 14,14; 16,18; 2 Co 2,13; 7,1, 13; Flp 1,27; 4,23; 1,25; Phlm y Ro 1,9; 8,16), el término "carne" también se refiere tanto el cuerpo humano como a la naturaleza o la existencia terrena (1,16; 2,16, 20; 4,13, 14; 6,12, 13, 18). Para una buena ilustración del uso de la palabra "carne" en Pablo, ver Keener, *The Mind of the Spirit*, 101–103; Boer, *Galatians*, 335–39; White, *Biblical Ethics*, 135–38; Bruce, *Paul*, 203–211.

52. Fee, *God's Empowering Presence*, 385.

53. Uno de los argumentos más importantes de las Escrituras judías en el cual Pablo alegóricamente hace una distinción clara entre el espíritu y la carne es 4,21–31. Pablo muestra el rol del espíritu como el principal agente de la justicia/rectitud identificando el hijo libre de la mujer libre (Sara) con los Gálatas creyentes que tienen fe en Cristo ("nacido según el espíritu") en contra de Ismael, el hijo de la esclava Agar, quien "nació según la carne" (aquellos que aceptan la práctica de la circuncisión). Para un análisis, véase Bouwman, "Die Hagar- und Sara-Perikope," 3135–55.

de disuasión, Pablo plantea de nuevo una pregunta retórica, "¿recibieron ustedes el espíritu por la observancia de la ley o escuchando la fe?" (3,2, 5). En su pensamiento, la ley no puede ser asociado con la fe (3,12) porque la ley no tiene parte con el enviado de Cristo y su espíritu. En esta reflexión sobre el contraste marcado entre el espíritu y la carne (capítulos 5-6) Pablo expresa las más severas críticas a la ley mosaica. Este hecho marca un punto de ruptura en como él conecta al espíritu con la práctica de las virtudes y el rechazo de los vicios.

Tabla 2.1. Contrastes Explícitos en Gálatas	
Espíritu	Carne
El evangelio de Cristo 1,7; el verdadero evangelio 1,12; 2,14;	Otro evangelio 1,6; no hay otro evangelio 1,7; el evangelio de la circuncisión 2,7
La fe en Jesucristo/la escucha de fe 3,2	La observancia de la ley mosaica 3,2
Espíritu 3,5	La ley 3,5
Según el espíritu 4,29	Según la carne 4,23, 29
El "fruto" del espíritu 5,22	Las "obras" de la carne 5,19
El espíritu/las virtudes 5,22–23	La carne/los vicios 5,19–21
Siembra/cosecha del espíritu 6,8	Siembra/cosecha de la carne 6,8

Estas dos realidades contrapuestas ni pueden superponerse unos con otros ni tampoco pueden ser reconciliados; al contrario, cada uno se opone el uno con el otro. Pablo escribe, "porque la carne desea contra el Espíritu y el Espíritu contra la carne" (5,17).[54] Pablo no habla de una lucha entre dos "períodos" en la vida de los creyentes, así como lo afirma Fee; sino, en el pensamiento de Pablo esto es una lucha ética entre el espíritu y la carne en el interior de los creyentes. Contrario a una vida según la carne, la vida según el espíritu (cf. 4,29) es vivir según los valores éticos traídos por Cristo con su muerte en la cruz (cf. 6,14, 17). Sólo cuando los creyentes viven el evangelio de Cristo oyendo la fe (cf. 1,23), el espíritu como un divino "habilitador" les ayuda a "crucificar la carne junto con sus pasiones y deseos" (5,24). Pablo exhorta a su audiencia de judíos y creyentes gentiles a "caminar en el espíritu," a ser "guiados por el espíritu," y a "vivir en el espíritu".[55]

54. Dunn, *Jesus and the Spirit*, 312–18; Dunn, "Rom 7:14–25," 269.

55. Véase 5,16, 18, 25. Con el uso del verbo "caminar," una palabra que en el judaísmo tiene una connotación moral (Ps 103,7; Dt 8,6; 10,12–13), Pablo invita a los creyentes a elegir entre dos modos de vida: caminar según el espírtu *vs.* caminar según la carne. Cf. Drane, "Tradition, Law and Ethics," 173; Bultmann, *Theology*; Windish, "Das Problem," 265–81; Niederwimmer, "Das Problem der Ethik," 81–92.

Es verdad que Pablo no menciona la palabra virtud en Gálatas, pero la virtud de la justicia se menciona a menudo (2,21; 3,6, 21; 5,5; cf. 2,16, 17; 3,8, 11, 24; 5,4). Él expresa la idea de quien es "justo," es también "virtuoso" y vive en forma intachable ante Dios (cf. Gl 1,14; Flp 2,15; 3,6). Realmente, Pablo es claro cuando habla del "fruto del espíritu" (5,22) y "las obras de la carne" (5,19), mientras conecta directamente las virtudes con el espíritu y los vicios con la carne (5,16–26).[56] Pablo menciona 9 virtudes y 14 vicios (5,19–23): en 5,19 encontramos los vicios de impureza y libertinaje; en 5,20 el menciona facción, divisiones, idolatría, egoísmo, contienda, hostilidad, ira; en 5,22 están las virtudes del amor, bondad, paz, paciencia, fe, alegría y amabilidad; y en 5,23 están las virtudes de auto-control y mansedumbre.

Gálatas revela un punto crucial: después de su "llamada profética," la conexión espíritu-ética se hace prominente en el pensamiento de Pablo. El Espíritu del Hijo de Dios ha "invadido" no solo el "cosmo," sino también los corazones de los creyentes, destronando así el valor ético de la ley mosaica. Pablo comienza a creer que gracias al espíritu los creyentes pueden "caminan" hacia las virtudes (el fruto del espíritu)[57] y aquellos que hacen "las obras de la carne" están "bajo" la ley mosaica (5,18). En el pensamiento de Pablo, estar "bajo" la ley significa estar en esclavitud bajo el poder de "los elementos fundamentales del mundo" (4,3, 9), que indica la noción de estar en una "maldición".[58] En la antítesis espíritu–carne, Pablo formula un nuevo mensaje sobre la preeminencia del espíritu en su enseñanza ética: el espíritu es considerado como la *fuente* de las virtudes de donde "el fruto" del espíritu se deriva. Como resultado, los creyentes en el poder del espíritu son capaces de practicar las virtudes y evitar las pasiones, vicios y deseos (5,24–26). Sin duda alguna, lo que Pablo desarrolla en su pensamiento sobre el espíritu es: (1) la conexión directa del espíritu con la adquisición de las virtudes y la evasión de los vicios; (2) el contraste entre el espíritu y la carne; y (3) la asociación directa de la carne con los vicios. Estos habrían sido "nuevo material" para judíos y gentiles creyentes de la Galicia greco-romana.

---

56. Para un estudio de la expresión "fruto del Espíritu," véase Beale, "The Old Testament Background," 1–38.

57. Otras virtudes mencionadas en Gálatas son: fe, 5,5; justicia, 2,21; 3,6, 21; 5,5; verdad, 2,5, 14; 5,7; comunión, 2,9; gracia, 1,3, 6, 15; 2,9, 21; 6,18. Otros vicios mencionados son: deseo, 5,16, 24; pasión, 5,24.

58. 3,10–13. Para una discusión de las diferentes interpretaciones de la frase "los elementos del mundo," consulte Boer, *Galatians*, 252–56; Dunn, *Epistle to the Galatians*, 212–13.

El Evangelio: Las Pautas Para una Conducta Virtuosa

En Gálatas, Pablo presenta "el evangelio de Cristo" como uno de los principios esenciales para enseñar a los creyentes acerca de la práctica de las virtudes, una manera moral de ser santo. En la carta, el término "evangelio" es explícitamente mencionado 11 veces.[59] Cuando Pablo junta el evangelio con Cristo, él asocia directamente al espíritu (el Espíritu del Hijo de Dios) con el evangelio.[60] Pablo defiende "su" evangelio, al comienzo de la carta y habla de la "verdad del evangelio" (2,5, 14), afirmando que sus oponentes están "predicando un evangelio falso," o "un evangelio diferente". Sin embargo, según él, no hay otro evangelio (1,6–8).[61] Lo que es de vital importancia para Pablo es que "su" evangelio vino a él a través de una revelación de Jesucristo y *no* de acuerdo al hombre (1,11–12).[62] El "verdadero" evangelio es el "de Cristo" (1,7) y es el evangelio que se debe predicar entre los gentiles (1,16; 2,7; 4,13).

Mientras que Pablo presenta la preeminencia del espíritu en Gálatas, él crea una relación más explícita entre la "práctica" del evangelio y la ética. De nuevo, él reafirma lo que ya se mencionó en la primera carta a los Tesalonicenses, pero ahora él deja claro el hecho de que el evangelio reemplaza el "cumplimiento" de la ley mosaica, que se cumple a cabalidad en el mandamiento del amor (5,14).[63] En el "cumplimiento" de la ley mosaica Pablo directamente conecta tanto el evangelio y el espíritu con la Nueva Alianza, un punto que Martyn evita hacer. Esta conexión representa para Pablo un aspecto importante de la fidelidad del pacto de Dios que es expresado más claramente en Romanos. La reinterpretación de Pablo se mueve hacia la

---

59. 1,6, 7, 8, 9, 11; 2,2, 5, 7, 14; 3,8; 4,13; referencias indirectas están en 1,16 y 1,23.

60. Como Pablo asocia el "espíritu" con la "fe," también conecta éste con el evangelio (1,23).

61. Para Pablo, lo que sus oponentes predican no es un "evangelio," aunque en 2,7 distingue el evangelio de Cristo del evangelio de la circuncisión. Betz (*Galatians*, 49) observa que en el momento de la conferencia en Jerusalén, Pablo probablemente no niega que existan dos evangelios con la misma calidad de gracia. Sin embargo, entre la conferencia en Jerusalén y el incidente en Antioquía (2,11–14), las cosas han cambiado, y las actitudes de ambos grupos (Pablo y los opositores) también han cambiado, cada grupo negando mutuamente el evangelio del otro. Véase también Hugues, "The Gospel and Its Rhetoric," 210–21.

62. A lo largo de la defensa sobre el origen divino de su evangelio, Pablo no sólo narra los eventos autobiográficos claves de su vida devota como judío (antes de su "llamada profética," 1,13–14) y como un Apóstol de los gentiles (después de su "llamada profética," 1:15–24). Él también proporciona la prueba de que el evangelio que predica estuvo en un principio conforme a un acuerdo entre su partido y los líderes de la iglesia de Jerusalén (2,1–2, 14).

63. Cf. Horn, *Das Angeld des Geistes*, 422–28; "Wandel im Geist," 16.

dimensión espiritual, que es un nuevo entendimiento sobre la adquisición de virtudes y evitación de los vicios, en la cual el espíritu y la fe se encuentran intrínsecamente interconectados con Cristo y su evangelio. Esta es una de las dos grandes interpretaciones en la ética de Pablo resaltada en Gálatas 5 (5,1, 18). Tobin afirma que, a la luz de la experiencia de los creyentes de Cristo y su espíritu mediante la fe, ellos ya no están obligados a "cumplir" la ley mosaica como tal.[64] "Escuchando el evangelio con fe" (cf. 3,2, 5), la función del espíritu como "habilitador" actúa en la conducta ética de los creyentes y transforma sus relaciones con Dios y entre los creyentes.[65]

A la luz de su evangelio en la vida concreta de los creyentes, Pablo explica lo que implica en la comunidad vivir según el poder del espíritu (6,1–10). En primer lugar, él destaca la práctica del mandamiento del amor, también expresada en términos de "la ley de Cristo" (6,2). Esta nueva ley hace hincapié el aspecto ético de la conducta de los creyentes, quienes guiados por el espíritu son impulsados a practicar las virtudes y a evitar los vicios. Pablo advierte a los creyentes, si siembran en la carne "cosecharán" la corrupción, pero si siembran en el espíritu, "cosecharán" la vida eterna (6,8).[66] En segundo lugar, Pablo afirma que esta nueva manera de vivir virtuosamente guiada por espíritu representa una "creación nueva" (6,15).[67] La novedosa vida dotada por el Espíritu de Dios y como lo enfatiza Schweitzer, les permite a los creyentes a liberarse del mundo y experimentar una "nueva creación". Esta es la nueva creación que trae consigo vida eterna; Pablo lo expresa como "la herencia del reino de Dios" (5,21). Se trata de la venida de la era escatológica prometida a los creyentes gálatas que siembran en el poder del espíritu.[68] Todo lo que implica la exposición de Pablo sobre su enseñanza ética se refleja en su declaración: "ya no vivo en mí, es Cristo quien vive en mí" (2,20). De esta manera, Pablo muestra que para alcanzar la perfección en las virtudes los creyentes gálatas deben hacerse "uno" con Cristo.

---

64. Tobin, *The Spirituality of Paul*, 90; ver también Leppä, "The Torah in Galatians," 68.

65. El lenguaje de "transformación" es muy señalado aquí. Que el espíritu "transforma" la relación de los creyentes con Dios descarta explícitamente la idea de que Pablo establece una "nueva relación" entre los creyentes y Dios. Mientras la palabra "transformación" expresa la idea de una continuidad entre Abraham y Cristo, la frase "nueva relación" representa una *discontinuidad* entre las dos épocas.

66. Cf. Fee, *God's Empowering Presence*, 419. Betz (*Galatians*, 308) señala que Pablo usa las metáforas "siembra" y "cosecha" y las interpreta dualmente (espíritu–carne), que están expresadas en 5,17. No sólo subyace toda la teología de Gálatas, sino también la enseñanza ética de Pablo configurado en torno al espíritu.

67. Schweitzer, *The Mysticism of Paul the Apostle*, 293–333. Para un análisis sobre Pablo y la "nueva creación," véase Stuhlmacher, "Erwägungen," 1–35.

68. Cf. Schreiner, *Galatians*, 348, 369.

Conclusión

Pablo formula por primera vez el marco de su enseñanza ética enfatizando la preeminencia del espíritu. Su centralidad en su ética se cristaliza cuando le asigna su función principal en la adquisición de virtudes y la evitación de los vicios en 5,13–6,10. En Gálatas, Pablo *re*interpreta dos características principales del judaísmo helenístico, el papel ético de la ley mosaica y el lugar del espíritu, que serán enfatizados en sus cartas posteriores y finalmente revisados en la carta a los Romanos. Pablo insiste en que es a través del Espíritu del Hijo de Dios que los creyentes gálatas alcanzan la rectitud del carácter y no en la observancia de la ley mosaica. Pablo toma un paso radical al abandonar la ley, que es esencial en su tradición judía-helenística. Con el Espíritu de Cristo y su evangelio, el entendimiento de la vida ética de los creyentes gálatas es *reescrito* en una nueva dimensión en la que el conjunto de la ley mosaica es "cumplido" en lugar de "observado" en el mandamiento del amor, que es la ley de Cristo. Describiendo la nueva ética en la vida de los creyentes, Pablo pone a la ley mosaica en oposición directa con el espíritu, con la libertad y con la rectitud/justicia. Esta oposición le llevó a asociar radicalmente la ley con el "yugo de la esclavitud", con "la esclavitud del pecado" y con "los elementos del mundo". Más adelante en su carta a los Romanos, él cambia esta visión asociando la esclavitud con Dios y la rectitud o justicia y la libertad se convertirá en la libertad del pecado (Rom 6,15–23).[69]

En Gálatas, Pablo también establece un fuerte contraste ético entre el espíritu y la carne, que le llevó a ampliar sus significados. El espíritu es ahora un concepto preeminente jugando el papel principal en la vida virtuosa de los creyentes. La carne no es simplemente asociada con el cuerpo humano, sino también ahora con los vicios, obras pecaminosas y las pasiones. Caminar en el espíritu o ser conducido por el espíritu significa la adquisición de las virtudes siguiendo las enseñanzas del evangelio de Cristo y caminar según la carne define la vida en los vicios. Lo que es agradable ante Dios no es la observancia de la ley mosaica, de lo contrario, la vida virtuosa y santa derivada del "fruto" del espíritu. Mientras que Pablo intenta centrarse en la vida virtuosa y santa de los creyentes, él instaura una nueva dimensión ética en términos de la preeminencia del espíritu y la virtud de la caridad (amor). Pablo lo define como una experiencia de la "nueva creación". Esta es la nueva vida que lleva a la justicia y a la vida eterna/reino de Dios.

---

69. Tobin, *Paul's Rhetoric in Its Contexts*, 216.

LA PRIMERA CARTA A LOS CORINTIOS

En la primera carta a los Corintios, escrita probablemente desde Éfeso antes de Pentecostés (1 Co 16,8) a comienzos o mediados de los 50 dc,[70] Pablo se dirige a toda la comunidad que fundó en Corinto, una *polis* cosmopolita y la capital de Acaya (1 Co 3,6, 10; 4,15; Hch 18,1–11).[71] La singularidad acerca de esta carta es que su contenido muestra cómo las situaciones internas, externas y las diferentes circunstancias afectaron las relaciones entre los miembros de la comunidad. En particular, la comunidad de Pablo en Corinto se caracterizó por la complejidad de creyentes de distintas procedencias (religiosas), de diferentes niveles sociales, educación, estados (libres y esclavos) y ocupaciones.[72] Las razones por las que Pablo escribe la primera carta a los Corintios pueden resumirse en tres puntos: primero, para exhortar la *unidad* entre los creyentes en Corinto; segundo, *responder* a las preguntas

70. Los estudiosos argumentan que Pablo escribió varias cartas a los creyentes en Corinto, dos de las cuales están en el Nuevo Testamento (1 y 2 de Corintios). Como resultado, las preguntas críticas relacionadas a la unidad de la carta han sido planteadas por los eruditos modernos. Por la misma carta nos enteramos que Pablo escribió al menos una vez anteriormente (5,9), pero esta misiva está perdida para nosotros. Algunos estudiosos sostienen que un fragmento de esta carta se conserva en 2 Co 6,14 — 7,1. La mayoría de los estudiosos sostienen que Pablo envió al menos cuatro cartas a los creyentes de Corinto, y que la primera carta a los Corintios es en realidad la segunda carta de Pablo. En su comentario, Furnish (*II Corinthians*, 54–55) cataloga las cartas a Corinto de la siguiente manera: carta A: perdida, 51–54 dc; carta B: 1 Corintios, 54 dc; carta C: carta dolorosa perdida, 55 dc; carta D: 2 Corintios 1–9, 55 dc; carta E: 2 Corintios 10–13, 56 dc. Murphy–O'Connor (*Paul*, 255) identifica cinco correspondencias a Corinto: la carta anterior perdida (5,9), 1 Corintios, la carta perdida dolorosa (2 Co 2,4), 2 Corintios 1–9, y 2 Corintios 10–13. En relación a la primera carta a los Corintios, Fitzmyer (*First Corinthians*, 48–53) señala que, debido a sus diversos temas, algunos comentaristas han afirmado que Pablo escribió varias cartas para tratar estos distintos temas que eventualmente fueron reunidos en una sola carta, hoy llamado la primera carta a los Corintios. Los comentaristas (Conzelmann, Fee, Murphy–O'Connor, Garland, Collins), sin embargo, argumentan que la primera carta a los Corintios es una carta unificada, y que Pablo escribió en etapas, primero los capítulos 1–4 como respuesta al informe de la gente de Cloe, y luego se suman los capítulos 5–16 después de la llegada de Estefanás y los demás (16,17). Los estudiosos afirman que la primera carta a los Corintios puede ser un compuesto echo por el propio Pablo. Sin embargo, una minoría de comentaristas ven las cartas como una escritura unificada y que algunos pasajes (14,33–36 y capítulo 13) han sido posteriormente interpolados (Hays, *First Corinthians*, 9). Lo que es problemático con estas afirmaciones es que 14,33–36 se encuentra en todos los manuscritos griegos de la primera carta a los Corintios. Consulte Collins, *First Corinthians*, 10–14; Schrage, *Der Erste Brief*, 1:63–70; Betz, 2 *Corinthians*, 3–36.

71. Sobre la investigación arqueológica del antiguo Corinto, Véase Murphy–O'Connor, *St. Paul's Corinth*.

72. Meeks, *The First Urban Christians*, 117–124.

éticas de los Corintios y, en tercer lugar, para *endorsar* su autoridad como Apóstol y *restablecer el* respeto por el evangelio.[73]

Es cuando trata los problemas de conducta y asesorando el buen vivir que Pablo ilustra de manera más concreta su nuevo mensaje acerca del espíritu y la práctica de las virtudes. En la primera carta a los Corintios, el término espíritu y sus cognados (espiritual, espiritualmente) aparecen 56 veces,[74] más que en cualquier otra de las cartas genuinas de Pablo.[75] En este sentido, Fee sostiene que el espíritu es "la clave de todo".[76] La carta en sí refleja la actividad dinámica del espíritu en promover la unidad en la "comunión" y la diversidad de los "dones" de la comunidad.[77] Pablo exhorta a los creyentes de Corinto a practicar las virtudes y evitar los vicios ahora sobre la base del poder del Espíritu de Dios, el evangelio y el mandamiento del Señor (Cristo). Pablo muestra la preeminencia del espíritu cuando él lo describe como el *poder más esencial en la vida ética de los creyentes* de Corinto[78] y el servicio de la comunidad. Como en las cartas anteriores, en esta carta, veremos algunas de las ideas constantes y los cambios en el pensamiento de Pablo sobre las "antiguas" nociones del espíritu en las tradiciones judía-helenística y greco–romana.

73. Cf. Fitzmyer, *First Corinthians*, 52.

74. Sustantivo: 2,4, 10–14; 3,16; 4,21; 5,3, 4, 5; 6,11, 17, 19; 7,34, 40; 12,3–4, 7–13 [2x]; 14,2, 14–16, 32; 15,45; 16,18; adjetivo: 2,13, 15; 3,1; 9,11; 10,3, 4; 12,1; 14,1, 12, 37; 15,44, 46; adverbio: 2,14.

75. En 13 ocaciones el espírtu se refiere al "espíritu humano": 2,11, 15; 3,1; 5,3, 4, 5; 6,17; 7,34; 14,14, 15 [2x], 37; 16,18.

76. Fee, *God's Empowering Presence*, 83.

77. En el tiempo de Pablo, Corinto — como uno de los más importantes centros comerciales — fue un extenso *polis*, que trajo una afluencia constante de inmigrantes de distintas partes del imperio romano. Como resultado, la comunidad primitiva que Pablo fundó estuvo compuesta mayormente por personas de diferentes lugares, niveles sociales y educación.

78. Gunkel (*The Influence of the Holy Spirit*, 93) describe ese poder esencial como "poder sobrehumano," una fuerza más poderosa que el hombre natural que es dado a los creyentes. A veces Pablo se refiere al espírtu como un poder sobrenatural que atrapa a los hombres y los transfiere a un nivel superior (el indicativo), mientras que, en otras ocasiones, Pablo se refiere al espírtu como una alta potencialidad divina en donde el creyente solo puede ayudar a tener la victoria (el imperativo). Käsemann (*Leib und Leib Christi*) argumenta que el Espíritu Santo es el verdadero poder divino que *transforma a la persona histórica*, y que es el Espíritu Santo quien promulga una vida ética dentro del creyente.

El Poder del Evangelio de Cristo en la Vida Virtuosa del Creyente

Pablo continúa desarrollando aún más su entendimiento del evangelio de Cristo y lo hace en estrecha conexión con su papel como Apóstol de los gentiles. En la carta, la palabra "evangelio" aparece 11 veces[79] y 3 veces indirectamente (9,23; 1,17, 18). Pablo se identifica a sí mismo ante su audiencia gentil como "predicador", un "anunciador" que fue enviado por Cristo a predicar el evangelio a los gentiles, no en sabiduría de discurso (1:17), sino en la "sabiduría de Dios" (1,24, 30; 2,6–7).[80] Desde el momento en que Cristo se hizo la sabiduría de Dios (1,30), el evangelio es "el evangelio de Cristo" (9,12; 15,12)[81] y "la sabiduría de Dios".[82] Es por este evangelio que él es llamado y está comprometido a predicar, como él lo expresa enfáticamente varias veces.[83] Cuando Pablo contrasta las palabras "espirituales" y "carnales", él recalca una vez más lo que dijo en Gálatas, que su anuncio del evangelio está enraizado en Cristo (no en un simple ser humano). Dentro de este marco, Pablo llama a los (nuevos paganos) creyentes de Corinto "niños en Cristo" para expresar la idea de que su anuncio del evangelio es *en Cristo*,[84] una demostración del Espíritu Dios como poder.

En 2,4–5, un pasaje que sigue el argumento de Pablo sobre falsas y correctas ideas acerca de la sabiduría (1,18–31), él asegura a los creyentes que su proclamación del evangelio (de Cristo) es divinamente originado dentro de tres estructuras paralelas: en la sabiduría de Dios, en el poder de Dios y en el Espíritu de Dios (sabiduría–poder–espíritu).[85] El espíritu es el poder que revela la predicación del evangelio como "la sabiduría de

79. Ver 1,17; 4,15; 9,12, 14, 16–18; 15,1.

80. No hay un consenso claro entre los estudiosos modernos sobre qué es exactamente lo que se refiere Pablo en 1 Co 1–4. Para distintas discusiones y opiniones, véase Scott, *Implicit Epistemology*, 24–50; Stowers, "Paul on the Use and Abuse," 253–86.

81. Estos dos textos son los únicos casos en donde Pablo se refiere al evangelio como "el evangelio de Cristo".

82. Esto puede ser la razón por la cual Pablo no habla del "evangelio de Dios" como en el resto de sus cartas.

83. 1,17; 4,15; 9,16, 18, 23; 15,1, 3.

84. En este contexto, el lenguaje figurativo de "la alimentación de leche y alimentos sólidos" (3,2) se refiere a la enseñanza y la predicación del evangelio de Cristo. Pablo expresa que sólo Cristo es la base fundamental de su predicación (3,11), y es en el nombre y poder de Cristo que Pablo es capaz de reunir a los creyentes de Corinto en una comunión. Él proclama el evangelio de Cristo, donde el poder de Cristo es el espíritu, como él dice, "mi espíritu con el poder de nuestro Señor" (5,4; 7,40; 14,14–15; 16,18).

85. Fitzmyer (*First Corinthians*, 169) correctamente argumenta que Pablo expresa que su predicación entre los creyentes de Corinto no se ha hecho en la elocuencia de la sabiduría, sino en la inspiración del Espíritu de Dios, una idea que explica mejor en los siguientes versículos (2,6–3,3).

Dios" (2,7).[86] Es decir, el evangelio no es otra cosa que la propia Sabiduría de Dios. Para Pablo, el poder real en la proclamación del evangelio reside tanto en la razón como en la sabiduría. Viene a los creyentes a través de la dinámica labor del espíritu. Las palabras razón y sabiduría que derivan de la tradición griega y están también documentadas en la literatura judía-helenística, habrían sido comunes para los creyentes de Corinto. Además, cuando Pablo enfatiza la relación del evangelio con la Sabiduría de Dios y el poder del espíritu, él contrasta dos sabidurías: la Sabiduría "de Dios" vs. la sabiduría "de los seres humanos" (2,5).[87] El "poder de Dios" paralela "el poder del espíritu" y la Sabiduría de Dios".[88]

Para Pablo, el evangelio "de Cristo" es también el evangelio "de la cruz" (1,18). Él explica que "Cristo murió por nuestros pecados según las Escrituras; que fue sepultado, y que resucitó al tercer día según las Escrituras" (15,3–4; 1,17, 23; 15, 12; cf. 4,17). En este evangelio "de la cruz," los creyentes de Corinto han recibido, han resistido y finalmente son salvados (15,2; 1,13; 2,2, 8) en el poder de Dios que es el espíritu. Es también este evangelio que Pablo y sus compañeros (3,9) han proclamado y han sido enseñados en las palabras, no por sabiduría humana, sino por el poder del Espíritu de Dios (2,12–13). Hay dos puntos importantes que Pablo enfatiza en 2,12–13: primero, el espíritu enseña la Sabiduría de Dios y el evangelio de Cristo es la Sabiduría de Dios; segundo, este es el único momento en el que Pablo asocia el evangelio con el espíritu y al mismo tiempo demuestra que su evangelio "de la cruz" está enraizado en las escrituras judías.

Pablo continúa expandiendo su explicación de la preeminencia del espíritu en relación al evangelio en formas que refleja el aspecto ético de esa relación. Porque el evangelio de Pablo — el evangelio de la cruz, el evangelio de Cristo, la Sabiduría de Dios — fue enseñado por el espíritu, el evangelio enseña sólo "cosas espirituales" y sólo a aquellos que son espirituales (2,13).

86. Para una interpretación detallada acerca de la sabiduría de Dios y su relación con la mente de Cristo, vea Keener, *The Mind of the Spirit*, 173–216

87. La expresión "la sabiduría de los seres humanos" (véase también 2,13) significa la sabiduría de quienes viven según la carne (1,26), es decir, el "pueblo carnal". Son aquellos que se inflan en la palabra de la carne (4,19), que es la razón falsa o sabiduría falsa. Esta razón falsa, que es de la carne, no está en el poder del espíritu; por consiguiente, no guía a los creyentes hacia el reino de Dios (15,50; cf. 4,20; 15,24).

88. La noción de poseer al espíritu y no poseerlo es crucial para la recepción de la sabiduría de Dios (el evangelio de Cristo). Pablo dice a los hermanos de Corinto que él no fue capaz de hablar con ellos como espirituales, pero como "carnales" (3,1). El término "carnales" hace referencia a aquellos que todavía viven según la carne (3,3) — aquellos que aún todavía no han recibido al espíritu (o quizás están para recibirlo) — o a los creyentes que todavía piensan como meros seres humanos — ellos ya han recibido el espíritu; pero actúan como si no tuvieran al espíritu.

Pablo afirma que estas "personas espirituales" tienen al espíritu y la fe en Cristo (15,2). Lo que está en juego para Pablo es el evangelio de Cristo y no la ley mosaica, que contiene las enseñanzas para guiar a los creyentes de Corinto sobre cómo conducir sus vidas virtuosamente (9,14).[89] Ésta importante relación evangelio-virtudes ha sido ignorado por Keener, cuya experiencia transformadora de la mente de los creyentes a menudo destaca la cruz de Cristo en estrecha conexión con la mente del Espíritu. Esta es la nueva noción que llevó a Pablo a ver el evangelio (a través del espíritu) como la "fuente" de sus instrucciones personales sobre el comportamiento moral (7,40). Él exhorta a los creyentes a ser "firmes, inamovibles, siempre sobresaliendo en las obras del Señor"; los creyentes saben que en su vida (la práctica de) el evangelio de Cristo, su trabajo no es en vano (15,58; cf. 9,27). Pablo les asegura que sólo en este evangelio son capaces de soportar todas las cosas" (9,12) y a vivir una vida "agradable a Dios" (1,21; 7,32; 10,5, 33). Este modo de vida basado en el poder del evangelio de Cristo lleva a los creyentes a recibir su recompensa final: "ser salvados en el poder del Dios" (1,18; 15,1–2), el poder del espíritu (2,13–14).

La Nueva Ley es el "Ahora"

¿Cuál es la actitud de Pablo hacia la ley mosaica en la primera carta a los Corintios? ¿Mantiene Pablo la misma postura hacia la ley judía como uno lo encuentra en Gálatas? En el curso de la carta, él menciona "la ley" 14 veces;[90] sin embargo, en ninguno de estos casos él asocia al espíritu con la ley. Obviamente esto no es sorpresa, pues en Gálatas aprendimos que la perspectiva ética pre-cristiana de Pablo toma un giro brusco. Lo que encontramos en la primera carta a los Corintios es que él vincula el término "espiritual" con "mandamiento" una vez (14,37). Esta conexión se produce en su exhortación sobre profetas y personas espirituales (14,37–40). ¿Por qué Pablo utiliza el mandamiento del Señor y no la ley del Señor, como lo usa en sus otras cartas (p. ej., Romanos)? Para comprender el desarrollo del pensamiento de Pablo sobre la ley mosaica en su mensaje y su doctrina sobre las virtudes, esta subsección expone la conexión de la ley con el mandamiento del Señor.

Pablo utiliza dos términos griegos legales "mandamiento" e "imposición," que generalmente tienen el mismo significado en el mundo

---

89. Las lecciones del evangelio de Cristo tratan sobre "cómo" los creyentes deberían comportarse de una manera que sea agradable a Dios, y no sobre "qué" es lo que los creyentes deben observar. Tobin, *The Spirituality of Paul*, 102.

90. Véase 9,8, 9, 20, 21; 14,21, 34; 15,56.

greco-romano.[91] En la perspectiva jurídica de *politeaia colonial* (constitución), ambos términos podrían haber constituido la expresión de normas ideales en la experiencia diaria de Pablo y de la gente. Esta idea concuerda con la propuesta de Bradley J. Bitner, cuyo estudio sobre el lenguaje político de Pablo en 1 Co 1–4 explora la "colisión de constituciones" (la "eclesial *politeia*" y la "Corinto romana *politeia*") a través de obras literarias y evidencias epigráficas y arqueológicas.[92] Britner parece apoyar la idea de que las categorías del pacto judío de "ley" continuó operando en la descripción de Pablo sobre la identidad moral en la primera carta a los Corintios. Su discusión sobre los pasajes en 1,4–9 y 3,5–4,5 (ambos pasajes contienen lenguaje de *politeia* y pacto judío), muestra cómo la *ekklesia* de Corinto es exhortada sobre la base de la tradición deuteronomica en la vida cotidiana.

Dentro del marco de una "constitución-pacto," Pablo habla de las implicaciones de la Nueva Alianza en su proclamación de Cristo, ofreciendo la posibilidad de una transformación política y ética: es decir, "patrones de vida," "patrones de creencias," y "patrones de reflexión ética".[93] Para Pablo, esto es parte de la prometida efusión escatológica del Espíritu de Dios.[94] Lo que no está claro en la presentación de Bitner es el rol de la ley mosaica en relación con la ley romana (constitución de Corinto) y en el contraste con el mandamiento del Señor (o la ley de Cristo) y el Espíritu de Dios. Britner interactúa ampliamente con la ley romana, pero no con la ley judía y cómo ésta, influyó en la vida de los creyentes de la Nueva Alianza que vivieron en el contexto de dos conflictivas *politeiai* ("colonial y pacto"). Esto es sorprendente, no sólo por su fuerte énfasis en la vida moral de la *ekklesia* "judía," pero también en su inclinación hacia la alianza judía.

Es aventurado de ir tan lejos como para afirmar que cuando Pablo estaba escribiendo 7,25 y 14,3 él tenía en mente la ley romana, una ley vital en

---

91. Según los significados en Liddell y Scott (*A Greek-English Lexicon*, 577 y 663), la diferencia entre los términos "mandamiento" e "imposición" es mínima; el segundo significa "requerimiento," "orden," "commando" y "ordenanza imperial," y el primero se refiere a "pequeña comisión," "commando," "recurso," y "condición necesaria". Aunque ambas están asociadas con las leyes jurídicas, la palabra "mandamiento" parece tener un mayor énfasis. En Pablo, ambas referencias "mandamiento" (7,19; 14,37) e "imposición" (7,25) son seguidos por un genitivo, ya sea Dios o Señor. Cf. Metzger, *A Textual Commentary*, 566. Los comentaristas no ofrecen una discusión acerca del significado de la frase "imposición del Señor" y hasta qué punto está, o no está, conectada a la ley mosaica o la ley de Cristo. Ver Schrage, *Der Erste Brief*, 2:131, 154–55; Fitzmyer, *First Corinthians*, 314–15; Garland, *1 Corinthians*, 319–22; Ciampa and Rosner, *The First Letter*, 330–34.

92. Para un estudio sobre *politeia*, ver Bitner, *Paul's Political Strategy*.

93. Bitner, *Paul's Political Strategy*, 100–105.

94. P. ej., Ez 36,25–27; Jer 31,33; Jl 2,28–29; cf. 1QS IV, 21. Keener, *The Mind of the Spirit*, 127.

el primer siglo de la ciudad de Corinto romana. En el contexto en que Pablo escribe 7,25, la frase "imposición del Señor" puede aludir a la ley de Cristo. Esto es en el sentido de que él está apelando a Cristo para dar su "opinión". La expresión "el mandamiento es el Señor" en 14,37 puede referirse a "la ley de Cristo" establecido en Gl 6,2. Pablo quien se considera un hombre espiritual que posee el espíritu, apela al "mandamiento de Cristo" para asesorar a los creyentes de Corinto sobre el don (espiritual) de ser un profeta o una persona espiritual. Pablo habla del mandamiento de Dios en un contexto en el que se está debatiendo la cuestión de la circuncisión (judíos) y la incircuncisión (griegos) (7,17-20). Por lo tanto, la frase "el mandamiento de Dios" bien podría referirse, como sostiene Fitzmyer, a "otros 'mandamientos' que los de la circuncisión" (ver Gn 17,9-13), o como Charles K. Barrett sugiere, "a la obediencia a la voluntad de Dios".[95] Es de interés en 7,19, que Pablo reitera, usando palabras familiares de la mayoría de su audiencia griega, lo que afirmó anteriormente en Gl 5,6 y 6,15.[96] Mientras resuelve cuestiones éticas en la primera carta a los Corintios, Pablo no apela a la ley judía, sino a Cristo y su mandamiento, expresado en Gálatas como la ley de Cristo (Gl 5,14; 6,2).[97] Pablo *reafirma* de nuevo la noción de que la ley mosaica ya no es el guía principal según el cual los creyentes deben orientar su conducta ética y virtuosa.

Lo que es importante señalar es que Pablo no muestra explícitamente una actitud negativa hacia la ley mosaica como lo hizo anteriormente en la carta a los Gálatas. De hecho, sólo una vez él vincula la ley con el pecado y es cuando escribe, "ahora el aguijón de la muerte es el pecado, y el poder del pecado es la ley" (15,56). No hay explicación sobre el significado de su declaración, por lo que es de suponer que los creyentes de Corinto entienden lo que Pablo quiere decir. Lo que sale a la luz en este texto de los antecedentes de Gálatas es una visión matizada de Pablo, un cambio en la comprensión de la "observancia" de la ley mosaica y su conexión con el pecado. En su argumento, él opta por hacer mayor hincapié en "el mandamiento del Señor" en lugar del "cumplimiento" de la ley mosaica. Pablo tiene interés en tratar en la carta los temas de preocupación. Lo que es más importante, quiere enseñar a los creyentes acerca de los principales medios para adquirir una vida virtuosa.

La pregunta crucial es: ¿hasta qué punto ahora para Pablo están relacionadas la ley mosaica y la ley de Cristo? Pablo escribe en 9,21, "para

95. Ver Barrett, *A Commentary*, 169.

96. Cf. Schrage, *Der Erste Brief*, 2:131.

97. Cf. Dunn, *Jesus and the Spirit*, 200-201, 222-26; Wendland, *Éthique du Nouveau Testament*, 66-68, 76-74; White, *Biblical Ethics*.

los que están sin la ley me hice uno como ellos, sin la ley, no estando sin la ley de Dios, sino en la ley de Cristo, a fin de que yo pueda ganar a los que están sin la ley". Mientras que en 9,20 Pablo habla a los creyentes judíos, ahora en 9,21–22, él habla a los creyentes griegos. A diferencia a la carta a los Romanos, como veremos en el capítulo tres, la frase "la ley de Dios" se refiere a la ley mosaica o al "mandamiento de Dios," y "la ley de Cristo" es una referencia al "mandamiento del Señor". Esto no significa que en 9,21 Pablo está contrastando la "ley de Dios" con la "ley de Cristo" como Collins enfatiza.[98] Pablo otra vez asegura a los creyentes griegos que él está en la ley de Dios y en la ley de Cristo. En la primera carta a los Corintios, él asume que la ley mosaica se relaciona en parte con la ley de Cristo o mandamiento del Señor (9,8; cf. 15,58), pero *sólo* en el sentido de que ambas leyes vienen de Dios. Lo que hace la ley de Cristo superior a la ley mosaica es que la primera está *facultada* por el espíritu y la segunda carece de espíritu. Por consiguiente, la ley mosaica ya no es fundamental en la adquisición de las virtudes y la evitación de los vicios. Aunque Pablo no relaciona directamente al espíritu con la ley de Cristo, el espíritu de Dios es el poder, el "habilitador" para vivir de la ley de Cristo.

Entonces, ¿qué se puede decir sobre la ley y su relación con el evangelio de Cristo en la primera carta a los Corintios? En primer lugar y a diferencia de las Escrituras judías (9,9; 14,21, 34),[99] la ley no tiene cabida en el nuevo mensaje sobre la práctica de las virtudes y la evasión de los vicios. De hecho, Pablo no usa el lenguaje de cumplimiento o consumación en ninguna parte de la carta. Segundo, lo que le lleva a sustituir la ley con el evangelio de Cristo es la potenciación del espíritu de Dios como el "habilitador" en la vida ética de los creyentes. Es con Pablo que la dinámica del trabajo divino del Espíritu de Dios — definido en Romanos como "la ley del espíritu" — se hace preeminente (*sine qua non*) en sus primeras enseñanzas acerca de las virtudes.

Dos Temas Éticos en Relación al Espíritu de Dios

Ahora Pablo comprende al Espíritu de Dios como el Espíritu de Cristo en su nueva enseñanza ética, él desarrolla los temas de la "recepción" y del "reconocimiento" a lo largo de su nuevo entendimiento del papel preeminente del espíritu. El tema de la *recepción* directamente aparece en 2,12, 14,

98. Collins, *First Corinthians*, 355.

99. Véase también 1,31; 2,9; 3,19; 15,45. Sobre el rol de la Escritura judía en la ética de Pablo, véase Hays, "The Role of Scripture," 30–47; Rosner, "Paul's Ethics," 215–16; Bornkamm, *Paul*, 109–119.

e indirectamente como resultado de haber recibido al espíritu en 6,11; 7,40; 12,3. Pablo reafirma a los creyentes de Corinto que han *recibido* al espíritu; sin embargo, como él afirma de modo categórico, este espíritu "no es el espíritu del mundo, sino el Espíritu de Dios" (2,12). Este espíritu que viene de Dios, por lo tanto, divino, concede a los creyentes "las cosas" del espíritu, los cuales son las cosas de Dios (2,11). Pablo afirma que la persona no espiritual o aquel que no posee el Espíritu de Dios, "no recibe" las cosas del Espíritu de Dios (2,14).

Ciertamente, Pablo se ve a sí mismo una persona espiritual, porque afirma que tiene el Espíritu de Dios (5,3; 16,18) como tal y posee las cosas del Espíritu de Dios (7,40). ¿Cuáles son para Pablo las cosas del Espíritu de Dios que los creyentes han recibido? Según él, el Espíritu Santo de Dios les permite a los creyentes espirituales confesar "Señor Jesús" (12,3). Es el Espíritu Santo de Dios que los santifica y justifica, en el nombre del Señor Jesucristo (6,11). Pablo explica sobre de la diversidad de dones en la comunión de los creyentes, destacando el rol preeminente del espíritu en la "recepción de los dones".[100] Sin embargo, su énfasis está más orientado hacia la comunidad que en Gálatas. Dios a través del espíritu (12,8) da la manifestación del espíritu (12,6-7), un don de "las obras de los poderes" (12:10), que son para el bien de la comunión en "el mismo Dios," (12,6), en "el mismo Señor" (12,5) y en "el mismo Espíritu" (12,9). Para Pablo, las "cosas" son los dones del único Dios, Su Espíritu, y están estrechamente relacionados con Cristo y su evangelio (3,4-15; 15,10-11). Las manifestaciones del espíritu sólo se dan a los creyentes en quienes el espíritu habita. En esta carta tres elementos aparecen clara y explícitamente en la enseñanza ética de Pablo: espíritumente/intelecto–virtudes. Pablo considera esencial el entender las maneras de discernimiento del espíritu,[101] de la mente/intelecto, para conducir a los creyentes a fomentar las virtudes y resistir la tentación (10,13) y el poder del pecado (15,56). Los exhorta a esforzarse para alcanzar la espiritualidad (14:1), y a "no ser ignorantes" (12,1; cf. 15,34).

Además, las cosas del Espíritu de Dios incluyen el "saber". Este es un tema en relación a la vida en el poder del espíritu y aparece explícitamente en 2,11, 12; 3,16; 6,19; 12,3, e implícitamente en 2,10.[102] Pablo usa el lenguaje de *saber* cómo una manera de aludir a las "cosas" que los corintios creyentes han aprendido de él antes y las experiencias que han tenido en su nueva fe. En efecto, Pablo sabe que ellos están familiarizados con la

---

100. Cf. Tobin, *The Spirituality of Paul*, 108-109.

101. Cf. Fitzmyer, *First Corinthians*, 184.

102. El lenguaje de "saber" sin la presencia del espíritu y en su forma verbal aparecen a lo largo de la carta (véase 6,16, 19; 7,17; 8,1, 4; 9,24; 11,3; 13,9; 15,58; 16,15).

conexión entre el espíritu y el conocimiento (tanto de la tradición judía y helenística griega). Según Pablo, todas las cosas pertenecen a Dios (cf. 11,12; 10,32; 11,16; 15,9), pero nadie *sabe* "las cosas de Dios" excepto su Espíritu (2,11; cf. 3,20). Pablo va más lejos al afirmar que Dios reveló las cosas a los espirituales a través de Espíritu,[103] y solo es este Espíritu (que es de Dios y de Cristo) el que busca todo incluso las cosas más profundas de Dios (2,10–12).[104] Las principales cosas que involucran este conocimiento son: que los creyentes *saben* de lo que hablan (12,3; cf. 2,4–5; 16,22) y *saben* que son el templo de Dios (3,16; 6,19).

Ambos ejemplos utilizan un lenguaje familiar para Pablo y su variada audiencia. Él explica que el Espíritu de Dios es el que les da el conocimiento para "hablar" con rectitud acerca de Cristo (12,3)[105] y sobre los conocimientos concernientes al Espíritu de Dios que "mora" en ellos (3,16; cf. 14,25).[106] Los verdaderos creyentes espirituales saben que su cuerpo es templo del Espíritu Santo y no es el suyo porque lo han recibido de Dios (6,19; 3,17; cf. 7,34). Viviendo en el poder del espíritu exige a los creyentes a seguir a Cristo, como Pablo escribe "por esto les he enviado a Timoteo, que es mi hijo predilecto y de confianza en el Señor, él les recordará mis caminos en Cristo Jesús" (4,17). Para Pablo, su camino en Cristo — el camino a la virtud — es digna de ser imitado para recibir las bendiciones de Cristo (9,22–23).

Dos Realidades Opuestas

En la primera carta a los Corintios, Pablo utiliza el término "carne" 14 veces[107] y en 2 ocasiones (3,1; 9,11) él contrasta al espíritu con la carne. Pablo escribe, "yo no fui capaz de hablar con vosotros hermanos como personas espirituales, pero como la gente carnal" (3,1). Más adelante él escribe "si sembramos entre ustedes las cosas espirituales ¿es una gran cosa

---

103. Sobre el origen del uso del lenguaje "personas espirituales" de Pablo, véase Keener, *The Mind of the Spirit,* 189–93.

104. Pablo designa al espíritu no sólo como un instructor de "las cosas" de Dios, sino también como fuente de la revelación (véase 1,7; 2,10; 3,13; 14,6, 26). Esto es en el sentido de que por "tener el espíritu" los creyentes son capaces de conocer "las cosas" que les han sido dados libremente por Dios. Cf. Fee, *God's Empowering Presence,* 140; Keener, *The Mind of the Spirit,* 179–80.

105. Véase también 2,10–13. Cf. Fee, *God's Empowering Presence,* 157.

106. La mayoría de los judíos y gentiles helenistas valorarón el conocimiento de Dios. Por lo tanto, la presentación de Pablo sobre la relación entre el espíritu y el conocimiento de Dios habría sonado atractivo para su interés de ellos.

107. 1,26, 29; 3,1, 3 [2x]; 5,5; 7,28; 10,18; 15,39 [4x], 50. De estos, en 8 ocasiones, Pablo utiliza el término "carne" en referencia al cuerpo humano, la existencia terrena (5,5; 6,16; 7,28; 15,39, 50).

si queremos cosechar cosas carnales en vosotros?" (9,11). Estos pasajes muestran el contraste explícito de Pablo entre los que son espirituales y los que son carnales, pero no tan fuertemente como lo encontramos en Gálatas y posteriormente en Romanos. De una manera similar a la primera carta a los Tesalonicenses, el contraste distingue dualmente dos realidades que se oponen entre sí. A diferencia de la primera carta a los Tesalonicenses el dualismo subraya la preeminencia del espíritu. Este dualismo distingue claramente a los creyentes que poseen al espíritu de quienes no lo poseen, como se muestra en la siguiente tabla:

Tabla 2.2. Realidades Opuestas	
Espíritu	Carne
Vida 3,22	Muerte 3,22
Futuro 3,22	Presente 3,22
Luz 4,5	Oscuridad 4,5
Ángeles 4,9	Seres humanos 4,9
Fuerte 4,10	Débil 4,10
Cosas espirituales 9,11	Cosas carnales 9,11
Libertad 9,19	Esclavitud 9,19
Imperecedero 9,25; 15,42, 50, 53, 54	Perecedero 9,25; 15,42, 50, 53, 54
Resurrección 15,21	Muerte 15,21
Cuerpos celestiales 15,40	Cuerpos terrenales 15,40
Cuerpo espiritual 15,44, 46	Cuerpo natural 15,44, 46
Cristo (el último Adán), un espíritu vivificante 15,45, 47	Adam (el primer hombre), un ser viviente 15,45, 47
Cielo 15,47	Tierra 15,47
Hombre celestial 15,48	Hombre de polvo 15,48
Imagen del hombre celestial 15,49	Imagen del hombre de polvo 15,49
Inmortal 15,53, 54	Mortal 15,53, 54

Dentro de este contexto dualista en 9,24–27, Pablo también describe lo que la imitación de los creyentes de las virtudes de Pablo implica, pero usando un lenguaje atlético y platónico medio. Él afirma que los creyentes están compitiendo como en los juegos atléticos; ellos son corredores en una carrera para conseguir "el premio".[108] Con la práctica de auto-control (virtud valorada en los sistemas éticos filosóficos de los griegos), les asegura que ellos — al igual que los atletas — podrán alcanzar el premio que es

---

108. Paul y su audiencia hubieran estado familiarizados con los juegos isthmian, juegos que fueron bastante populares en Corinto. Cf. Williams *Paul's Metaphors*, 267, 273.

"imperecedero" y no una ofrenda floral que es "perecedera". Como espirituales en Cristo, están llamados a practicar y vivir la enseñanza del evangelio celosamente (14,12, 39), de modo que los misterios ocultos de Dios se manifiesten en ellos para dar culto sólo a Dios (cf. 14,25). Ellos agradarán a Dios (1,21; cf. 7,32; 10,5, 33) y, según Pablo, también glorificarán a Dios en su cuerpo (cf. 6,20; 2,7; 7,35; 15,41) que es de Cristo.[109] Sólo entonces podrán alcanzar la recompensa (3,8, 14; 4,5; 9,17, 18) que es la salvación (1,18, 21; 3,15; 5,5; 7,16; 9,22; 10,33).

Dentro del marco escatológico Pablo habla del objetivo de la vida de los creyentes (1,8; 15,24) que consiste en alcanzar el reino de Dios (4,20; 6,9–10; 15,24, 50). Los creyentes participarán en la revelación del Señor Jesucristo en el último día (1,7–8; 5,5; cf. 7,29, 31), donde serán vivificados en Cristo (15,22), porque él es un espíritu vivificante. Pablo además explica a los creyentes lo que sucederá en la resurrección; sus cuerpos serán transformados en cuerpos espirituales, inmateriales, inmortales e incorruptibles.[110] Estas características están muy asociadas con el mundo inteligente. Esta es la victoria final de los creyentes que a través del Señor Jesucristo (15,54–57) y en el poder del Espíritu de Dios sus cuerpos se convertirán en espirituales y ascenderán al reino celestial. La visión dualista expresada en lenguaje platónico medio comienza a regir el pensamiento de Pablo después de su "llamada profética", especialmente en su descripción de las consecuencias positivas de la práctica de las virtudes.

La Vida del Creyente en las Virtudes y el Poder del Espíritu

Como es para la mayoría de los autores judíos-helenistas, para Pablo el espíritu es el Espíritu de Dios (2,11, 12, 14; 3,16; 6,11, 19; 7,40; 12,3), un poder divino infundido en los judíos, así como en los creyentes gentiles en su bautismo en Cristo (1,13–17; 6,11; 10,2; 12,13; 15,29). Cuando Pablo describe la experiencia de los creyentes al ser bautizados, dirige su atención a cómo la infusión divina del espíritu tuvo lugar. Él explica que ellos "fueron lavados, santificados y justificados en el nombre del Señor Jesucristo y en el Espíritu de Dios" (6,11).[111] Aunque Pablo no hace una conexión directa de la palabra

---

109. Pablo usa el cuerpo humano como metáfora para hablar de los creyentes como el "cuerpo de Cristo". Curiosamente, este uso no era único; era bastante común en la antigua retórica griega. Estaba considerada como una metáfora preferida de los estoicos. Ver Meeks, *The First Urban Christians*, 89.

110. 6,14; 9,25; 15,4, 12–17, 20–21, 29, 32, 35, 40–44, 50–54.

111. Véase también 1,2, 30; 15,34. Curiosamente, a diferencia de sus otras cartas (esp. Gálatas y Romanos) en la primera carta a los Corintios, Pablo menciona la palabra "justicia" sólo 3 veces (1,30; 15,34; 6,11).

"camina en la virtud" con el "espíritu" para él, el Espíritu de Dios como el "habilitador" empodera a los creyentes a ser santos, justos y a evitar los vicios (15,34). Es esta vida en el espíritu, que todos ellos están llamados a la comunión en el Hijo de Dios, Jesucristo y Señor (1,9).[112]

Mientras que Paul opera su reflexión inicial de la preeminencia del espíritu, él conecta de nuevo estrechamente el Espíritu de Dios con Cristo (3,23; 6,17; 8,6; 10,3-4; 12,6, 13), especialmente cuando Pablo identifica a Cristo como "la roca espiritual". Pablo interpreta la travesía del éxodo de los Israelitas a través del desierto a la luz de la experiencia de los creyentes de Corinto de la nueva era y el nuevo mensaje de Pablo. Dentro de este contexto, habla de cómo "todos comieron el mismo alimento espiritual y bebieron la misma bebida espiritual, porque bebían de la roca espiritual que los seguía y la roca era Cristo" (10,3-4; cf. 10,16-17). La enfática declaración de Pablo que *la roca era Cristo* revela dos relaciones importantes: primero, la asociación del alimento espiritual y la bebida espiritual con Cristo y lo que es más importante, la conexión intrínseca del Espíritu de Dios con Cristo. Significativamente, en la primera carta a los Corintios, Pablo no se refiere al espíritu como "el Espíritu de Cristo". Es en este pasaje (10,3-4) Pablo revela (implícitamente) que el Espíritu de Dios es el mismo que el Espíritu de Cristo.

Esto se hace evidente en 12,13. Pablo dice que los creyentes de Corinto fueron bautizados en "un solo Espíritu" y en "un solo cuerpo". Sean judíos o griegos, esclavos o libres "a todos les dieron de beber un solo Espíritu". En otra parte, Pablo explica que fueron "bautizados en Cristo" (1,13-17; 6,11; cf. 15,29). Por lo tanto, la frase "en el espíritu" es una referencia al cuerpo de Cristo (12,12, 27);[113] de igual forma "en el espíritu" y "en el espíritu bebemos" son referencias directas a Cristo. Como Dios es "uno" (8,4, 6; 1,3; 15,24) y "el mismo Dios" (12,3), el Espíritu de Dios es también "uno" (12,9, 13; 6,17) y "el mismo espíritu" (12,4, 8-11), que es "el Espíritu de Cristo". Pablo continúa destacando la intrínseca relación del espíritu con Cristo, afirmando que Cristo es "el último Adán," que se hizo un espíritu que da vida (15,45).[114] Con sus nuevas vidas en el espíritu (una vida en santidad)

---

112. Como en Romanos, en la primera carta a los Corintios, el llamado de Dios es universal, e incluye tanto judíos como griegos (1,24, 26; 7,15-24).

113. Véase también 6,15; 10,16; 11,24, 27; 12,20. Sobre el uso de Pablo de la frase "cuerpo de Cristo," véase Hultgren, *Paul's Letter to the Romans*, 692-98; sobre el bautismo y el cuerpo de Cristo, véase Beasley-Murray, "The Holy Spirit," 177-85. Para un estudio sobre la tradición de la metáfora del cuerpo como templo, ver Martin, *The Corinthian Body*.

114. Hay otras pocas referencias en la que Pablo asocia al Espíritu de Dios con Cristo (3,23; 6,17; 8,6; cf. 12,6).

Pablo asegura a los creyentes que tienen la vida "en Cristo" (15,19, 22); que ellos son "el cuerpo de Cristo" (6,13, 15, 20; 12,22–27; cf. 10,16; 11,24, 27); que ellos son "un solo cuerpo con Cristo" (12,2, 13–20); que ellos son "el templo del Espíritu Santo de Dios" (3,16–17; 6,19; cf. 7,34); y que ellos han recibido los dones diferentes para el bien de la comunidad (1,7; 7,7; 11,21–31; 12,4–31; 14,2–25).[115] Ellos deben reflexionar para vivir en forma virtuosa, para evitar el pecado (15,34) y para hacerse "imitadores" de Pablo como él es de Cristo (4,16; 11,1; cf. 7,8).

La Vida del Creyente en los Vicios y el Poder de la Carne

Cuando Pablo escribe a la compleja comunidad de Corinto, él asocia directamente a los vicios con la carne. Él escribe "ustedes todavía están carnales, puesto que hay celos y contiendas entre vosotros. ¿No son ustedes carnales y están caminando según el estándar humano?" (3,3). Él también conecta la carne con el pecado de idolatría, la práctica de comer comida sacrificada a los ídolos, y el politeísmo (10,14–22).[116] Para Pablo aquellos que practican los vicios y pecados de la carne no "presumen delante de Dios" (1,29). Al contrario, son personas arrogantes (5,2) que se inflan en el conocimiento humano (cf. 8,1; 4,19), no en el verdadero conocimiento asociado con Dios. Como Pablo disocia al espíritu de los vicios y pecados y el conocimiento de Dios (celestial) del conocimiento humano (terrenal), él tiende a relacionar a la carne con Satanás (7,5; 5,5). Es la "vida carnal" que conduce a los corintios al juicio,[117] a la destrucción (5,5; 6,13; 10,9–10) y al castigo (3,15; 5,5; 16,22), que es una condena a muerte (4,9; 11,32; 15,21–22, 26, 54–56). Pablo explica a los creyentes de Corinto que los pecadores, así como los fornicarios, idólatras, ladrones y así sucesivamente, no heredarán el reino de Dios (6,9–10).[118] En esta carta Pablo no da una lista de virtudes como manifestaciones de una vida en el poder del Espíritu de Dios y los vicios como manifestaciones de caminar según el poder de la carne. El espíritu a menudo está asociado con la capacidad de habilitar a los creyentes a practicar las virtudes y evitar los vicios y pecados.

---

115. Sobre el término "dones" en la primera carta a los Corintios, véase Carson, *Showing the Spirit*.

116. Véase también 8,4–5, 7, 10; 9,13; 10,19–20; 12,2.

117. Pablo utiliza el lenguaje de "juicio" en toda la carta: 4,3–5; 5,3, 12–13; 6,1–6; 10,15, 29; 11,13, 29–34; 14,24.

118. Véase también 5,9, 11. Para una explicación detallada de estos vicios, véase Ciampa and Rosner, *The First Letter to the Corinthians*, 2410–45, 2410–45.

En la primera carta a los Corintios las virtudes mencionadas con mayor frecuencia son el amor (4,21; 8,1; 13,1–4, 8, 13; 14,1; 16,14, 24), la fe (1,9, 21; 2,5; 3,5; 4,2; 7,25; 9,17; 10,13; 11,18; 12,9; 13,2, 6, 7, 13; 14,22; 15,2, 11, 14, 17; 16,13), la sabiduría (1,17, 19, 22, 24, 27, 30; 2,1, 4–7, 13; 3,19–20; 12,8), y la santidad (1,2; 3,17; 6,1–2; 7,14, 34; 12,3; 14,33; 16,1, 15, 20).[119] Especialmente el amor y la fe son las virtudes más importantes de Pablo, dos virtudes muy destacadas ya en la primera carta a los Tesalonicenses y en Gálatas. Los vicios más mencionados son la idolatría (5,10, 11; 6,9; 8,1, 4, 7, 10; 10,7, 14, 19; 12,2), fornicación (5,1, 9–11; 6,9, 13, 15–16, 18; 7,2), necedad (1,18, 20–21, 23, 25, 27; 3,18–19; 4,10), y división (1,10; 11,18; 12,25).[120]

El Espíritu Como el "Habilitador": Amor y Dones

Una manera importante que Pablo tiene para expresar el papel del espíritu como preeminente es la relación que hace entre la virtud de la caridad y los dones. En esta carta, el término amor y sus cognados aparecen 19 veces.[121] Curiosamente, "amor" sólo aparece dos veces junto con el espíritu. Cuando Pablo habla de su propio desempeño ético, se refiere a las virtudes del amor y la mansedumbre como expresiones del espíritu que moran en su corazón. En 4,21 él escribe: "¿Qué es lo que quieren? ¿Debo acudir a ustedes con una varilla o en el amor y en la mansedumbre del espíritu?" Más adelante en la carta, él comienza su exhortación sobre el amor exhortando a los creyentes a "seguir el amor y celosamente desear las cosas espirituales" (14,1). Mientras que la virtud del amor llega a establecerse en Pablo como central en su catálogo de virtudes (cf. Gal 6,1–10), él insta a los creyentes de Corinto a "seguir el camino del amor" (cap. 13).[122] Lo importante es que en 4,21 y 14,1, Pablo relaciona al espíritu con el amor y los dones.

Para Pablo, los dones que los creyentes reciben son manifestaciones del Espíritu de Dios en sus vidas para traer la unidad entre ellos en

---

119. Otras virtudes son: conocimiento (1,5; 8,1, 7, 11; 12,8; 13,2, 8; 14,6), gracia (1,3, 4; 3,10; 15,10; 16,23), paz (1,3; 7,15; 14,33; 16,11), confraternidad (1,9; 10,16), esperanza (9,10; 13,13), amabilidad (13,4), mansedumbre (4,21), paciencia (13,4), consuelo (14,3), sinceridad (5,8), justicia (1,30), y misericordia (7,25).

120. También Pablo menciona otros vicios: codicia (5,10, 11; 6,10), injusticia (6,1, 9; 13,6), celos (3,3; 13,4), obra pecaminosa (15,17, 56), falso testimonio (15,15), ignorancia (15,34), impureza (7,14), adulterio (6,9), falta de auto-control (7,5), y homosexualidad (6,9).

121. Véase 2,9; 4,14, 17, 21; 8,1, 3; 10,14; 13,1, 2, 3, 4 [2x], 8, 13 [2x]; 14,1; 15,58; 16,14, 24, 22.

122. Fee, *God's Empowering Presence*, 215.

la comunidad.[123] La proclamación de Pablo del evangelio también es una manifestación del Espíritu de Dios y su poder (2,4). En realidad, las palabras que él enseña están interrelacionados con los espirituales porque ellos son enseñados por el espíritu (2,13). Las manifestaciones del Espíritu de Dios no son sólo dones, son manifestaciones de todas las virtudes, que para Pablo son también dones asociado con el Espíritu de Dios (7,34; 14,3–6; cf. 6,17). En su enseñanza ética, la virtud del amor es la "reina" entre todas las virtudes. Curiosamente, Pablo *comienza* su carta recordando a los creyentes de Corinto, "ningún ojo a visto, ningún oído ha oído, ningún corazón humano ha concebido las cosas que Dios ha preparado para aquellos que lo aman" (2,9) y *concluye* exhortando "hagan todo en el amor" (16,14).[124]

Lo que está en juego para Pablo es que la conducta moral de los creyentes — independientemente de lo que sus vidas anteriores podrían haber sido — ahora está basada en la virtud del amor, especialmente "el amor de Dios" y "el amor de Cristo". Con respecto al primero, Pablo escribe: "si alguien ama a Dios, éste ha sido conocido por Dios" (8,3). Él exhorta a sus hermanos a "huir de la idolatría" (10,14)[125] y sea lo que sea, deben hacer "todas las cosas para la gloria de Dios" (10,31). Con respecto al segundo, Pablo escribe "el que no amare al Señor, sea anatema. ¡Ven Señor nuestro!" (16,22; 12,3). Después en la carta a los Romanos, Pablo ampliará esta doble relación de amor asociándolo con el espíritu ("el amor del espíritu").

---

123. 3,13; 12,1–11; 14,2, 25; 13–40; cf. 4,5; 11,19. Aunque a veces es difícil distinguir los dones uno del otro en la lista de Pablo (véase 12,4–31; 14,1–40), existen dos dones relacionados con el habla (sabiduría y conocimiento), y tres sugieren poderes milagrosos (fe, sanación y obras milagrosas). Hay tres dones de declaración inspirada (profecía, hablar en lenguas y la interpretación de lenguas), y un don del intelecto (discernimiento de espíritus). La palabra "espíritu" (12,10) ha recibido diferentes interpretaciones. Para un tratamiento detallado sobre el término "espíritus," véase Munzinger, *Discerning the Spirits*, 45–70.

124. Como Fitzmyer (*First Corinthians*, 81) señala, "todas las cosas buenas que Dios ha preparado para los que le aman son 'revelados a nosotros a través del Espíritu de Dios' (2,10)". Aunque Pablo introduce esta cita bíblica, nadie ha sido capaz de identificar el origen exacto de las palabras.

125. Este pecado es la raíz de los vicios, especialmente de todo tipo de comportamiento inmoral (6,9). Como Scott (*Implicit Epistemology*, 19) escribe, "el culto de los ídolos es un vicio por el que los seres humanos son moralmente responsables. Por lo tanto, esta idolatría trae el castigo de Dios (1,26–27)". En 14,25, Pablo exhorta a los creyentes de Corinto a adorar sólo a Dios (véase también 8,6). Pablo una vez más exhorta a los creyentes de Corinto a huir de la adoración de dioses falsos y sólo servir al único Dios, Padre (10,7). Pablo amonesta a los creyentes de Corinto que adorar ídolos en los templos paganos, o la práctica del politeísmo, y el comer alimentos sacrificados a los ídolos no tienen ningún valor, porque ellos son los demonios, y no el verdadero Dios (10,19–21). Cf. Fitzmyer, *First Corinthians*, 388; Freed, *The Morality*, 98.

Pablo describe la virtud del amor como la más importante en su nuevo mensaje. De manera especial, la califica como una virtud superior al "conocimiento" (8,1; 14,26). Para él, el amor nunca falla (13,8), aun cuando todas las cosas pasarán, el amor siempre perdurará. Él escribe, ". . . ahora permanecen estas tres virtudes fe, esperanza y amor; pero la mayor de todas ellas es el amor" (13,13). Pablo, como un hombre espiritual, afirma que, si él no tiene amor él no es nada (13,2), lo que sugiere que si él tiene amor lo tiene todo incluyendo las otras virtudes.[126] Esto se observa cuando describe la naturaleza del amor (13,1–13); él escribe, "si no tengo amor soy un sondeo de latón o sonido metálico ruidoso . . . , he ganado nada". Aquí Pablo define el amor como "fuente" de las demás virtudes:

> El amor es paciente, el amor es amable, el amor no es celoso, el amor no alardea, el amor no es pretencioso, el amor no es grosero, el amor no busca por sí mismo, el amor no es malgenioso, el amor no pone a su cuenta del mal a uno, el amor no se regocija con maldad o injusticia, pero se alegra en la verdad. El amor abarca todas las cosas, cree todas las cosas, espera todas las cosas, y soporta todas las cosas (13,4–7).

Pablo enfatiza la relación especial del amor con las otras virtudes y su disociación con los vicios. Esta conexión amplía aún más la estrecha relación establecida por Pablo entre el amor y el espíritu (el amor es el primer fruto del espíritu, Gl 5,22). Primero, Pablo ilustra claramente la supremacía de la virtud del amor en su enseñanza ética, así como él acentúa la conexión intrínseca entre el amor y las virtudes. Segundo, él identifica el amor como la "fuente" de todas las virtudes, así como es el espíritu en Gálatas (5,22–23).[127] La declaración "el amor cree todas las cosas, espera todas las cosas, y soporta todas las cosas" consagra tres virtudes esenciales en la vida ética del creyente. *Poseer* el Espíritu de Dios, según Pablo, requiere la fe; para *alcanzar* la meta de la vida requiere la esperanza; y para *hacer* todas las cosas en el amor de Dios y de Cristo, según el evangelio, requiere soporte. En 13,1–11, encontramos la ilustración de tres maneras importantes de como la virtud del amor debe expresarse: amor a Dios, amor a Cristo y amor a los creyentes y a los injustos (13,5–6). Esta triple dinámica del amor, junto con la triple

126. El tratamiento de Pablo a la virtud del amor es en cierto modo análogo al entendimiento de la virtud de la prudencia o sabiduría práctica en la filosofía platónica, estoica y en Aristóteles, en donde la prudencia es "la virtud" en sus sistemas éticos.

127. Indirectamente, Pablo entiende el espíritu y la virtud del amor como dos términos que comparten la misma naturaleza (divina), es decir, ambos tienen su fuente en Dios mismo. Para Pablo la virtud del amor no puede existir ni ser expresado sin el Espíritu de Dios, y el espíritu no puede funcionar como el "habilitador" o expresarse sin el amor de Dios.

dinámica del espíritu (el Espíritu de Dios, el Espíritu de Cristo, y la posesión del espíritu de los creyentes), se destaca como el componente más esencial para la edificación de la ética de la comunidad de Corinto (cf. 5,6), especialmente la de confraternidad. En la primera carta a los Corintios, encontramos también el establecimiento de los fundamentos para vivir el "mandamiento del amor" o "la ley de Cristo". Según Pablo, esta ley hace que la comunidad de los creyentes sea "uno" a pesar de sus diferencias y orígenes diversos.

El progreso gradual en representar la virtud del amor va más allá de simplemente verlo como la mayor de las virtudes. Para Pablo, el amor posee en sí todas las virtudes; especialmente, las virtudes que son necesarias para recibir el Espíritu de Dios, para vivir según la enseñanza del evangelio, para alcanzar la salvación y la inmortalidad y para heredar el reino de Dios. Con estas atribuciones especiales, la virtud del amor se convierte en una manifestación poderosa del Espíritu de Dios en el nuevo mensaje de Pablo concerniente a su enseñanza sobre la adquisición de virtudes y la evitación de los vicios. La máxima expresión de la vida virtuosa de los creyentes que son santificados y justificados con Cristo Jesús y el Espíritu de Dios viene determinada, como Fee dice, por la exhortación a "caminar en el amor".[128] Esto es para Pablo la verdadera ley de Cristo o mandamiento del Señor.

Conclusión

En la primera carta a los Corintios, el marco ético de Pablo estructurado en Gálatas es resaltado y ampliado en varias formas. Una importante elaboración de su entendimiento es su descripción del Espíritu Santo de Dios como "uno" y el "mismo" espíritu. Este espíritu es identificado directamente con Cristo (la roca), que como "el último Adán," se transforma en "un espíritu vivificante". Pablo reafirma que la vida virtuosa, como en la primera carta a los Tesalonicenses, depende tanto del Espíritu Santo como del evangelio de Cristo (la sabiduría de Dios) manifestado en el poder del espíritu. El evangelio de Cristo es el evangelio de la cruz, es tratado también como "el mandamiento del Señor". Pablo omite a centrarse en la negatividad de la ley mosaica en una forma que se dirige de manera indirecta a una visión positiva de la ley. En esta carta, él introduce las cosas espirituales y/o dones (diferentes) como esenciales en la vida comunitaria de los creyentes de Corinto. Estos regalos espirituales son manifestaciones de fraternidad en la comunidad como "un" cuerpo de/en Cristo enraizado en el "mismo" y "único" espíritu del evangelio de Cristo.

---

128. Fee, *God's Empowering Presence*, 199.

En la primera carta a los Corintios, Pablo continúa utilizando el término espíritu para mostrar las cualidades de los creyentes espirituales que tienen el espíritu. Curiosamente, él indirectamente establece al espíritu en contraste con la carne. Evidentemente, en esta carta, Pablo comienza a analizar su posición anterior propuesta en Gálatas retrocediendo hacia un contraste menos rigurosos entre el espíritu y la carne. Además, la virtud que Pablo califica como la más grande y eterna, es el amor. Sin embargo, el amor no sólo es representado como la "virtud reina"; es también la virtud que contiene en sí todas las virtudes y dones. Ciertamente, su sofisticada presentación de esta virtud le llevó a verla como la virtud que abarca todas las cosas.

CONCLUSIÓN: EL ESPÍRITU Y LAS VIRTUDES EN LAS PRIMERAS CARTAS DE PABLO

Este capítulo ha mostrado la complejidad de cómo el espíritu comienza a funcionar como preeminente en la enseñanza sobre las virtudes. En las primeras cartas, especialmente en Gálatas 5-6, Pablo está interesado en poner al espíritu como el "habilitador" en la práctica de las virtudes y la evitación de los vicios. Su nuevo entendimiento de la preeminencia del espíritu refleja importantes aspectos que revelan sus primeros pensamientos sobre el espíritu después de su "llamada profética". En el transcurso de las tres cartas, el desarrollo de la complejidad de las relaciones del espíritu resulta evidente. Estas se resumen en ocho puntos: (1) el espíritu está ligado con la virtud del amor; vivir en el amor a Dios y al prójimo/Cristo es efectiva solamente en el espíritu (la dinámica triple del amor); (2) el espíritu está intrínsecamente asociado con Dios, Cristo y su evangelio (la dinámica triple del espíritu) y no la observancia de la ley mosaica; (3) el tener/poseer al espíritu es crucial para ser justo y santo; de hecho, el espíritu confiere virtudes y ayuda a evitar los vicios; (4) el espíritu está vinculado con la fe en Cristo; (5) el espíritu está relacionado a la nueva vida y/o la nueva creación; (6) vivir en el espíritu es vivir en el mandamiento del amor o la ley de Cristo; (7) el espíritu efectúa una transformación espiritual, de modo que el creyente se convierte en uno con Cristo o se transforma en Cristo; y (8) el espíritu lleva a la salvación y la vida eterna/reino de Dios. Para Pablo, como un creyente en Cristo y como un anunciador del evangelio de Cristo a los gentiles, estas relaciones se convierten en características fundamentales en la construcción de su enseñanza ética. En sus cartas posteriores, estas características siguen siendo reflejadas, algunas de estas relaciones son redefinidas, y otras se desarrollan más profundamente.

3

El Espíritu Como Fuente de las Virtudes Cristianas en la Vida del Creyente en las Cartas Posteriores

El capítulo anterior mostró cómo Pablo comenzó a hablar del espíritu como preeminente en su enseñanza sobre las virtudes a los creyentes judíos y gentiles helenísticos en las diferentes *poleis* greco-romanas. En sus cartas siguientes — la segunda carta a los Corintios, Filipenses, Filemón y Romanos — él sigue haciendo el mismo énfasis, pero en un nivel mucho más profundo. Estas cartas muestran cómo el lugar preeminente del espíritu en su enseñanza ética sigue desarrollándose de una manera que el espíritu ahora se convierte en la *fuente* de todas las virtudes cristianas en la vida práctica de los primeros creyentes judíos y gentiles. Hasta este punto, su entendimiento de Pablo sobre el espíritu se ha alejado, en su mayor parte, de las tradiciones (filosóficas) griegas y judías-helenísticas, pero sin desprenderse completamente de ambas tradiciones. Su presentación del espíritu como *fuente* está formulada principalmente conforme a las características esenciales que ya se señalaron en sus cartas anteriores (la primera carta a los Tesalonicenses, Gálatas y la primera carta a los Corintios). Estas sirven como base para la conexión intrínseca que Pablo, como el Apóstol ya maduro de los gentiles, elabora entre el espíritu y su doctrina sobre las virtudes. Esto es una conexión característica de Pablo, que pasa a ser más prominente a medida que continúa ampliando su misión hacia territorios gentiles, mientras que al mismo tiempo se va separando de los primeros pilares de la Iglesia de Jerusalén (Gálatas 1–2).

Pablo presenta a su audiencia o creyentes gentiles la enseñanza sobre la práctica de las virtudes y el rechazo de los vicios por el poder del Espíritu Santo de Dios y no por el "cumplimiento" de la ley mosaica. En el transcurso de sus cartas, las líneas de su pensamiento — especialmente los contrastes entre el espíritu y la carne, el espíritu y la ley y la libertad y la esclavitud — cambian drásticamente. En Romanos, Pablo revisa su posición anterior de Gálatas (capítulos 5–6) de una manera en que redefine todo su conocimiento de la ley mosaica y el papel central del espíritu en su enseñanza sobre las virtudes. Lo que él había clamado radicalmente en Gálatas ahora cambia a un moderado entendimiento de la dinámica labor del espíritu como el "habilitador" de una vida virtuosa y como la *fuente* de todas las virtudes cristianas.

LA SEGUNDA CARTA A LOS CORINTIOS

La segunda carta a los Corintios, escrita desde Éfeso en algún momento entre 52 y 55 dc, es quizás la cuarta carta que Pablo escribió a los creyentes en Corinto. Incluso los estudiosos que argumentan a favor de la integridad de la carta reconocen que los capítulos 1–9 y 10–13 constituyen dos cartas separadas.[1] En la carta, Pablo apela a la sensibilidad de su sufrimiento (1,8–11), explica sus decisiones (1,12 — 2,4), felicita a los Corintios por la auténtica misión (2,14 — 7,4), promueve la colección (8–9) y confronta a los Corintios sobre sus opositores (10–13). Una de las características esenciales de la segunda carta a los Corintios es la manera, como en la primera carta a los Corintios (15,45) el espíritu suele ser identificado como "el Espíritu del Dios vivo"[2] y como "el Espíritu del Señor".[3]

1. Mientras los capítulos 1–9 contienen expresiones de júbilo, confianza, y alivio, y puede muy bien ser definida como una carta privada y apasionada, los capítulos 10–13 contienen un lenguaje duro y defensivo, como que si Pablo estaría defendiendose a sí mismo y a su evangelio de fuertes acusaciones. Actualmente, la mayoría de los comentaristas coinciden en que la segunda carta a los Corintios consta de varias cartas "fragmentarias". Algunos intérpretes radicales observan 6 fragmentos: 1,1–2,13 y 7,5–16, la carta de la reconciliación; 2,14–7,4, la carta de disculpa; el capítulo 8, la carta de colección; capítulo 9, otra carta de colección; los capítulos 10–13, la carta de la segunda apología; y 6,14–7,1, la carta fragmento. Véase Guthrie, *2 Corinthians*, 26–29; Lambrecht, *Second Corinthians*, 3, 8–9; Murphy-O'Connor, *Paul*, 254; Matera, *II Corinthians*, 24–32; Fitzgerald, "Philippians," 141–60.

2. Ver Guthrie, *2 Corinthians*, 39; Lambrecht, *Second Corinthians*, 7; Harris, *The Second Epistle to the Corinthians*, 67–87.

3. La palabra "espíritu" aparece 17 veces: 1,22; 2,13 [espíritu humano]; 3,3, 6, 8, 17–18; 4,13; 5,5; 6,6; 7,1 [espíritu humano], 13 [espíritu humano]; 11,4; 12,18; 13,13), y 7 de ellos están en 3,1–18.

El Tema de la "Imagen de Dios"

En esta carta, Pablo refuerza su asociación del espíritu con Dios y Cristo, mientras que va desarrollando una relación especial entre el espíritu y el tema de "la imagen de Dios". Pablo escribe, "Ahora el Señor es el espíritu y donde está el espíritu del Señor hay libertad. Y todos nosotros con el rostro desvelado — viendo la gloria del Señor como en un espejo, hemos sido transformados en la misma imagen de gloria en gloria, así como del Señor, del espíritu" (3,17–18).[4] Este pasaje contiene la única referencia directa donde Pablo afirma que "El Señor *es* el espíritu". La palabra "Señor" invoca una serie de asociaciones que pueden ser asignados a Cristo, pero también tienen un telón de fondo con la identificación de Dios (YHWH) en el Antiguo Testamento. En Gálatas, por ejemplo, el título "Señor" es sólo utilizado en relación con Jesucristo (1,19; 5,10; 6,14, 18). En la segunda carta a los Corintios, Pablo utiliza explícitamente el término "Señor" en referencia a Dios en tres ocasiones (5,11 [el temor de Dios]; 6,17–18). Generalmente, la palabra "Señor" es utilizada como un título de Jesucristo (1,2–3, 14; 4,14; 8,9; 11,31; 13,14).[5] De hecho, en la Segunda carta a los Corintios Pablo dice, "nosotros proclamamos a Jesucristo *como el Señor*" (4,5). Si Cristo como Señor se identifica con el espíritu (Cristo es el espíritu) en 3,17–18, la identificación se hace claramente a través de una serie de alusiones a la identidad de Dios en las Escrituras judías (Ex 34,34).

Pablo frecuentemente se refiere al "Espíritu de *Cristo*" como "el Espíritu del Señor". Para Pablo es el Señor, *ahora* Cristo, que desvela los rostros de los creyentes (3,16) a diferencia de Moisés, que puso un velo sobre su rostro (Ex 34,33) de modo que "los israelitas no fueron capaces de ver el final de cómo la gloria estaba desapareciendo" (3,13). Pablo explica a sus lectores que es "el espíritu vivificante" del Señor que trajo la libertad a los creyentes (desvelando sus caras)[6] y que es a través de la acción (de desvelar) del Señor ellos son capaces de ver la gloria de Cristo, como en un espejo. La "gloria" que Pablo habla es el Espíritu del Señor (cf. 3,8); como Fee afirma, la gloria resulta ser del Señor mismo.[7] La transformación espiritual en una nueva vida se produce cuando se le mira al Señor a través de "un espejo" (cf. 3,18;

---

4. Cf. Gn 1,26–27; Sab 7,26.

5. Véase también 2,12; 3,16; 5,6, 8; 8,5, 21; 10,8, 17–18; 11,17; 12,1, 8; 13,10.

6. Cage (*The Holy Spirit*, 559) interpreta "el Señor" no como Cristo, sino como el Espíritu de Dios. Cage afirma que en 3,17–18, Pablo identifica "el Señor" de Éxodo 34,34 con el Espíritu Santo. El Espíritu Santo liberó la mente de los creyentes del velo de la ley mosaica a través de Cristo (3,14). Para una discusión sobre el pasaje en 3,16–18, consulte Fee, *God's Empowering Presence*, 312–20.

7. Fee, *God's Empowering Presence*, 309.

4,4). La expresión "gloria a gloria" podría ser entendida como "*de* la gloria del Señor (Cristo) *a* la gloria de Dios". Esto expresa la idea de que Cristo es la imagen de Dios (4,3–4; cf. 2,16). A través de él (que *es* el espíritu), los creyentes de Corinto se convierten en la imagen de Dios y experimentan la "gloria de Dios" que es también "el conocimiento de Dios".[8] Esto es, según Pablo, una gloria mayor y una nueva vida superior a la gloria de Moisés (3,10–11). Dentro de este contexto, Pablo desarrolla características importantes de su entendimiento del espíritu en su enseñanza ética. Características como la ley mosaica, el evangelio, las consecuencias de caminar según el espíritu, caminar según la carne y la virtud del amor son enfatizados nuevamente y discutidas en conexión con el punto de vista de Pablo sobre el Espíritu de Dios como *fuente* de todas las virtudes.

El Espíritu del Dios Vivificante y el Evangelio

Lo que es sorprendente en la segunda carta a los Corintios es que Pablo no menciona expresamente el término "la ley mosaica".[9] La carta resalta su comprensión de "la ley" y el "evangelio" en conexión con el "Espíritu del Dios vivo," una frase familiar para la audiencia mixta de Pablo. En su discusión sobre el contraste entre las dos alianzas (3,1–18), una sección en la que el "Espíritu del Dios vivo" juega un papel importante, Paul sucintamente hace alusión a la ley mosaica, utilizando la palabra "carta" en lugar de la "ley". Él escribe:

> Dios, también nos ha hecho ministros competentes de una Nueva Alianza, no de la letra, pero del espíritu, porque la letra mata y el espíritu vivifica. Y ahora, si el ministerio de la muerte que ha sido grabado en letras, en piedras, entró en la gloria de modo que los hijos de Israel no pudieron contemplar el rostro de Moisés a causa de la gloria de su rostro, la cual se está desvaneciendo (3,6–7).

A la luz de lo que Pablo ha destacado anteriormente en Gálatas, ahora él describe el papel de la letra en términos del contraste entre lo "viejo" y lo "nuevo": la Antigua Alianza y la Nueva Alianza. La primera consiste en Moisés, la "carta" y el pueblo de Israel. Según Pablo, la letra escrita en "tinta" y en "tabletas de piedras," que Moisés recibió en el Sinaí, "mata" (3,7; véase

---

8. Véase 2,14; 4,6; 10,5. Cf. Fee, *God's Empowering Presence*, 365; Heath, *Paul's Visual Piety*, 221.

9. Mientras que Pablo contrasta "justicia" con no cumplir la ley, él también contrasta la luz con la oscuridad y Cristo con Beliar (6,15–16). Para un análisis, véase Stegman, *Second Corinthians*, 164–65.

también 3,3; Ex 34,1–4, 27–28). Sin embargo, es el espíritu lo que da la verdadera vida y nuevamente Pablo enfatiza este espíritu como el "Espíritu del
Dios vivo". Evidentemente, él desarrolla su punto de vista a través de una serie de temas judíos y pasa a comparar la Nueva Alianza — que se caracteriza
por una más grande y superior gloria del espíritu — con la Antigua Alianza
— que es una gloria que se desvanece, limitada y condenada. Pablo afirma
que al leer o conocer esta "carta" de la Antigua Alianza, el velo permanece
"hasta este día" y "el velo yace en sus mentes y corazones" (3,14–15).[10] Ésta
"carta" es lo que lleva a la destrucción y finalmente a la muerte,[11] porque no
tiene al Espíritu de Dios vivo.

Para Pablo, el evangelio es lo que está estrechamente relacionado con
el Espíritu del Dios vivificante. El término "evangelio" en la carta se deno-
mina como "el evangelio" (4,3; 8,18; 10,16; 11,4), "el evangelio de Cristo"
(2,12; 4,4 [el evangelio de la gloria de Cristo]; 9,13; 10,14) o "el evangelio de
Dios" (11,7; 2,17; 4,2 [la palabra de Dios]).[12] Pablo conecta al espíritu con
el evangelio dos veces (3,3 y 11,4), cuando explica que él y sus compañeros
(Tito, Silvano y Timoteo) predican "un evangelio". Este es el evangelio de
Jesucristo el Señor (4,5), quien *es* el espíritu (3,17–18) y el Hijo de Dios
(1,19; 11,4). Este es también el evangelio de la Nueva Alianza que viene a los
fieles creyentes a través de la recepción del Espíritu del Dios vivificante (3,6;
11,4).[13] Pablo pone aún más de relieve la conexión intrínseca del evangelio
con la virtud de la fe, cuando él llama al Espíritu del Dios vivificante el
Espíritu del Señor y Espíritu de la fe (4,13). La predicación del evangelio
de Cristo, que se manifiesta principalmente en términos del "ministerio del
Espíritu" (3,8–10) en la Nueva Alianza, es lo que lleva a los creyentes a la
"vida," porque es del Espíritu del Dios vivificante (3,6; 5,4; 13,4). Esta es una
nueva vida en justicia y rectitud; por lo tanto, en 11,15 Pablo habla de sí
mismo y de sus compañeros como "siervos de la justicia y la rectitud".

En esta carta, encontramos lo que la práctica del evangelio implica.
Pablo se basa en su entendimiento del evangelio en sus primeras cartas,
que el evangelio es "el evangelio de la cruz" (1 Co 1,18). Ahora, él define

---

10. Pablo hace referencia a Moisés sólo en esta sección donde contrasta las dos
alianzas (3,7–15). Para otras opiniones acerca de este pasaje, ver Guthrie, *2 Corinthians*,
199, 222–24.

11. La palabra "muerte" es particularmente favorita de Pablo, y generalmente contrasta con la vida o la salvación (1,9–10; 2,16; 3,7; 4,11–12; 5,4, 14–15; 6,9; 7,10). Así
mismo, él habla de la destrucción y la muerte en asociación con el castigo (2,15; 4,3;
6,9; 7,3; 13,10).

12. Así mismo, Pablo habla de "la palabra de la reconciliación" (5,19), refiriéndose
al mensaje del evangelio de Dios.

13. Casalini, *Le Lettere di Paolo*, 64–65; Kertelge, "Letter and Spirit," 129.

el evangelio como el llevar en el cuerpo la muerte de Jesús, de manera que la vida de Jesús es manifestada en la conducta del creyente (4,10–11; cf. 5,15, 21; 6,9; 7,3).[14] A lo largo de este pensamiento, Pablo escribe metafóricamente, "somos un aroma de Cristo para Dios, . . . una fragancia de vida para la vida" (2,15–16).[15] Pablo reafirma que la práctica del evangelio de Cristo lleva a la meta: la salvación (1,6; 2,15; 4,1–2; 5,15; 6,2; 7,10). Él recalca, "es necesario para todos nosotros ser manifestados ante el tribunal de Cristo, para que cada uno pueda recibir la recompensa por las cosas hechas a través del cuerpo según lo practicado ya sea bueno o malo" (5,10). Pablo afirma que aquellos que practican los vicios (12,20–21; 6,16) serán puestos a muerte (6,9; 7,10). Sin embargo, aquellos que viven por el evangelio de Cristo practicando las virtudes en el poder del Espíritu de Dios vivificante esperan en el día del Señor Jesús (1,14), la resurrección de los muertos por Dios (1,9; 4,14; 5,15).

La Nueva Alianza versus La Antigua Alianza

En 3,1–18 Pablo habla de dos "ministerios" y se refiere a ellas como "el ministerio de la muerte . . . en letras" y "el ministerio del espíritu" (3,8). Por una parte, Pablo habla del primero como el instrumento que conduce a la muerte (la letra mata). Por otra parte, habla del segundo como el instrumento que conduce a la vida en el poder del Espíritu del Dios vivo. La tabla 3.1 muestra cómo Pablo en diferentes formas expresa el contraste entre estos dos ministerios:

---

14. Esto es lo que Pablo llama "la manifestación de la verdad" (4,2; cf. 11,6).

15. En Flp 4,8 Pablo también utiliza las palabras "aroma" y "fragancia" (una fragancia de aroma). Ver Hafemann, *Suffering & Ministry*, 35–83.

Tabla 3.1. El Ministerio de la "Letra" *versus* el Ministerio del Espíritu	
Escritos con tinta	Escrito con el Espíritu del Dios vivo
Los ministros de la letra	Los ministros de la nueva alianza
La letra mata	El espíritu da vida
El ministerio de muerte en letras	El ministerio del espíritu en gloria
Moisés	Señor/Cristo
Un velo sobre la cara de Moisés	Cristo anuló el velo (velo removido)
	El Señor es el espíritu
El ministerio de condenación	El ministerio de justificación
Perdió su gloria	Mayor gloria
	Libertad
	Ver la gloria del Señor como en un espejo
	Transformado en la misma "imagen" de Cristo, la "imagen" de Dios
	Todos ellos vienen del Señor (Cristo), quien es el espíritu

Lo que vale la pena recalcar es el cambio que Pablo hace desde el marco ético de Gálatas 5–6, ya que en esta carta él comienza a cambiar su "viejas" nociones sobre la ley mosaica, un cambio de opinión que se hace más explícito en Romanos. Mientras que Pablo asocia el ministerio del espíritu (el evangelio de Cristo) con las virtudes, él claramente evita hacer una conexión entre el ministerio de la "letra" (refiriéndose indirectamente a la ley mosaica) y los vicios. Su objetivo ahora es la centralidad de Cristo (y su vida) que es identificado como el espíritu (el Señor *es* el espíritu). Pablo está interesado principalmente en no representar la ley como meramente negativa; por lo tanto, su uso del término "letra" es sólo un "dispositivo instrumental" con el propósito de explicar su perspectiva sobre las dos Alianzas: la Antigua (ministerio de la letra) y la Nueva (ministerio del espíritu). A diferencia de la primera que no daba vida (p. ej., la letra mata, el ministerio de la muerte, perdió su gloria) porque carecía del espíritu, la segunda (p. ej., el ministerio de reconciliación, 5,18–21) da vida (una mayor gloria) porque tiene al espíritu (3,8).[16] Dentro del mismo contexto de las dos Alianzas, Pablo subraya de nuevo la conexión entre el espíritu y Cristo encontrado en sus primeras cartas. Él explica que a través del espíritu los creyentes son capaces de convertirse en la imagen de Cristo y experimentar el pleno conocimiento de la gloria de Dios (1,3; 2,14; 4,6; 10,5; cf. 8,7; 11,6). Pablo dice, "si alguien está en

---

16. Cf. Fee, *God's Empowering Presence*, 306–307; Guthrie, *2 Corinthians*, 197.

Cristo, es nueva criatura; las cosas viejas pasaron. Aquí ha llegado lo nuevo" (5,17).

La Vida Virtuosa en el Mismo Espíritu versus La Vida de Vicios en la Carne

En la segunda carta a los Corintios, la palabra "carne" (*sarx*) aparece 14 veces,[17] pero sólo una vez Pablo lo pone junto a la palabra "espíritu" (*pneuma*). Al comienzo de su apelación personal (7,1–16) escribe: "por lo tanto, teniendo estas promesas amadas podemos limpiarnos nosotros mismos de cada deshonra de la carne y el espíritu perfeccionando la santidad en el temor de Dios" (7,1).[18] En este pasaje, el espíritu y la carne no son vistos como opuestos. Furnish argumenta que "el espíritu es usado antropológicamente, la combinación de la carne y el espíritu se refiere a la totalidad de la existencia humana o a su aspecto exterior o interior".[19] Lo que es importante en esta carta es la ausencia del fuerte contraste entre el espíritu y la carne encontrado en Gálatas (5–6). Sin embargo, Pablo sigue siendo coherente en su asociación del espíritu con la virtud y la carne con el vicio. La virtud lo asocia con el caminar por "el mismo espíritu" y al vicio con el caminar "según la carne".

En un pasaje donde Pablo defiende a su persona y a su ministerio apostólico, escribe: "insté a Tito para ir y he enviado al hermano con él. Tito no se ha aprovechado de ustedes, ¿verdad? ¿Se aprovechó? ¿No hemos andando por el mismo espíritu? ¿No hemos andado en los mismos pasos?" (12,18). Pablo utilizó anteriormente la palabra "caminemos" para expresar el vivir de los creyentes de acuerdo a una cierta forma de vida (5,7; 6,16) que implica la práctica de las virtudes y la evitación de los vicios (4,2; 10,2–3).[20] Aquí el énfasis es en el espíritu que es el "habilitador" que actúa de forma dinámica en la vida virtuosa de los creyentes. Este pensamiento se refleja de la misma manera en 1,22 y 5,5; cuando afirma que "Dios ha dado" su espíritu a los corazones de los creyentes. Pablo recalca nuevamente su posición de que el espíritu es la garantía para vivir en santidad (7,1) porque el espíritu que Dios da es un "Espíritu Santo" (6,6–7; 13,13).

17. 1,12, 17; 5,16, 16; 7,1; 10,2–4; 11,18. En 4 ocasiones, la carne se refiere al cuerpo humano, la existencia terrenal y mortal (3,3; 4,11; 7,5; 12,7).

18. Esta es la segunda y última vez que la frase "temor de Dios" y la palabra "santidad" aparecen en la carta (5,11). Aparte de este texto, "santidad" sólo aparece en Ro 1,4.

19. Furnish, *II Corinthians*, 365.

20. En la primera carta a los Corintios, practicar las virtudes significa vivir según la justicia de Dios (1 Co 3,9; 5,21; 6,7, 14; 9,9–10; 11,15).

Mientras que Pablo continúa destacando la preeminencia del espíritu, él identifica el Espíritu del Dios vivificante como la *fuente* de todas las virtudes para la nueva vida de los creyentes en Cristo y para su ministerio entre ellos. En su bautismo, en el cual los creyentes fueron "ungidos," "establecidos" (1:21) y "sellados" en Cristo;[21] Dios destruye la muerte tragándose lo mortal.[22] Una vida santa y virtuosa es definida y habilitada por el poder del mismo espíritu, que es también el mismo Señor (3,16–17) y el Espíritu del Dios vivificante (3,3; véase 3,6). Pablo da un avance a lo que escribió en Gálatas (5–6) sobre el papel preeminente del espíritu en la adquisición de las virtudes y la evitación de los vicios. Es coherente enfatizando que sólo en el poder de Dios[23] y en el Espíritu Santo los creyentes se presentan como los siervos de Dios en mucha resistencia, aflicción, penurias, y sufrimiento. . . y en las virtudes como pureza, conocimiento, paciencia, amabilidad, sinceridad, amor y verdad". Estas virtudes son para Pablo las armas de la justicia (6,4–7; 4,2). Y aún más importante, los creyentes complacen a Dios compartiendo en una confraternidad como un templo del Dios vivificante y adorando sólo al verdadero Dios (6,14–18). Pablo les asegura que el Espíritu del Dios vivificante es la *fuente* de su ser, siendo el Templo de Dios (6,16) y la *fuente* de su santidad (6,16 — 7,1).[24]

Cuando Pablo habla del mismo espíritu de la fe (4,13), su referencia al mismo espíritu conecta a su imagen en 3,17–18. Es decir, el "mismo espíritu" es "la imagen de Cristo". El hecho de que Pablo conecta al espíritu con la fe es su forma de asociar esta virtud con la predicación del evangelio (4,13–15). En este pasaje Pablo afirma enfáticamente, usando un texto de las Escrituras judías, "creo, por lo tanto he hablado; creemos, y por lo tanto hablamos" (4,13; cf. Sal 115,1). La referencia de Pablo al "mismo espíritu" en relación con evangelio encuentra su paralelo en 12,18 donde el "mismo espíritu" se refiere al "mismo Espíritu del Señor". Es el mismo espíritu en el que Pablo y Tito caminan y guían su conducta basada en un patrón ético, del evangelio de Cristo (4,2; 5,7; 10,2–3).[25]

---

21. Pablo usa las palabras "ungido" y "sellado," dos términos metafóricos, para describir lo que sucedió en el bautismo de los creyentes de Corinto. Ver Lambrecht, *Second Corinthians*, 29; Fee, *God's Empowering Presence*, 291–92; Levison, *Filled with the Spirit*, 255–63.

22. Véase también 2,7; 1 Co 15,54; cf. Is 25,8.

23. De las 17 apariciones de la palabra "poder" y sus cognados en la segunda carta a los Corintios, 5 veces Pablo habla del "poder de Dios" (4,7; 6,7; 9,8; 13,4, 4), que es "el Espíritu de Dios".

24. Fee, *God's Empowering Presence*, 285.

25. Cf. Guthrie, *2 Corinthians*, 615; Fee, *God's Empowering Presence*, 358–59.

El énfasis en la carne (1,12, 17; 5,15; 7,1; 10,2–4; 11,18) sigue teniendo una connotación negativa. Pablo lo utiliza varias veces para conectar con las "malas prácticas" (5,10). Su asociación de la carne con los vicios está, en cierto modo, en continuidad con lo que escribió en Gálatas 5–6 sobre aquellos que "andan conforme a la carne". Él usa de nuevo la frase "de acuerdo a la carne" (1,17; 5,16; 10,2–3; 11,18) para hablar de ese aspecto de la naturaleza humana, por la cual el creyente actúa no virtuosamente. Sin embargo, él ahora describe la expresión de "caminando según la carne" (10,2–3) como conduciendo la vida de uno "en una sabiduría carnal" y no en la gracia de Dios (1,12; 8,1; cf. 12,9; 8,9). Según Pablo, es en la sabiduría de la carne, donde se manifiestan los vicios y contaminaciones del cuerpo (12,21; cf. 6,16; 7,1–2).[26] Evidentemente, el marco del pensamiento de Pablo ha cambiado. El fuerte contraste que hace entre el espíritu y la carne es menos enfatizado. De hecho, el contraste se da entre la "sabiduría carnal" y "la gracia de Dios". En esta carta, el espíritu no es descrita como la "fuente" de las virtudes, sino como la fuerza con la que se practican las virtudes. Las virtudes más mencionadas son el amor (2,4, 8; 5,14; 6,6; 8,8, 24; 13,11, 13), servicio (3,6, 7–9; 4,1; 5,18; 6,3–4; 8,4; 9,1, 12–13; 11,8), justicia (3,9; 5,21; 6,7, 14; 9,9–10; 11,15), conocimiento (2,14; 4,6; 6,6; 8,7; 10,5; 11,6), fe (1,24; 4,13; 5,7; 8,7; 10,15; 13,5), verdad (4,2; 6,7–8; 7,14; 11,10; 13,8) y confraternidad (6,14; 8,4; 9,13; 13,13). Así mismo, la carne es representada como la fuerza asociada con los vicios que también son las obras de "Satanás" (2,11; 6,15; cf. 11,14; 12,7). Entre los vicios mencionados están la locura (11,1, 16–18; 12,6, 11), engaño (6, 8; 12,16), incredulidad (4,4; 6,15), injusticia (12,13), impureza (12,21), libertinaje (12,21), difamación (6,8), idolatría (6,16), venganza (7,11), rivalidad (12,20), celos (12,20), ira (12,20), maldad (13,7), calumnia (12,20), desobediencia (10,6), fornicación (12,21), insulto (12,10), vanidad (12,20), y la calumnia en secreto o chisme (12,20).

La Exhortación al Amor Recíproco

En la segunda carta a los Corintios, Pablo refuerza su compleja comprensión de la virtud de la caridad en su enseñanza ética. En esta carta, la palabra amor (*agapē*) y sus cognados aparecen 13 veces[27] y dos veces aparece junto con el espíritu (6,6 y 13,13). Cuando Pablo habla del amor, él asocia la virtud

---

26. En 12,21, Pablo está conectando la profanación del cuerpo (fornicación, libertinaje) con la contaminación de idolatrías paganas y la adoración de dioses en los templos paganos. Cf. Furnish, *II Corinthians*, 365.

27. El sustantivo "amor" aparece en 2,4, 8; 5,14; 6,6; 8,7, 24; 9,7; 13,11, 13; el adjetivo "amado" en 9,8; y el verbo "amar" en 11,11; 12,15.

con el espíritu, con Dios (el espíritu vivificante) y con Cristo (el espíritu *es* el Señor). Pablo vuelve a enfatizar (y también a exponer) la triple dinámica del espíritu y del amor encontrado especialmente en la primera carta a los Corintios. Para Pablo, el amor es una virtud importante y genuina, asociada con el Dios divino, el espíritu y Cristo (13,13). De hecho, él muestra esa relación en el amor recíproco entre Pablo y los creyentes de Corinto. Él expresa su gran amor por los creyentes de Corinto en 2,4 donde escribe, "dentro de mucha aflicción y angustia de corazón les escribí con muchas lágrimas no para que les entristezca, sino para que sepan que los he amado más allá de toda medida". Su amor por ellos "va más allá de toda medida" y muestra su aflicción, angustia y lágrimas;[28] además su entrega personal hacia ellos en un ministerio de amor. Él escribe, "me gustaría dedicar más y voy a dedicarme totalmente a vuestras almas. ¿Si los amo más allá de cualquier medida, voy a ser amado menos?" (12,15). Como Guthrie argumenta, Pablo expresa su amor mostrando voluntariamente su disposición no sólo para usar sus propios recursos en su ministerio con los creyentes de Corinto, sino también para darse a los demás.

Pablo es consciente de que "Dios sabe" su gran amor por ellos (11,11); pese a la gran aflicción y angustia de corazón que le causaron (2,1–13) sus hermanos[29] y amados en Cristo (7,1; 12,19). Pablo también sabe que su amor hacia ellos es correspondido recíprocamente; esto lo muestra en una pregunta retórica: "¿si los he amado inmensamente, voy a ser amado menos?" (12,15; véase también 8,7). Pablo no está expresando la idea de que "como su amor por ellos aumenta el de ellos disminuye," como Guthrie ha interpretado.[30] Al contrario, como él los ama "sin medida" se espera que ellos lo amen aún más.[31] Su amor espera se expanda a aquellos que han causado dolor a Pablo y a los demás creyentes (2,5–8). Continúa siendo éticamente importante para Pablo, que los creyentes de Corinto "por amor" perdonen y alienten al malhechor (2,5–11), porque Dios les ha dado Su Espíritu vivificante (121–24). De manera similar, "por amor" Pablo apela a ellos para compartir sus dones con los pobres (8–9) como demostración de su amor (8,24), porque quien ama a Dios alegremente es amado por Él (9,6–10). En esencia, la virtud del amor ahora se convierte en la *medida* de la vida virtuosa de los creyentes, como Pablo los exhorta de la manera más humana y afectuosa a "saludarse los unos a los otros con el *beso santo*" (13,12).[32]

---

28. Guthrie, 2 *Corinthians*, 126.

29. Véase 1,1, 8; 2,13; 8,1, 18, 22–23; 9,3, 5; 11,9; 12,18; 13,11.

30. Guthrie, 2 *Corinthians*, 612.

31. Stegman, *Second Corinthians*, 279.

32. Este es otro caso cuando Pablo usa la expresión "beso santo" al concluir su carta

El Amor "de Dios" y el "de Cristo"

En la segunda carta a los Corintios, Pablo afirma que el "amor" es el "amor de Dios" (13,13), así como también el "amor de Cristo" (5,14). Mientras que el Dios del amor (al igual que su espíritu en Gálatas) es la fuente de las virtudes donde los creyentes se regocijan, son restaurados, alentados y están en paz (cf. 13,11); el amor de Cristo los mantiene juntos en comunión. Que Pablo hable del amor de Cristo no es sorprendente porque la muerte de Cristo en la cruz fue un acto de amor verdadero para los creyentes (5,14-21; 13,4). Este es el "Cristo del amor" que se predica (en el mandamiento del amor/la ley de Cristo) por el cual, los creyentes de Corinto ahora guían su conducta en la santidad para reafirmar su amor a él (2,8-11) y "hacer cosas buenas" por los demás (8,21; 13,7).

Dentro del mismo marco Pablo habla de la gracia de Dios y de Cristo. Él describe las virtudes — p.ej., la fe, el conocimiento, la diligencia — como la gracia de Dios (8,5-7; 13,11) dadas a los creyentes "con toda bendición y en abundancia" por sus buenas obras (9,8-9). Pablo se refiere a "la gracia de Cristo" cuando escribe la conclusión de la carta, "la gracia de nuestro Señor Jesucristo, el amor de Dios y la comunión del Espíritu Santo estén con todos vosotros" (13,13). En este pasaje gracia, amor y confraternidad permanecen juntas, tal como Cristo, Dios y el Espíritu Santo. Pablo elige las virtudes del amor y confraternidad para emparejar la primera con Cristo y Dios; y la segunda con el Espíritu Santo. Pablo, así mismo, habla de "la gracia de Dios" (6,1; 8,6; 9,14) mostrando que la virtud del amor está intrínsecamente relacionada con Cristo y Dios. Esta tríada relación es tan intrínseca (la triple dinámica del amor) que Pablo ahora puede utilizar tanto el amor (gracia) de Dios y el amor (gracia) de Cristo indistintamente. La virtud de la confraternidad es asociada con el Espíritu Santo y ahora también con la virtud del amor. Según Pablo, la confraternidad es una expresión del amor en la comunidad, así como en la primera carta a los Corintios, especialmente hacia los pobres. La virtud del amor (por lo tanto, todas las virtudes) está intrínsecamente asociada con el ámbito divino y celestial: Dios, Cristo y el Espíritu Santo.

Conclusión

En la segunda carta a los Corintios encontramos varias atribuciones dadas al espíritu: es el poder de Dios, es santo y también Espíritu del Dios vivo y de la fe. Estas son importantes designaciones en la enseñanza ética de Pablo,

---

(véase también 1 Ts 5,26; Ro 16,16; 1 Co 16,20).

porque a través del Espíritu del Dios vivificante es el Espíritu de Cristo. Los creyentes de Corinto son capaces de ver como en un espejo, la gloria de Dios a través de Cristo la imagen de Dios. Este acto sobrenatural y poderoso de Cristo permite a los creyentes en la Nueva Alianza experimentar la transformación espiritual en la misma imagen de Cristo. Tal transformación espiritual les permite igualmente experimentar, a través de la mente o el intelecto el conocimiento de Dios. Pablo hace hincapié lo que ya había expresado en sus cartas anteriores, que en el "mismo" espíritu los creyentes guían su conducta ética y sólo es recibido y administrado por el Espíritu Santo vivificante de Dios. En la carta el espíritu a menudo está asociado con la capacidad de permitir a los creyentes a practicar las virtudes y a evitar los vicios. Dentro de este (ahora establecido) entendimiento sobre el espíritu, la "vieja" visión del espíritu en el entender de Pablo como preeminente comienza a desligarse hacia la dirección de ser visto como la *fuente* de todas las virtudes en la vida práctica de los judíos y gentiles creyentes. Las virtudes son descritas como frutos de la justicia y son adquiridos a través de la práctica del evangelio de Cristo. El énfasis principal está otra vez en la virtud del amor; el amor de Dios, el amor de Cristo y el amor recíproco entre los miembros de la comunidad de Corinto vinculado con el Espíritu Santo de Dios. Esta triple dinámica o expresión de amor, expone la presentación original de Pablo sobre el mandamiento del amor y la ley de Cristo en Gálatas.

LA CARTA A LOS FILIPENSES

La carta de Pablo a los Filipenses fue escrita en algún momento, en algún lugar mientras que Pablo estaba encarcelado (1,7, 13, 14, 17; cf. 4,14).[33] El objetivo principal de la carta fue agradecer a los Filipenses por un regalo recibido; y más importante, para exhortarlos a mantener "un espíritu de unidad entre ellos" y "permanecer firmes en un mismo espíritu" en sus aflicciones (1,27 — 2,18).[34] Como en la primera carta a los

33. La procedencia y la fecha de la carta de Pablo a los Filipenses son temas de debate. Las diversas posibilidades de procedencia son Roma (principios de los 60s; Hch 28,30), Éfeso (mediados de los 50s; 2 Co 1,8; 11,23; cf. 1 Co 15, 32), Cesarea (finales de los 50s; Hch 23–26), y Corinto (a los comienzos de los 50s). A pesar de que la carta en sí no ofrece información suficiente, el consenso moderno está avanzando hacia la teoría de que la carta a los Filipenses fue escrita en Éfeso en algún momento a mediados de los años 50s. Sobre una reseña del lugar y la fecha de composición, véase Bockmuehl, *A Commentary*, 25–33.

34. Bruce, *Philippians*, 19. Lo que es distintivo de Filipenses es que la carta refleja características de las cartas antiguas de amistad (4,10–20). Esto ha llevado a la mayoría de los estudiosos a identificar la carta como una "carta de amistad". Para leer buenos estudios sobre este tema, ver Fitzgerald, *Friendship*. Los estudios que se enfocan en las

Tesalonicenses, la palabra espíritu aparece 5 veces (1,19, 27; 2,1; 3,3; 4,23). Pablo habla del espíritu como el Espíritu de Dios (3,3) y el espíritu de Cristo (1,19) en relación al evangelio. Pablo ve la presencia del Cristo resucitado en su vida y la "causa" de su liberación futura del cautiverio, actuando de forma dinámica y en armonía con la oración auténtica de los creyentes.[35] La carta destaca el pensamiento de Pablo sobre el desarrollo del espíritu como *fuente* de todas las virtudes cristianas. Él lo hace de una manera que su actitud cristocéntrica se refleja ampliamente en esta carta.[36] Es interesante ver que en Filipenses Pablo nunca menciona al espíritu como poder; sin embargo, conecta directamente el lenguaje "poder" con Cristo (3,10; 3,20–21; 4,13). En el contexto de esta visión cristocéntrica, Pablo expone el marco de su ética de una forma que va más allá de lo estructurado en Gálatas, especialmente la relación del espíritu con el evangelio y las virtudes.

Vivir la Virtud del Evangelio en "Un Espíritu"

En Filipenses, Pablo se refiere a la ley en tres ocasiones, cuando escribe brevemente sobre su vida antes de su "llamada profética" (3,5, 6, 9).[37] Él nunca coloca al espíritu juntos con la ley; en su lugar, él explícitamente conecta al espíritu con el evangelio. Después de su experiencia divina, llegó a la conclusión de que la vida justa solo viene a través de la fe en Cristo, su evangelio y el espíritu, y no mediante el "cumplimiento" de la ley mosaica (cf. Gl 2,21). Exhortando la unidad entre los creyentes Filipenses en 1:27, él escribe "sólo conduzcan vuestra ciudadanía digna del evangelio de Cristo, así que habiendo venido y habiendo visto o estando ausente puedo escuchar las cosas sobre ustedes, que están firmes en un mismo espíritu con una sola alma luchando juntos por la fe del evangelio". Que los creyentes "están en un espíritu" significa que ellos tienen al Espíritu de Dios y el Espíritu de

---

ásperas transiciones y la unidad de la carta son los comentarios recientes: Betz, *Studies in Paul's Letter to the Philippians*; Migliore, *Philippians and Philemon*; Witherington, *Paul's Letter to the Philippians*.

35. Fee (*God's Empowering Presence*, 738) interpreta "liberación" como el acto de Dios de "salvar" y vindicar a Cristo y el evangelio, y no que Pablo será "liberado de prisión".

36. Pablo menciona a Cristo y sus variantes 59 veces: "Cristo" (1,1, 2, 6,8, 10, 11, 13, 15, 17, 18, 20, 21, 23, 26, 27, 29; 2,1, 5, 11, 16, 19, 21, 24, 29, 30; 3,3, 7–9, 12, 14, 18, 20; 4,7, 19, 21, 23); "Señor" (1,14; 3,1; 4,1, 2, 4, 5, 10); "Jesús" (2,10); "él" (2,7–8); y "a él" (2,9; 3,10; 4,19).

37. Las dos épocas de la vida religiosa de Pablo paralela a la de Gálatas (1,13–14 y 1,15–16): como un judío fiel cumplidor (antes de su "llamada profética") y como un fiel creyente en Cristo y su evangelio (después de su "llamada profética"). Cf. Melick, *Philippians*, 130.

Cristo, presente entre ellos.[38] La asociación del espíritu con la unidad entre creyentes en un "mismo espíritu" enfatiza la experiencia común de los creyentes,[39] en una comunidad caracterizada por sus diferentes dimensiones de vida.[40] Pablo amplía la relación especial entre el espíritu y el evangelio subrayando el hecho que el evangelio de Cristo vivido en un espíritu contiene las lecciones para adquirir las virtudes.[41] A través de la práctica y la enseñanza del evangelio, los creyentes adquieren una conducta apropiada "en una manera digna del evangelio" (1,27 — 2,18; 3,1 — 4,1).[42] A lo largo de estas líneas Pablo anima a trabajar en nombre de Cristo y vivir la vida del evangelio de Cristo incluso en los momentos de aflicción (4,14), temor y miedo (2,12). Para Pablo, la meta de vida es la salvación (2,12–13) que se describe en esta carta como la "resurrección de ente los muertos" (3,11). La meta es claramente escatológica, como el punto de vista de Pablo. Como "el Señor está cerca" (4,5), él exhorta a los creyentes a ser puros e inocentes cuando el Señor venga (1,10–11; 2,16; 3,20).[43] Si son virtuosos, sus cuerpos serán transformados en un cuerpo glorioso en el poder de Cristo (3,21). Usando el lenguaje típico de un corredor competitivo, Pablo describe la verdadera ciudadanía celestial del creyente como "el premio" (3,20) y reafirma el seguimiento de este como la llamada de Dios (3,14).[44]

Pablo y Cristo: Ejemplos de Virtudes, Especialmente el Amor

Pablo a menudo considera su propia conducta como un ejemplo de vivir el evangelio de Cristo. Él refuerza lo que previamente había exhortado en Tesalonicenses, "ser imitadores de mí, hermanos, . . . caminando ya que tienen a nosotros como ejemplo". "Muchos caminan," pero no siguen a Pablo; estos son "enemigos de la cruz de Cristo" (3,17–18).[45] La propia vida

38. Fee, *Paul's Letter to the Philippians*, 163–67; también *God's Empowering Presence*, 743–46; Hansen, *The Letter to the Philippians*, 95–97.

39. Fee, *Paul's Letter to the Philippians*, 165–66; Reumann, *Philippians*, 265–66.

40. Cf. Meeks, *The First Urban Christians*, 49, 73.

41. En la carta, la palabra "evangelio" es explícitamente mencionado 8 veces (1,5–7, 12, 16, 27; 2,22; 4,3, 15), e implícitamente 5 veces (1,14–18; 2,16). Curiosamente, en Filipenses Pablo no habla del "espíritu de Dios"; de hecho, la palabra "Dios" sólo aparece 16 veces en Filipenses (¡Cristo 59 veces!).

42. Hooker, "Philippians," 111.

43. Por primera vez en 3,20, Pablo llama a Jesús "Salvador," quien vendrá desde el cielo para transformar cuerpos con su poder.

44. Cf. Hansen, *Philippians*, 256; Fee, *Paul's Letter to the Philippians*, 349.

45. Cf. 3,12, 15. En este sentido, Freed (*The Morality of Paul's Converts*, 263) argumenta que no deberíamos insistir en la teología de Pablo aquí [3,17] para descuidar su

de Pablo, enraizada en Cristo, es un ejemplo de virtud. En este contexto, Pablo menciona la palabra virtud y escribe: "en cuanto al resto hermanos, las cosas que son verdaderas, lo honorable, justo, puro, amable, todo lo que suena bien, ya sea cualquier virtud o alguna alabanza, tomen en cuenta estas cosas que ustedes han aprendido, recibido, oído y visto en mí. Practiquen estas cosas y el Dios de la paz estará con vosotros" (4,8–9).[46] Cabe mencionar que este pasaje refleja dos puntos importantes. Primero, es por medio de la "práctica" del evangelio de Cristo cómo creyentes de Filipos adquieren las virtudes, como lo han aprendido, recibido y oído de Pablo. Segundo, Pablo se ve a sí mismo como un ejemplo de conducta recta. En 4,13 explica que él, puede hacer todo "en aquel que me empodera" (cf. 1,19, 27; 2,1; 3,3, 10, 21; 4,23). Aunque Pablo no relaciona directamente al espíritu con el poder, lo que le fortalece y permite practicar las virtudes es el Espíritu de Jesucristo y el poder de Cristo.

Es verdad que Pablo no habla explícitamente sobre la relación del espíritu con el mandamiento del amor o la ley de Cristo. Sin embargo, a lo largo de Filipenses (la "carta de amistad"), la práctica del amor es altamente valorada. Pablo aplica el lenguaje del amor, afecto y sufrimiento para enfatizar la participación auténtica de la alegría.[47] En la carta, el término amor aparece 4 veces (1,9, 16; 2,1; 4,1) y se destaca expresamente en tres formas: el estímulo de Cristo, el consuelo del amor y la confraternidad del espíritu (2,1–2). El tema central de la carta es claramente el ejemplo del amor de Cristo (2,6–11). Tanto su hacerse carne y su muerte en la cruz son actos de verdadero amor y su glorificación es la recompensa de su verdadero amor. Es por este motivo que Pablo habla de su sincero afecto hacia los creyentes y de ellos hacia él: "ustedes me abrazan en vuestros corazones" (1,7–8; 2,12; 4,1, 11). Así mismo, él expresa sinceramente su confianza en los momentos de aflicción y de oposición, y los alienta a practicar el amor sin quejas ni argumentos (2,14, 16).[48] Él también alaba su obediencia durante su presencia y su ausencia (2,12), se alegra por ellos, y los invita a alegrarse con él (2,17–18).

De manera coherente con lo que escribió en la carta a los Corintios, Pablo afirma que ha sido llenado en un espíritu, un alma (1,27) y en una

---

ética, así como lo hace Furnish (*Theology and Ethics*, 221).

46. Como los comentaristas hacen incapié, las virtudes en 4,8–9 fueron comunes en los catálogos de virtudes éticas griegas en el tiempo de Pablo. Cf. Migliore, *Philippians*, 162.

47. En este sentido, Bockmuehl (*The Epistle to the Philippians*, 66) observa que el amor es el tema general en Filipenses (1,27–2,18). De hecho, Dios es descrito como un Padre amoroso.

48. Cf. Dt 32,5 LXX.

confraternidad de espíritu (2,1) recibiendo los regalos de los creyentes de Filipos, que él describe como "un olor fragante, un sacrificio aceptable y grato a Dios" (4,18-19). También comparte su sufrimiento con sus queridos hermanos, judíos y gentiles e insta a que hagan lo mismo.[49] Como un ejemplo de verdadero amor, Pablo menciona al amado hermano Epafroditos, quien arriesgó su vida por la obra de Cristo (2,30). Estas correspondencias de amor mutuo sugieren que la relación del espíritu con el mandamiento del amor/la ley de Cristo se refleja en la comunidad de Filipos. Claramente, la carta refleja que los creyentes están unidos en la virtud del amor y en un espíritu. Según esta ley, están comprometidos a vivir virtuosamente y en santidad.

Dos Realidades Escatológicas en la Ética de Pablo

Pablo se basa en el lenguaje dualista de la primera carta a los Tesalonicenses y la primera carta a los Corintios para hablar de dos realidades escatológicas en estrecha referencia al espíritu y la carne. Mientras que él menciona la palabra espíritu 5 veces (1,19, 27; 2,1; 3,3; 4,23), él usa la palabra carne 3 veces (1,22, 24; 3,3).[50] Sin embargo, sólo en 3:3 Pablo coloca al espíritu junto a la carne. Él escribe, "porque somos 'la circuncisión', quienes adoran en el Espíritu de Dios y se jactan en Cristo Jesús y no tienen confianza en la carne".[51] Aunque la carne es contrastada con el Espíritu de Dios, la palabra carne *no es* usada en el sentido de su connotación pecaminosa.[52] Pablo lo utiliza para hacer contraste entre el espíritu y la práctica de la circuncisión: aquellos que son "la verdadera circuncisión" y están en el nivel divino del espíritu *vs.* aquellos que son la "circuncisión física" y permanecen en el plano humano de la carne.[53] Es en este contexto que él aplica el lenguaje

49. Pablo considera todos sus sufrimientos y luchas en su carne (1,30; 4,12) por la causa de Cristo (3,8). Según él, la aflicción de los creyentes les fue dada para sufrir por Cristo por amor, así como él (1,20, 28-30). Ver Migliore, *Philippians*, 70-71.

50. En 1,22 y 24, el término "carne" se refiere al cuerpo humano de Pablo y al cuerpo de "humildad" (1,20; 3,21; 2,7-8). No tiene una connotación negativa; Pablo lo utiliza como sinónimo de "cuerpo". De hecho, él considera su "permanecer en la carne" como ventajosa para el evangelio y beneficiosa para los creyentes.

51. La mayoría de los estudiosos consideran a este pasaje como parte de un tercer fragmento (carta C, "la carta de advertencia"); es considerada uno de los más difíciles en las secciones de Filipenses, en términos de su coherencia y su relación con lo que precede y sigue. Ver Murphy O'Connor, *Paul*, 228; cf. Fee, *God's Empowering Presence*, 751.

52. Freed, *The Morality*, 265.

53. Sobre la identidad de los "oponentes," véase Hansen, *The Letter to the Philippians*, 98-101; Fee, *Paul's Letter to the Philippians*, 7-9; Reumann, *Philippians*, 469-78. Thurston and Ryan, *Philippian and Philemon*, 115; Bruce, *Philippians*, 9; Cousar,

característico de dos realidades escatológicas que contrastan la esfera divina (el Espíritu de Dios) y la esfera humana (carne). Pablo habla del reino divino usando un lenguaje, como "nosotros," "hermanos," "compañeros," "camaradas," "apóstoles," "amados" (2,12, 25; 4,3), "jactarse en Cristo" (3,3), "la verdadera circuncisión" (3,3), y "salvación" (2,12). Pablo habla del reino humano empleando el lenguaje de "otros," "ellos," "malos trabajadores," "mutiladores," "perros" (3,2), "jactarse en la carne" (3,3), "la confianza en la carne" (3,3), "enemigos de la cruz de Cristo" (3,18), "los que piensan cosas terrenales" (3,19), y "destrucción" (1,28; 3,18). Curiosamente, la práctica de las virtudes está asociada dentro de la realidad escatológica de la esfera divina. Interesantemente, en esta carta hay más virtudes que vicios: entre las virtudes están el amor (1,9, 16; 2,1; 4,1), fe (1,25, 27; 2,17; 3,9), justicia (1,7, 11; 3,6, 9), alegría (1,4, 25; 2,29; 4,1), verdad (1,18; 4,8), paz (1,2; 4,7, 9), confraternidad (2,1; 3,10), esperanza (1,20), conocimiento (1,9), y buena voluntad (1,15). Los vicios mencionados son la rivalidad (1,17; 2,3), hechos vergonzoso (1,20; 3,19), luchas (1,15), vanagloria (2,3), y envidia (1,15).

Conclusión

En Filipenses, Pablo pone de relieve aspectos importantes de su discurso ético ya presentados en sus cartas anteriores. El espíritu es nuevamente definido como el Espíritu de Dios y el Espíritu de Cristo. Como se indicó en las anteriores cartas, el evangelio de Cristo contiene la enseñanza que conduce a los creyentes a la santidad y a la vida virtuosa. Pablo se ve a sí mismo como un ejemplo de búsqueda de las virtudes, como él exhorta a los creyentes de Filipos a ser imitadores de él. Su asociación del espíritu con las virtudes (dentro de un marco dualista) y la carne con los vicios muestra — aunque sólo indirectamente — el constante énfasis de Pablo en el rol del espíritu como *fuente* de todas las virtudes. Además, la virtud del amor está intrínsecamente vinculada con el evangelio de Cristo; la enseñanza ética de la carta está fundada en el ejemplo del amor de Cristo, su espíritu, hacerse carne, y su muerte en la cruz.

LA CARTA A FILEMÓN

Filemón es la carta más corta de Pablo. A diferencia de las otras cartas paulinas, esta es una carta personal en la que Pablo intercede por el esclavo

---

Philippians and Philemon, 8; Murphy-O'Connor, *Paul*, 228–29.

Onésimo.[54] Pablo reconoce los derechos legales de Filemón y decide enviar a Onésimo a su amo (1,14, 16),[55] de manera que ambos (maestro/esclavo) puedan "reconciliarse" (1,15). En Filemón, la palabra espíritu sólo aparece en la bendición final; sin embargo, se refiere al espíritu humano. Pablo escribe, "la gracia de nuestro Señor Jesucristo este con el espíritu de ustedes" (1,25),[56] Fee, el estudioso erudito, frecuentemente interpreta el poder como un sinónimo del espíritu, pero no ofrece ninguna discusión exegética o teológica sobre el espíritu en la carta de Filemón. Si bien es cierto que Pablo no habla del Espíritu de Dios, mi argumento en contra de Fee es que el trabajo dinámico del poder de Dios está vivamente presente en la vida práctica de Filemón, su hogar y también Onésimo. Por tanto, es en dos características esenciales que el poder divino de Dios está activamente manifestado en las vidas de Filemón, su familia y Onésimo: el evangelio y la virtud del amor.

Vivir las Virtudes en el Evangelio "Por Amor"

Al igual que en sus otras cartas, en Filemón el evangelio reemplaza a la ley mosaica. Pablo escribe, "a quien estaba deseando conservarlo conmigo, para que en vuestro nombre me servirá en las cadenas del evangelio" (1,13).[57] Pablo no ve a Onésimo como esclavo sino como un hermano, un compañero de trabajo por amor al evangelio.[58] En términos de ética, Pablo considera a Onésimo un "hombre virtuoso" quien fue bautizado, es fiel y obediente a predicar el evangelio mientras Pablo está encarcelado (1,11, 13–14). Lo que está en juego para Pablo es el evangelio, la fuente de su enseñanza ética; de hecho, como en el caso de los filipenses, la figura central

---

54. Probablemente, Pablo escribió la carta desde la cárcel (1,1, 9, 23, 24); sin embargo, el lugar y la fecha exacta es incierta. La mayoría de los comentaristas están de acuerdo en que Éfeso, donde Pablo fue encarcelado durante un tiempo, es el lugar de la composición a mediados de los 50s (1 Co 15,32; 16,9; 2 Co 1,8–9; 6,5; 11,23–24; Ro 16,7; Flp 1,7, 12–13, 20–26). La identidad de Filemón y Onésimo y el tipo de relación que tenían no están claro y en gran medida son disputadas. Para las distintas opiniones sobre estos temas, consulte Migliore, *Philippians and Philemon*, 190–92; Fitzmyer, *The letter to Philemon*, 9–18; Ryan, *Philippian and Philemon*, 179–80; Elliott, *Liberating Paul*, 40–48; Lohse, *Colossians and Philemon*, 186–88; Knox, *Philemon Among the Letters*, 62–70; Stuhlmacher, *Der Brief an Philemon*, 22–23; Lampe, "Keine 'Sklavenflucht' des Onesimus," 135–137; Callahan, *Embassy of Onesimus*, 50–54, 371; Cousar, *Philippians and Philemon*, 97. Winter, "Paul's Letter to Philemon," 203–212.

55. Fitzmyer, *The letter to Philemon*, 23.

56. Cf. Harris, *Colossians & Philemon*, 281.

57. Sobre la complejidad del significado de 1,13, ver Fitzmyer, *The Letter to Philemon*, 111; Ryan, *Philippians and Philemon*, 237.

58. Cf. Wall, *Colossians and Philemon*, 209.

de esta carta es Cristo.[59] La apelación de Pablo a Filemón tiene un carácter ético en sí mismo. Es en el nombre del evangelio (de Cristo) que Pablo busca la libertad de Onésimo. Pablo sabe que sólo Filemón tiene el derecho legal para disolver el estado de esclavitud de Onésimo.

En la carta a Filemón, también hay una estrecha asociación entre el evangelio y la virtud del amor. El evangelio es la principal lección de la virtud del amor (*agapē*). De hecho, Filemón es conocido por su amor y Pablo le hace su apelación en nombre del amor.[60] Pablo le llama a Filemón el "amado" (1,1) [61] y elogia su amor por todos los santos y su fe en Cristo. Por amor, Pablo no da una orden a Filemón, sino una "apelación" para recibir a Onésimo no como esclavo, sino como uno mejor, un hermano en el amor (1,16); es decir, "un hombre libre" (1,21; cf. Col 4,9).[62] Pablo asegura que lo que él hace por Onésimo no es solo por su propia convicción, sino también él quiere consultar a Filemón (1,14–15).[63] Pablo demuestra también su amor hacia Onésimo expresando su voluntad de "pagar" la deuda de Onésimo y sus cosas malas (1,18–19). La exhortación central ética en la carta a Filemón es *amar* a otros como enseña el evangelio. Así como él y los creyentes ahora saben, esto se hace efectivo sólo en el poder del Espíritu de Dios.

En Filemón, no hay ninguna referencia del término carne en una forma negativa. Pablo lo menciona una vez cuando habla de la naturaleza humana (espíritu, cuerpo y alma) en 1,16.[64] Las tres divisiones de la naturaleza humana están armoniosamente unidas en la gracia de Cristo (1,25), que sólo es posible con la ayuda del Espíritu de Dios. Vale la pena señalar que la afirmación de acción de gracias de Pablo (1,4–5) conduce a dos resultados (1,6–7), que reflejan el cuerpo de la carta (1,8–20). Pablo dice, "doy gracias a mi Dios siempre haciendo mención sobre ti en mis oraciones, escuchando tu amor y fe, que tienes por el Señor Jesús y por todos los santos" (1,4–5).

Luego, escribe (resultados):

> Que el compartir tu fe que tienes en el Señor Jesús y en todos los santos, de modo que el compartir de tu fe pueda ser eficaz en el conocimiento de todo el bien en nosotros por Cristo. Yo tuve mucha alegría y aliento con respecto a tu amor, porque los

---

59. Pablo menciona a Cristo 8 veces (11, 3, 6, 8, 9, 20, 23, 25).

60. Fitzmyer, *The Letter to Philemon*, 39.

61. Cf. Pao, *Colossians & Philemon*, 396; Fitzmyer, *The Letter to Philemon*, 96.

62. Cf. Moo, *The Letters to the Colossians*, 421.

63. Pao, *Colossians & Philemon*, 392; Barclay, *Colossians and Philemon*, 114.

64. Este es el único texto Paulino que combina ambas frases "en el Señor" y "en la carne". Fitzmyer, *The Letter to Philemon*, 116; Migliore, *Philippians and Philemon*, 232; Lohse, *Colossians and Philemon*, 203; Ryan, *Philippians and Philemon*, 247.

corazones de los santos han sido refrescados a través de ti, hermano (1,6–7).

La acción de gracias de Pablo muestra sin duda a Filemón como ejemplo de vivir el evangelio. Su vida ética no sólo se basa en las enseñanzas del evangelio; también es el producto del Espíritu de Dios, el "habilitador". Por consiguiente, con la frase "en el conocimiento del todo el bien" Pablo se refiere al poder de donde las "cosas buenas" (virtudes) vienen. Ryan afirma, "el conocimiento del bien está básicamente asociado con el conocimiento experiencial de Dios como la fuente y el futuro garante de esa bondad".[65] Su argumento es en parte correcto, es en la práctica del evangelio que el creyente adquiere conocimiento de Dios. También está completa mediante la labor dinámica del espíritu expresada en las virtudes, especialmente el amor, el primer "fruto" del espíritu.

Pablo señala algunas virtudes importantes como resultado del vivir de Filemón en el evangelio según la orientación del espíritu: amor (1,5, 7, 9), paz (1,3), esperanza (1,22), aliento (1,7), fe (1,5–6), obediencia (1,21), y alegría (1,7). Las dos virtudes más importantes que Pablo enfatiza en esta carta son el amor y la fe. Filemón ha sobresalido en la práctica de estas virtudes, tanto que incluso el mismo Pablo y todos los santos han sido "renovados" a través de las virtudes de Filemón. Para preparar el terreno para su apelación, Pablo recalca el amor de Filemón hacia todas las personas y su fe hacia Cristo. La ausencia de vicios en la carta sugiere de que Pablo está complacido con la manera de vivir el evangelio virtuosamente de Filemón y de toda su familia y el Espíritu de Dios — la *fuente* de todas las virtudes — está activamente presente entre ellos (1,25).

Conclusión

Aunque el uso del espíritu en v. 25 es una referencia al espíritu humano, el contenido de la carta a Filemón refleja el papel activo del espíritu en Pablo, Onésimo, Filemón y toda su familia. Es en el Espíritu de Dios morando y actuando en Pablo que él es impulsado a apelar por la libertad de Onésimo. También es en el Espíritu de Dios que Filemón predica el evangelio, y él y su familia son ejemplos de vivir el evangelio. Además, es en el Espíritu de Dios que Onésimo funciona como un instrumento para predicar el evangelio. La virtud del amor está muy enfatizada; ellos predican y viven el evangelio por amor. La apelación de Pablo está hecha por amor, así como su amor por Onésimo es grandemente expresado en la carta. Lo que Filemón haría por

---

65. Cf. Ryan, *Philippians & Philemon*, 224.

Onésimo — tómalo como "más que un esclavo, un hermano" — sería por el evangelio y por amor.

LA CARTA A LOS ROMANOS

Escrita desde Corinto, la carta a los Romanos saca a la luz los más importantes, pero intrincados pensamientos teológicos de Pablo.[66] Mientras que muchas preguntas siguen sin resolverse en el mundo académico, se sugiere que Pablo escribió la carta a toda la comunidad de creyentes romanos, compuesta por judíos y gentiles.[67] Él escribe varias creencias importantes y teológicas sobre Dios y Su justicia en la salvación de los creyentes. También quiere presentar "su evangelio" en conexión con su visión de Cristo y su rol en el plan divino de salvación. Pablo relaciona estos temas importantes con la ley mosaica y con el lugar del espíritu, en formas que los roles enfatizados anteriormente en Gálatas (el primero negativo, el segundo positivo y esencial) son ahora notablemente reinterpretados en una nueva dirección (capítulos 6–8). En su enseñanza ética, Pablo presenta un nuevo y positivo entendimiento de la ley mosaica, en donde ya no lo contrasta con el espíritu. En la presentación de su nuevo y revisado entendimiento de las características principales que componen su enseñanza ética, la palabra carne ya no está asociada con la observancia de la ley mosaica. Por ende, la carta a los Romanos puede ser etiquetada como la descripción madura de Pablo sobre su entendimiento del espíritu y su rol como *fuente* de todas las virtudes.

El concepto del "espíritu" (*pneuma*) y su adjetivo cognado aparecen en la carta 38 veces.[68] Fee argumenta correctamente que "a excepción de 1 Corintios, la carta de Pablo a la iglesia de Roma contiene la mayor cantidad de material sobre el espíritu".[69] Sorprendentemente, de las 38 referencias del espíritu en Romanos, 22 veces (dos veces indirectamente) se menciona solo en el capítulo 8. Pablo reafirma las esenciales características que ha destacado

---

66. La mayoría de los comentaristas sugieren que Pablo escribió Romanos en la casa de Gayo (16,23) entre los años 54 y 59 dc. Ver Matera, *Romans*, 5; Byrne, *Romans*, 8–9; Fitzmyer, *Romans*, 87.

67. Matera (*Romans*, 6–8) resume la situación de los creyentes en Roma: pertenecían a diferentes iglesias, en las que podrían haber habido algunas tensiones entre los creyentes judíos y gentiles observantes de la ley y los creyentes gentiles que no cumplían la ley mosaica. Véase también Hultgren, *Paul's Letter to the Romans*, 11–13; Fitzyer, *Romans*, 68–84; Schreiner, *Romans*, 10–23.

68. El sustantivo "espíritu" aparece en 1,4, 9; 2,29; 5,5; 7,6; 8,1, 2–6, 9–16, 23, 26–27; 9,1; 11,8 [cita de Dt 29,3; Is 29,10; 6,9], 12,11; 14,17; 15,13, 16, 19, 30. El adjetivo "espiritual" en 1,11; 7,14; 15,27. Sólo dos veces Pablo se refiere al espíritu humano (1,9; 8,16).

69. Fee, *God's Empowering Presence*, 472.

anteriormente; es decir, el espíritu es tanto el Espíritu de Dios (8,9, 11, 14; 15,19)[70] como el Espíritu Santo (1,3–4; 5,5; 9,1; 14,17; 15,16).[71] Él enlaza de nuevo al espíritu con los términos de "poder" y "santo," especialmente en relación con Cristo (1,1–7).

El Espíritu y la Ley Espiritual en la Vida Virtuosa del Creyente (7,14)

Al comparar el número de veces que Pablo usa la palabra espíritu incluyendo sus cognados (38 veces) y el término "ley" (*nomos*) es sorprendente encontrar que la ley aparece 67 veces.[72] Lo que es aún más sorprendente es que sólo en Romanos Pablo relaciona a la ley con el espíritu y esto ocurre en dos ocasiones (7,14 y 8,2). En la primera ocasión él asocia al espíritu con el evangelio de Cristo (1,9), asegurando a los creyentes que este, no la ley mosaica, establece las directrices (o lecciones) para adquirir una vida virtuosa y santa. Como Fitzmyer argumenta, "el evangelio se convierte así en una norma de conducta cristiana y de vida, convocando a los seres humanos a 'escuchar' (10,16–17) y 'obedecer' el evangelio con 'un compromiso de fe' (1,5)".[73] En Ro 6–7, Pablo reinterpreta lo que había establecido anteriormente en Gálatas, especialmente en el capítulo 5; su pensamiento acerca de la ley mosaica se mueve desde un punto de vista negativo hacia un enfoque más positivo.[74] Con este nuevo enfoque Pablo amplía su enten-

---

70. Los 4 primeros casos (8,9, 11 [2x], 14) ocurren en 8,1–39. La última instancia (15,19) aparece al final de la carta en 15,14–29, formando así un *inclusio*.

71. Matera (*Romans*, 30) observa que la expresión "el Espíritu Santo" no se menciona en ninguna otra parte de las cartas de Pablo. Esto ha conducido a los eruditos a argumentar que 1,4 podría haber derivado de una fórmula de credo temprana.

72. Véase 2,12–29; 3,19–21, 27–31; 4,13–16; 5,13, 20; 6,14–15; 7,1–16, 21–25; 8,2–4; 9,31; 10,4–5; 13,8. Curiosamente, en su carta a los Romanos, Pablo usa el término "la ley" en diversas formas, y *no* siempre en referencia a la ley mosaica. En este sentido, Fitzmyer (*Romans*, 131–32) observa que Pablo utiliza en ocasiones la ley en términos genéricos (una ley, 4,5b; 7,1a). A veces, la ley es utilizada en un sentido figurativo (un principio 3,27a; 7,21, 23a. Otras veces, la ley es empleada como una forma de referirse al pecado, 7,23c, 25b, o al pecado y a la muerte, 8,2b, o a la naturaleza humana, 2,14d, o incluso como una forma de referirse a la fe, 3,27b. Una vez la ley es referido al espíritu, 8,2a; y en algunas ocasiones, la ley es usado para referirse a la Escritura judía (Sal 3,19a; la Torá, 3,31b). En la mayoría de los casos, sin embargo, la ley, con o sin el artículo, se refiere a la ley mosaica (2,12–14a, 15, 17–18, 20, 23, 25–27; 3,19–21, 27b, 28; 4,13–15a, 16; 5,13, 20; 6,14–15; 7,2–9, 12, 14, 16, 22, 23b, 25; 8,3–4, 7; 9,31; 10,4; 13,8, 9).

73. Fitzmyer, *Romans*, 110.

74. Drane, *Paul Libertine or Legalist?* 142–43. Hübner (*Law in Paul's Thought*, 91–91) argumenta que Pablo progresa de discutir sobre "un principio" (el incidente de Antioquía, Gálatas) a la "tolerancia" en su carta a los Romanos (capítulo 14). Véase

dimiento del espíritu, así como va siendo relacionada con la ley mosaica y el evangelio de Cristo.

El pensamiento maduro de Pablo sobre la posición de la ley mosaica es observado en la conclusión de su presentación sobre "la naturaleza de la ley" (7,1–25). Por primera vez genuinamente afirma en 7,14 que "la ley es espiritual".[75] En esta línea, Pablo introduce por primera vez tres cualidades positivas de la ley: su "bondad", su "justicia" y su "santidad" (7,12). ¿Está Pablo insinuando a sus lectores judíos y gentiles que la ley posee el espíritu, por lo tanto, es espiritual? En otras palabras, ¿produce la ley virtudes, es decir, santidad y rectitud? Cuando Pablo dice que "la ley es espiritual", él no habla en favor del carácter ético de la ley mosaica. Aunque él habla de la "bondad" y la "santidad" de la ley, no apela a su "cumplimiento" a fin de alcanzar la santidad y rectitud. Su primera posición en el sentido de que la ley ya no es necesario para adquirir las virtudes y evitar los vicios sigue en pie. Por lo tanto, él elogia la ley al decir que es espiritual, no porque es o tiene el espíritu, sino porque su origen está en Dios,[76] y estaba originalmente establecido para producir virtudes. Después de su "llamada profética", Pablo llega a la conclusión de que la observancia de la ley ha demostrado su incapacidad para vencer el pecado (vicios) y conducir a los creyentes a la rectitud y a la vida eterna (5,1–21).[77] En su presentación de la verdadera naturaleza de la ley, Pablo cambia significativamente su viejo y ahora abandonado, entendimiento de la ley. Él trata de convencer a los creyentes judíos y gentiles romanos que no fueron "liberados de la ley mosaica", pero fueron "liberados del pecado" (3,20; 4,15; 5,13, 20), así directamente desvincula la ley de los vicios. Con este nuevo y mejor entendimiento de la ley mosaica, Pablo abandona la conexión que hizo en Gálatas entre la ley mosaica y el yugo de la esclavitud (5,1) y los elementos del mundo (4,3, 9). En su

también Dunn, *The New Perspective*, 280; Tobin, *Paul's Rhetoric*, 219–50; Byrne, *Romans*, 223; Lohse, "Changes of Thought," 154–55; Bruce, *Paul*, 188–202.

75. La identidad del hablante de Ro 7 ("I") es una pregunta importante en el estudio de la carta a los Romanos y un tema de debate entre los estudiosos. En esta discusión, sin embargo, no debe ser un motivo de preocupación porque no afecta al argumento en este estudio. Para los argumentos sobre este tema y bibliografía, véase Hultgren, *Paul's Letter to the Romans*, 676–91; Keener, *The Mind of the Spirit*, 66–74; Bultmann, *The Old and New Man*, 33–48.

76. Si bien es cierto que la ley mosaica fue parte de la revelación de Dios, en Romanos, hemos llegado a comprender el pensamiento de Pablo. Es Cristo quien trae (para los creyentes) el Espíritu de Dios. Ver Sanders, *Paul, the Law*, 143.

77. Bultmann (("The Problems of Ethics," 209) enfatiza la opinión de que el espíritu concebido como un poder sobrenatural se ha convertido en el nuevo modo de vida ética (Ro 8,4–14).

argumento, ahora él habla de la esclavitud a Dios, la justicia/rectitud, la libertad y no de la ley, sino del pecado (6,15–23).[78]

A diferencia de la carta a los Gálatas, en Romanos ser virtuoso (justo/recto) es ser obediente, un esclavo de Dios y la justicia. No se trata de ser un esclavo de la ley mosaica. Esto explica además lo que Pablo expresó anteriormente en 5:12–14; el pecado y la muerte realmente entraron en el mundo no a través de la ley, sino a través de Adán, el cual es un tipo de Cristo. Para expandir su nueva y positiva visión de la ley mosaica, Pablo contrasta la ley implícitamente con el pronombre "yo" y lo espiritual con lo "carnal". Aquí, él destaca dos importantes realidades éticas: primero, el aspecto carnal de la naturaleza humana, tal como se expresa en el yo — que es carnal y pecaminoso — que está vinculado con el pecado (7,14–17, 20, 24, 25); y segundo, que la naturaleza de la ley es espiritual; este es un hecho importante que apunta hacia la ley de Cristo, la "realización" de la ley mosaica (10,1–4).[79]

Sorprendentemente en Ro 6, Pablo no enfatiza la ley mosaica ni el rol ético del espíritu. En su lugar, el énfasis es la obediencia y la esclavitud a Dios y a la justicia/rectitud.[80] En los capítulos 5–7, la sección que trata explícitamente sobre su ética, el espíritu juega un papel menor (5,5; 7,6; a diferencia de Gl 5,13 — 6,10; vea también 1 Co 12–14). Es interesante, que Pablo en Romanos vuelve a revisar significativamente el lugar del espíritu en relación a la observancia de la ley de manera que el rol del espíritu como *fuente* de todas las virtudes ya no está en oposición a la ley. En 8,1–17, él cambia su entendimiento del espíritu en contraposición a la observancia de la ley mosaica. Su pensamiento se mueve ahora hacia el contraste entre el espíritu, la ley del pecado y la muerte (8,2b). Para Pablo el espíritu sigue siendo esencial en su enseñanza ética; de hecho, su anterior opinión del espíritu como "el espíritu de vida" es verbalizada nuevamente en 8:2. Este espíritu de vida ahora se convierte en una nueva ley en Romanos (la ley del espíritu de vida) y es esta ley, lo que está en directa contradicción con la ley del pecado y la muerte. Mientras que la primera ley (8,2a; cf. 7,6) es una referencia a la ley mosaica "cumplida" en la ley de Cristo (cf. 7,14; 10,1–4; Gl 6,2), la segunda ley (8,2b) se refiere a la ley del pecado y de la muerte (véase también 5,13,

---

78. Cf. Tobin, *Paul's Rhetoric*, 216.

79. Para Pablo, la ley mosaica no proporciona a los creyentes la capacidad para vencer el pecado. Ellos reciben esa capacidad "muriendo" al pecado a través de su bautismo en el cuerpo de Cristo. Para Pablo, en el bautismo el creyente recibe el espíritu, así, la capacidad de vivir en forma virtuosa para experimentar lo "nuevo" del espíritu, una "creación nueva" (Gl 6,15) en lugar de lo "viejo" de la ley mosaica (2 Co 3,6–7). Tobin, *Paul's Rhetoric*, 245–48, 217–18.

80. Tobin, *Paul's Rhetoric in Its Contexts*, 217.

20; 7,7, 23, 25).[81] En la carta a los Romanos, "la ley del Espíritu del Dios vivo" llega a ser identificado como la ley de Dios (7,25; 8,7).

El Espíritu y el Evangelio de Cristo en la Vida Virtuosa del Creyente

El evangelio de Cristo sigue siendo fundamental en Romanos.[82] La conexión inherente del espíritu con el evangelio de Cristo es visto por primera vez en la acción de gracias de la carta[83] y luego en sus últimas observaciones concerniente a la descripción de su misión como Apóstol de los gentiles (15,16-19). En la carta, Pablo restablece su entendimiento de la estrecha asociación entre el espíritu y el evangelio de Cristo, pero ahora en términos de una nueva relación entre el Espíritu de Dios y el evangelio de Cristo. Esto se realiza a la luz de su entendimiento de que el Espíritu de Dios *es* el Espíritu de Cristo (8,8-9; cf. Ez 36,27).[84] De hecho, para Pablo el evangelio de Dios (1,1; 15,16) es el evangelio de Hijo mismo de Dios (1,9), el evangelio de Cristo (15,19) y la palabra de Cristo (10,17).[85] Pablo presenta a sus lectores judíos y gentiles romanos el evangelio de Cristo como crucial en su doctrina sobre las virtudes; él escribe, citando al profeta Isaías (53,1): "qué hermosos

---

81. Vamos a ver que esta ley se asocia con la "carne," ley que Pablo se refiere como "otra ley" (7,23). Sin embargo, no todos mantienen esta posición. Por ejemplo, Fitzmyer (*Romans*, 131; también Hultgren, *Romans*, 297; Matera, *Romans*, 190-91) afirma que Pablo emplea "la ley" en un sentido metafórico, como un principio. En primera instancia, la ley se refiere al "espíritu" (el mismo Espíritu del Dios vivificante), y en segunda instancia, la ley alude al pecado y a la muerte (no la ley mosaica). Sin embargo, Dunn (*Romans*, 1:416-17) sostiene que en ambos casos la ley se refiere a la ley mosaica. Contra Dunn, Byrne (*Romans*, 242) afirma que en vista de 7,4 ("ustedes hermanos míos, fueron condenados a muerte a la ley mediante el cuerpo de Cristo") y 7,6 ("pero fuimos liberados de la ley, habiendo muerto a aquella en la que estábamos detenidos"), es difícil ver cómo Pablo pudo haber concebido la ley como agente de la liberación. Según Byrne, Paul ha ampliado el entendimiento de "la ley" en 7,21-23. Para una buena discusión sobre este tema, consulte Fee, *God's Empowering Presence*, 519-27.

82. Pablo se refiere a Cristo Jesús (a veces como Señor e Hijo de Dios), en 1,1, 3-9; 2,16; 3,24; 4,24; 5,1, 6, 8-11, 15, 17, 21; 6,3-5, 8-9, 23; 7,4, 25; 8,1-3, 10-11, 17, 19, 29, 32, 34-35, 37, 39; 9,1, 3, 5, 28-29 [Is 1,9; 28,22; Dn 5,28]; 10,6-7, 9, 11-13, 17; 11,3; 12,5, 11, 19; 13,14; 14,6, 8-9, 14-15, 18; 15,3, 5-8, 16-20, 29-30; 16,2-3, 5, 7-10, 18, 20, 22, 25, 27.

83. Esto sucede cuando Pablo presenta a los creyentes romanos sus planes para visitar la capital imperial y expresa su afán de predicar el evangelio (1,8-15).

84. Matera, *Romans*, 195.

85. Pablo llama el evangelio de Cristo "el evangelio de Dios" al comienzo y al final de la carta, formando así un *inclusio*. La identificación del evangelio de Cristo como "el evangelio de Dios" conecta la relación especial del evangelio con la "ley de Dios" (7,25; 8,7).

son los pies de aquellos que proclaman el evangelio" (10,15). Él ha visto el evangelio y el Espíritu de Dios como dos principios fundamentales necesarios para tener una vida agradable a Dios, y subraya en su predicación a los creyentes romanos (15,1–13; cf. 8,8).[86]

Pablo se identifica a sí mismo como un esclavo de Cristo y muestra a Cristo Jesús como el contenido de su evangelio. Por ejemplo, que Pablo sea capaz de adorar a Dios (1,9) — una verdadera expresión de su monoteísmo y sus virtudes (1,8–32) — emana únicamente del Espíritu de Dios y del evangelio de su Hijo. Lo que todavía es esencial para Pablo en términos de su ética, es la enseñanza del evangelio de Cristo en el poder del espíritu y conduce no sólo a las virtudes, sino también trae la salvación (la meta de la vida del creyente). La salvación es ahora para todos, primero para los judíos y luego para los griegos que tienen fe (1,16; 10,8).[87] La obediencia al evangelio requiere la virtud de la fe (cf. 10,16), la fe en el Señor Jesús, quien fue resucitado por Dios y es también quien los salvará (10,8). Por consiguiente, Pablo reafirma de nuevo lo que ha recalcado en sus cartas anteriores, la fe en Cristo va mano a mano con el evangelio y el espíritu. En realidad, "el evangelio del Hijo de Dios" o "el evangelio de Cristo" es la palabra de la fe (10,8).

El Espíritu Como Opuesto a la Carne

En el contraste entre el espíritu y la carne, Pablo reinterpreta el papel del espíritu como la *fuente* de todas las virtudes. Él trata con el contraste entre el espíritu y la carne en el capítulo 8 (8,1–17; véase también 2,29), sección con mayor cantidad de material sobre el espíritu en Romanos. Es importante señalar, el fuerte contraste entre el espíritu y la carne introducido en Gálatas (5,13 — 6,10; 1 Co 12, 14), en Romanos es redefinida. En la carta, el término carne aparece 25 veces[88] y Pablo trata al espíritu como opuesto a la carne en 5 ocasiones (8,4, 5, 6, 9, 13).[89] Las frases "caminar según el espíritu" (8,4; Gl 5,16), "vivir según el espíritu" (8,5, 13; Ga 5,25), estar "en el espíritu" (8,9) y ser "conducido por el espíritu" (8,14; Gl 5,18) son contrastados con "vivir

---

86. Pablo identifica "el evangelio" como "propio" (2,16; 16,25) con el fin de recalcar que el evangelio que predica no es otro que "el evangelio de Cristo". Pablo paralela "mi evangelio" (2,16; 16,25) con "mi espíritu" (1,9), vinculando así al espíritu con el evangelio de Cristo.

87. Cf. Hultgren, *Paul's Letter to the Romans*, 72.

88. 1,3; 2,28; 3,20; 4,1; 6,19; 7,5, 18, 25; 8,1, 3 [3x], 4–9, 12–13; 9,3, 5, 8; 11,14; 13,14. En su carta a los Romanos, Pablo usa el término "carne" para referirse al cuerpo físico o la existencia humana (1,3; 2,28; 9,3–8; 11,14), a la inclinación pecaminosa o mal vinculados con el pecado y los vicios (6,19; 7,5, 14–25; 1314).

89. Byrne, *Romans*, 244; Branick, *Understanding Paul*, 260.

según la carne" (8,5, 12–13). Curiosamente, Pablo desarrolla más aún estos contrastes en un contexto donde no trata específicamente de la conducta ética. Ahora, su punto de vista sobre el rol del espíritu como la *fuente* de su enseñanza ética está orientado hacia la "esperanza escatológica".[90] Como se dijo anteriormente, la visión amplia de Pablo es escatológica (véase 1 Ts 4; Gl 3–4; 1 Co 15) y se hace más prominente en esta carta (capítulos 8–11).

Pablo presenta dos posibles actitudes éticas distinguiendo las consecuencias escatológicas de caminar "según la carne" y "según el espíritu". Él afirma que "los justos requerimientos de la ley" sólo se cumplen en los creyentes que caminan "según el espíritu" (8,4; cf. 8,9).[91] Esta idea es seguida por dos declaraciones (8,5, 6), en la que el contraste entre el espíritu y la carne es redefinido. En la primera declaración explica, "porque aquellos que viven según la carne piensan las cosas de la carne, pero los que viven según el espíritu piensan las cosas del espíritu" (8,5). Para Pablo, las cosas de la carne se refieren a los vicios y las cosas del espíritu se refiere a las virtudes.[92] Un buen ejemplo en lo que se refiere al primero se muestra al principio de la carta cuando Pablo describe su visión del monoteísmo (1,18–32). Él asocia la carne con "la impiedad y la maldad" (1,18), con pecados como la idolatría, el politeísmo (1,22–23, 25), la inmoralidad sexual (1,24) y las prácticas homosexuales (1,26–28). Todas estas prácticas (las cosas de la carne) y otros vicios y pecados (1,29) son contrastados con el monoteísmo (una de las cosas del espíritu), y el culto al Dios verdadero en el espíritu (1,21), en el evangelio de Cristo (1,9) y en el verdadero conocimiento de Dios (1,28).

En la segunda declaración (8,6), Pablo revela la naturaleza fundamental de la carne y el espíritu cuando escribe, "la mente de la carne es muerte, pero la mente del espíritu es vida y paz". Pablo y sus lectores romanos a menudo entendieron la mente en términos de una "disposición cognitiva, o enfoques cognitivos del espíritu y de la carne".[93] A diferencia de la naturaleza del espíritu, que produce las virtudes que dan vida y paz, permitiendo así a los creyentes a adquirir un carácter virtuoso, la naturaleza de la carne produce el egoísmo y los malos deseos, por lo tanto, conduce directamente

---

90. Tobin, *Paul's Rhetoric*, 275.

91. En su carta a los Romanos, Pablo usa el verbo "caminar" 4 veces para hablar de la forma de vida esperada de los creyentes (6,4; 8,4; 13,13; 14,15).

92. Cf. Hultgren, *Paul's Letter to the Romans*, 301. Matera (*Romans*, 194) no considera el aspecto ético del contraste entre el espíritu y la carne. Él sostiene que Pablo está haciendo una distinción entre dos "mundos" para que los creyentes se orienten: el mundo de la carne, que pertenece al material y perecederos (mundo sensible), y el mundo del Espíritu de Dios, que pertenece a lo imperecedero y al espíritu inmortal (mundo celestial).

93. Keener, *The Mind of the Spirit*, 114–17.

a la muerte (8,13; cf. 8,12). Las consecuencias éticas de quienes "están en la carne," "capaz de no agradar a Dios" (8,8), es en última instancia la muerte (condena). En Romanos, el contraste entre el espíritu (virtudes) y la carne (vicios) es visto en sus cartas anteriores; sin embargo, el contraste es ahora redefinido de manera que ambos, el espíritu y las virtudes están relacionados a menudo con la mente, el intelecto y la esfera celestial.

Para Pablo, el Espíritu de Dios, ha sido "derramado" en los corazones de los creyentes (5,5), "habita" en los creyentes y están justificados por la fe en el bautismo (6,3; 13,14).[94] Los creyentes que tienen al Espíritu divino de Dios morando en ellos (un lenguaje similar al de la LXX y Filón) son guiados por el espíritu y no por la carne (8,9, 11). A través de su bautismo y el Espíritu divino de Dios (11,8; cf. 8,16; Dt 29,3; Is 29,10; 6,9) los creyentes obtienen la "filiación" y son capaces de vivir éticamente (8,14) practicando las cosas del espíritu y evitando las cosas de la carne.[95] En su carta a los Romanos, Pablo refuerza dos realidades éticas muy importantes en la vida de los creyentes: ellos viven y reciben el Espíritu de Cristo, que es el Espíritu de Dios. Los creyentes romanos ahora saben que tienen una vida en libertad para "caminar según el espíritu,"[96] porque "no están en la carne," el camino de "la ruina y la miseria" (3,16). Por lo tanto, con la expresión "caminar en vida nueva" (6,4) — lenguaje que hace hincapié a los pasajes en 7,6; 8,2 y 8,4 y Gl 6,15 (creación nueva) — Pablo los anima a actuar virtuosamente en el poder del espíritu (cf. 8,26).

En la carta a los Romanos, Pablo también contrasta dos realidades opuestas mientras que están asociadas con el espíritu y la carne: la "no-circuncisión" y la "circuncisión" (2,25, 27; 4,9-13); "circuncisión del corazón" y "la circuncisión de la letra" (2,29); "cosas buenas" y "cosas malas" (3,8); "caminar según el espíritu" (8,4-5) y "caminar según la carne" (4,1; 8,4-5); la "justicia" y la "muerte" (6,16); "la ley de la mente" y "la ley del pecado" (7,23); "la mente del espíritu" (8,6, 27) y "la mente de la carne" (8,6-7); "la salvación" (8,13; 10,10) y "la muerte" (8,13). Un punto a destacar es el hecho de que Pablo no clasifica la ley mosaica bajo la carne. En su carta a los Romanos, encontramos el replanteamiento de su evaluación del contraste (el espíritu vs. la ley mosaica) que se destacaron en sus cartas anteriores. A diferencia de su punto de vista radical de la ley en Gálatas, en

94. Cf. Fitzmyer, *Romans*, 490.

95. Aunque los creyentes están "en el espíritu" (Ro 8,9), todavía están propensos a vivir "según la carne". Sin embargo, para Pablo, el poder extraordinario del espíritu dado a los creyentes es más fuerte que el deseo humano. El espíritu les permite derrotar a los deseos de la carne (Ro 8,13; Gl 5,24) incluso mientras se vive "en la carne". Véase Dunn, *Jesus and the Spirit*, 312-18, 337-38; Dunn, "Rom 7:14-25," 269.

96. Cf. Sand, *Der Begriff 'Fleish'*, 203.

Romanos, él intencionalmente lo disocia de la carne (vicios) o de las cosas de la carne. El pensamiento de Pablo ahora demuestra su visión positiva de toda la ley mosaica, cuando usa el lenguaje de "la ley" en conexión con el espíritu.

"La Mente de la Carne" y la "Ley de Dios" (8,7)

El contraste entre "la mente de la carne" y la "ley de Dios" es otra manera de cómo Pablo amplía aún más la antítesis espíritu-carne dentro de su nuevo marco general de su ética. Para él, la carne en su propia naturaleza es "enemistad para Dios" (8,7-8);[97] es decir, la mente de la carne está asociado con la maldad y los vicios. Mientras el espíritu está conectado con Dios, Cristo y con la justicia/rectitud (virtud); la carne está asociada con "la ley del pecado y de la muerte" (8,2; 7,25) y con "la esclavitud de la corrupción" (8,21), pero *no* con la ley mosaica. Keener desarrolla este contraste en términos de dos formas de pensamiento: el de "la mente de la carne" y el de "la mente del Espíritu" (Ro 8,5-7). Desafortunadamente, su detallada exégesis del pasaje se centra en la comparación entre el pensamiento de Pablo con los textos judíos y greco-romanos. Como resultado, él no proporciona un argumento cuidadoso de las implicaciones éticas. Keener destaca la nueva identidad de los creyentes en unión con Cristo y con el Espíritu de Dios, pero no proporciona un argumento sobre los detalles acerca de las dos maneras de pensar de Pablo y mucho menos su asociación a la ley mosaica y la ley de Dios.[98] Cuando Pablo habla sobre la ley de Dios (véase también 7,25), él lo asocia directamente con el espíritu (el Espíritu de Dios y de Cristo), una vez más, haciendo hincapié a la estrecha asociación de la función del espíritu como *fuente* junto con la ley de Dios. Pablo reafirma que la naturaleza del espíritu es Santo (1,4; 5,5; 9,1; 15,16). Como Fee argumenta, en la mayoría de los casos, el énfasis de Pablo sobre el espíritu como Santo conlleva implicaciones éticas para los creyentes que viven en el Espíritu Santo y facultados por el.[99]

En este sentido, el rol del Espíritu de Dios como la *fuente* de todas las virtudes es retomado como el "origen" de la santidad y justicia/rectitud.

97. Como en otras de sus cartas, Pablo habla de la carne como refiriéndose al cuerpo físico (1,3; 2,28; 4,1; 8,3b; 9,3, 5; 11,14); sin embargo, más a menudo, él habla de la carne como la condición pecadora de la naturaleza humana (6,19; 7,5, 18, 24; 8,3; 98). Cf. Fitzmyer, *Romans*, 544.

98. La única vez que Keener (*The Mind of the Spirit*, 141) se refiere brevemente al aspecto ético del contraste entre las dos formas de pensamiento de Pablo es al final de su discusión de la "mente del espíritu" (Ro 8,5-7).

99. Fee, *God's Empowering Presence*, 593.

Debido a la naturaleza santa del espíritu, Pablo identifica la ley de Dios con la ley del espíritu vivificante. Sin embargo, la "ley de Dios" no es la ley mosaica, pero es un tipo de "ley" idéntica a la "ley del espíritu," también conocida como "la ley de la fe" (3,31). En este sentido Tobin observa que en Romanos el rol del espíritu pasa a ser vista "igual que una ley"; aunque el espíritu no es una "ayuda" en la observancia de la ley mosaica, es una "ayuda" en la observación de la ley de Dios.[100] Esta ley es la clave de la libertad (guiada por el espíritu) del "cumplimiento" de la ley mosaica (cf. 2,25–29; 4,9–12). Es esta la ley que domina las cosas de la carne y lleva a los creyentes a la virtud, la rectitud y la santificación (6,19; cf. 8,10). Pablo es enfático en su reinterpretación del papel del espíritu como *fuente* cuando él asegura a los creyentes romanos que su recepción del espíritu en su bautismo (cuando reciben "filiación" [8,15, 23] o se hacen "hijos de Dios" [8,21; 9,8]) les permite experimentar el "fruto(s) del espíritu" (amor, 8,15–23).[101] Esto significa que la práctica de las virtudes es en el poder de la ley del espíritu vivificante. En Romanos las virtudes más mencionadas son la justica (1,17; 3,5, 21–22. 25–26; 4,3, 5–6, 9, 11, 13, 22; 5,17, 21; 6,13, 16, 18–20; 8,10; 9,30–31; 10,3–6, 10; 14,17), fe (1,5, 8, 12, 17; 3,3, 22, 25–28, 30–31; 4,5, 9, 11–14, 16, 19–20; 5,1–2; 9,30, 32; 10,6, 8, 17; 11,20; 12,3, 6; 14,1, 22–23; 16,26), amor (5,5, 8; 8,35, 39; 12,9; 13,10; 14,15, 15,30), paz (1,7; 2,10; 3,17; 5,1; 8,6; 14,17, 19; 15,13, 33; 16,20), esperanza (4,18; 5,2, 4–5; 8,24; 12,12; 15,4, 13), obediencia (1,5; 5,19; 6,16–17; 15,18; 16,19, 26), y conocimiento (1,28; 2,20; 10,2; 11,33; 15,14).[102] Mientras que los vicios más frecuentes son los hechos pecaminosos (3,9, 20; 4,7–8; 5,12–13, 20–21; 6,1–2, 6–7, 10–14, 16–18, 20, 22–23; 7,5; 7,7–9, 11, 13, 14, 17, 20, 23, 25; 8,2–3, 10; 11,27; 14,23), maldad (1,29–30; 2,9; 3,8; 7,19; 12,9; 13,3, 4; 14,20), injusticia (1,18, 29; 2,8; 3,5; 6,13; 9,14), lujuria (1,24, 27; 7,7; 13,14), incredulidad (3,3; 4,20; 11,23), e impiedad (1,18; 4,5; 5,6; 11,26).[103] Hay tres puntos importantes que vale la pena destacar: primero, la mayoría de las virtudes encuentran su opuesto en los vicios; segundo, similar a Gálatas, hay más vicios enumerados que

---

100. Tobin, *Paul's Rhetoric*, 297.

101. Pablo hace varias referencias a la palabra "frutos" (1,13; 6,21, 22; 7,4, 5; 15,28).

102. Otras virtudes son la misericordia (11,31; 12,8; 15,9), verdad (1,18; 2,8, 20; 3,7; 15,8), bienaventuranza (4,6–9; 14,22), alegría (12,8; 14,17; 15,13, 32), tolerancia (2,4; 3,26), confraternidad (12,7; 15,31), amabilidad (2,4; 11,22), justo juicio (2,5), compasión (12,1), paciencia (2,4), hospitalidad (12,13), amor fraternal (12,10), sabiduría (11,33), y generosidad (12,8).

103. Otros vicios mencionados son la impureza (1,24; 6,19), homosexualidad (1,26, 27), idolatría (1,23, 25; 2,22), luchas (1,29; 13,13), inmoralidad sexual (13,13), libertinaje (13,13), venganza (12,19), mentira (3,4, 7), engaño (1,29), celos (13,13), odio a Dios (1,30), ira (2,8), malicia (1,29, 2,5, 8), embriaguez (13,13), codicia (1,29), dureza de corazón (2,5), insolencia (1,30), arrogancia (1,30), y envidia (1,29).

virtudes y tercero a diferencia de las cartas anteriores, las virtudes que frecuentemente se mención son justicia y fe.

La "Letra" y el Espíritu

Similar a la segunda carta a los Corintios, Pablo habla del espíritu como el opuesto a la letra. Él escribe, "judío es el que es en su interior y la circuncisión real es la del corazón, en el espíritu no en letra, la alabanza del cual no viene de los hombres, sino de Dios" (2,29).[104] En la "novedad" del espíritu y según el evangelio, la práctica de la circuncisión física — lo "viejo" de la letra — ya no es necesaria, porque la circuncisión "real" es del "corazón" y en el espíritu (7,6; 6,4). Retomando el lenguaje de "esclavitud" de su argumento en Gálatas (capítulos 3–4), Pablo relaciona la letra con el espíritu de esclavitud (8,15) y no con el espíritu de adopción (8,15).[105] Vale recalcar que la frase el "espíritu de esclavitud" *no se refiere* a la ley mosaica como en Gálatas, sino a un estado en el cual los creyentes son dominados por la carne en la esclavitud de corrupción (8,21). Ellos son quienes "viven según la carne" y están destinados a morir (8,13; cf. 7,5). De forma similar a Gálatas (3,11), Pablo escribe, "porque la justicia de Dios está revelada de fe a fe, como está escrito, 'el justo por la fe vivirá'" (1,17).[106] Cuatro puntos importantes son dignos de mencionar: primero, la justicia es "de Dios" (117; 3,21, 25–26; 10,3); segundo, para ser justo la fe es la virtud clave,[107] de hecho, él llama a la fe la justicia "de la fe" (10,6); tercero, la justicia no es a través de la observancia de la ley mosaica (3,20–21, 28; 4,5; 9,31; 10,4–5), sino por medio de Jesucristo (3,24–25; 5,1–2, 9, 17–19; 6,5, 7; 9,33; 11,36);

104. La declaración de Pablo resuena lo que escribe Jeremías, "voy a poner mi ley en su interior; lo escribiré en sus corazones" (31,33) y Ezequiel, "pondré dentro de vosotros mi espíritu y hare que caminen deacuerdo a mis estatutos" (36,27). En base a 7,27 y 7,29, Westerholm ("'Letter' and 'Spirit,'" 236, 239) sostiene que el término "letra" se refiere concretamente a las exigencias de la ley mosaica. Los judíos fueron obligados a obedecer; sin embargo, la obediencia a la ley mosaica resultó en "servidumbre" a la ley del pecado y de la muerte.

105. El espíritu que mora en los creyentes demuestra que los creyentes son verdaderamente "hijos de Dios" (8,14–16, 21, 23). Cf. Matera, *Romans*, 198.

106. El término "justicia" aparece constantemente en la carta: 1,17; 2,5, 13, 3,5, 20–26, 28; 30; 4,2–3, 5, 25; 5,1–2, 16–19; 6,5, 7, 13, 16, 18–20; 8,10; 9,30–31; 10,3–6; 12,2. "La justicia de Dios" es un don que proviene de Dios y a través del Espíritu Dios otorga justicia a los creyentes. Como Casalini (*Le Lettere di Paolo*, 15–16) sugiere, este don significa especialmente el perdón del pecado que Dios otorga a todos los que creen en el evangelio de Cristo, que murió en la cruz como expiación por nuestros pecados. Sobre la justicia de Dios en Pablo, ver Hultgren, *Paul's Letter to the Romans*, 605–15; Käsemann, *New Testament Questions*, 168–82; Fitzmyer, *Romans*, 105–107.

107. 1,17; 3,22, 25–26, 28, 30; 4,3, 5–6, 24; 5,1–2; 9,30, 33; 10,4; cf. 4,23; 16,26.

y cuarto, la justicia guía a los creyentes a la meta, que es la salvación al reino de Dios.[108] La salvación ahora incluye a los creyentes tanto judíos y gentiles (2,2; 3,19) que tienen fe en Cristo.[109]

Pablo afirma que "el objetivo de la ley es Cristo resultando en la rectitud/justicia para todo aquel que cree" (10,4; también 6,22; 6,19).[110] Como Cristo ha sido resucitado, la expectativa es que los creyentes también resuciten (6,5; 10,9; 14,8-9); ellos están esperando ansiosamente en la esperanza (8,24-25; 12,11), porque su salvación está más cerca de lo que ellos creen (13,11). Lo que está en juego para Pablo es que con la muerte de Cristo la humanidad ha sido crucificada con él; como resultado, la carne (el cuerpo del pecado) no es efectiva para servir al pecado (6,6). Ellos han muerto a la carne a fin de vivir para Dios como Cristo vive para Dios (6,10). En el poder de espíritu, ellos "caminan en novedad de vida" (6,4), una conducta que es agradable a Dios (8,9; 12,1-2; 14,18; 15,16, 27, 32). En Romanos, el papel del espíritu también está estrechamente relacionada con el objetivo (la esperanza escatológica). Pablo escribe, "el reino de Dios no es comida ni bebida, sino es justicia, paz y gozo en el Espíritu Santo" (14,17). Pablo recalca nuevamente la idea de que la verdadera justicia, por lo tanto la salvación, no viene de normas dietéticas, sino de la fe en Jesucristo, en el Espíritu Santo. Es en el Espíritu Santo que los creyentes serán guiados hacia la resurrección escatológica del cuerpo y de la salvación eterna y ellos serán "conformados a la imagen del Hijo de Dios, Cristo" (8,29).

---

108. 1,16; 2,7; 3,4; 14,17; 5,9-10, 18, 21; 6,4-6, 8, 10-11, 22-24; 8,11, 23-25, 30; 9,27; 10,1, 9-10, 13; 11,11, 25, 36; 13,11; 14,17. Pablo asocia a menudo la palabra "meta" con "gloria" (2,7, 10; 3,7; 4,20; 5,2; 6,4; 8,18, 21, 30; 9,4, 23; 11,36; 15,6, 9; 16,26) y "gracia" (1,5, 7; 3,24; 4,4, 16, 20; 5,2, 15, 17, 20; 6,1, 14, 15; 11,5; 12,3; 15,15; 16,20). Una vez Pablo muestra retóricamente la gracia como un contraste de la ley (6,15). Además, para él, el regalo de la salvación está vinculado con "la llamada de Dios," un tema que se recalca a lo largo de la carta (1,6; 8,28, 30; 9,12, 24-26; 10,12, 14; 11,5, 29). Véase el tema de la elección en 11,7, 28.

109. 2,5; 3,20, 22-23; 3,29-30; 5,15-17; 6,23; 10,4, 10, 13; 12,6.

110. Tobin ("Romans 10:4," 272-80) señala que el significado del término "meta" o "objetivo" en 10,4 es ambiguo. En su argumento, Tobin sostiene que Cristo no es el fin de la ley, pero su objetivo para la justificación de todo aquel que tiene fe. Pero no es una justificación a través de la observancia de la ley mosaica, sino a través de la fe (1 Co 9,14; Flp 3,12-16). Tobin concluye, si Cristo fuera el "final" de la ley mosaica, entonces, el testimonio de la ley de Cristo no tendría ningún peso. Por lo tanto, la meta en este contexto significa "objetivo" en lugar de "fin". Cristo es el objetivo de la ley para la justicia de los creyentes que tienen fe, una justicia que continúa no a través de la observancia de la ley, sino por la fe en Cristo.

La Ley del Espíritu del Dios Vivificante
y el Mandamiento del Amor

Pablo enfatiza la ley del espíritu de vida o vivificante a menudo como la "ley de la fe" (3,27), la "ley de Dios" (7,22, 25; 8,7), la "ley de la mente" (7,23) y tal vez la "ley de la justicia" (9,31).[111] La ley establecida en Gálatas (6,2; 5,14) es ampliada en términos de la triple dinámica del amor encontrados en la primera carta a los Corintios (amor a Dios, amor a Cristo y amor a los creyentes y a los injustos). Sin embargo, esta triple expresión del amor es ahora en relación con el espíritu, Dios y Cristo: el amor del espíritu, el amor de Dios y el amor de Cristo.

Pablo mantiene su posición que la práctica de la ley del espíritu de vida, da la vida de rectitud a los creyentes (8,10). Por consiguiente, Pablo exhorta a los creyentes romanos "a no ser perezosos, pero ser ardientes en el Espíritu, sirviendo al Señor, alegres en la esperanza, soportando en la tribulación y perseverantes en la oración" (12,11). El hincapié de Pablo en la ley del espíritu le llevó a asociarlo directamente con la virtud del amor. Al final de la carta, exhorta a los creyentes diciendo: "ahora os exhorto hermanos a través de nuestro Señor Jesucristo y por el amor del Espíritu Santo a luchar junto conmigo en la oración en mi nombre ante Dios" (15,30). Como Pablo habla ahora del "amor del espíritu," también habla del "amor de Dios".[112] Él escribe, "el amor de Dios ha sido 'derramado' en nuestros corazones por el Espíritu Santo habiendo sido dado a nosotros" (5,5).[113] Según Pablo, Dios ha demostrado su amor a la humanidad pecadora, enviando a Su Hijo (8,3), "derramando" Su amor en los corazones de los creyentes a través del Espíritu Santo. A cambio, los creyentes están llamados a amar a Dios (8,28).

Como en Filipenses, Pablo habla del "amor de Cristo," un amor que ha sido verdaderamente demostrado en su "muerte en la cruz" (8,37). A este amor Pablo se refiere cuando escribe, "quien nos separará del amor de Cristo" (8,35). En su carta a los Romanos, Pablo no sólo trata al espíritu como una "ley"; pero también enmarca la función del espíritu como la *fuente* en su enseñanza ética en estrecha conexión con la virtud del amor, que ha sido

---

111. La frase "la ley de la justicia" es una expresión inusual de Pablo, pues él no lo usa en sus otras cartas. El argumento más convincente es ofrecido por Hultgren (*Paul's Letter to the Romans*, 378; see also Fitzmyer, *Romans*, 578), quien sostiene que la "ley de justicia" debe tomarse en una forma de vida en la que un creyente sigue la "ley de justicia" conforme a los mandamientos de la ley.

112. Esta es la última mención del espíritu en Romanos, y sólo aquí Pablo habla del "amor del espíritu".

113. Véase también 5,8; 8,35, 37, 39; 9,13, 25; 11,28.

la virtud suprema.[114] En su pensamiento, la "ley del espíritu" no es otra ley que el mandamiento del amor (13,8–10, 15; 15,14; 15,2). En su exhortación ética, exhorta a los creyentes romanos a "hacer el bien a todos, judíos y griegos" (2,10). Nuevamente, el pensamiento de Pablo sobre la virtud del amor está en continuidad con lo que él escribió primero en Gálatas (6,1–10) y luego en la primera carta a los Corintios (12–14) acerca del amor entre los creyentes. En su carta a los Romanos, sin embargo, no es sólo la exhortación a amarse el uno al otro en comunidad; esta práctica de amor también se expande a los gentiles.[115] Dios y Cristo son los ejemplos del amor indiscriminado y sobre este mandamiento "universal" de amor y espíritu es que se mantiene la ley del espíritu. En esta ley Pablo está convencido, que nada podrá separar a todos aquellos que creen en "el amor de Dios en Cristo Jesús, Señor nuestro" (8,39).

En Romanos, el mandamiento del amor es la "consumación" de la ley mosaica (13,8–10). Él escribe, "no debas nada a nadie, excepto ámense el uno al otro; porque quien ama al otro ha cumplido la ley" y todos los mandamientos se cumplen en esta palabra, "amarás a tu prójimo como a ti mismo" (13,8–9; cf. Lv 19,8). La declaración de Pablo *re*afirma su declaración en Gálatas (Gl 5,14), pero la negatividad hacia la ley mosaica ha desaparecido. Él reconoce que la ley tiene un lugar en la revelación de Dios. Sin embargo, es en la ley del espíritu que exhorta a los creyentes a conducir sus vidas virtuosamente (12,9; 13,8–10; 14,15; 14,21; 15,2) y evitar los vicios. Pablo exhorta a los creyentes romanos: "hagan que el amor sea auténtico, aborrezcan el mal, aferrándose a lo bueno" (12,9; cf. 12,17), "no se dejen conquistar por el mal, sino venzan el mal con el bien" (12,21) y "hagan el bien y tendrán alabanza por ello" (13,3; cf. 9,11; 15,14). A través de estas prácticas, ellos pueden experimentar la libertad guiada por la ley del espíritu y la transformación ética para la renovación de su mente y corazón a través del Espíritu Santo. Esta experiencia espiritual se entiende dentro del marco ético donde la obediencia, la esclavitud a Dios y la justicia se convierten en los aspectos más importantes en la vida santa y virtuosa de los creyentes. Esta es la manera en que ellos demuestran cuál es la voluntad de Dios (12,2).

114. Cf. Wendland, *Éthique du Nouveau Testament*, 66–67. Él apela a Ro 6 y 8 para argumentar que la ética de Pablo es esencialmente una ética de *amor en el Espíritu*.

115. Pablo hace varias exhortaciones en relación al amor: por ejemplo, exhorta a la humildad y al amor dentro de la comunidad (12,3–8), amor a todos, incluso a los enemigos (12,9–21), la sumisión a la autoridad civil (13,1–7), y amor hacia el débil (14,1–15,6).

Conclusión

En la carta a los Romanos, el rol del espíritu como *fuente* de todas las virtudes cristianas es enfatizado y ampliamente revisado. Su punto de vista sobre el espíritu especialmente en relación a la ley mosaica es considerablemente cambiado. Pablo mantiene al espíritu como el Espíritu de Dios y el Espíritu de Cristo e identifica a este espíritu como Santo. El papel del espíritu no es exclusivamente ético; su función es dirigido hacia la esperanza escatológica. Dentro de este contexto, presenta su predicación del evangelio, el evangelio de Cristo y el evangelio de Dios; como proveniente del poder de Dios y de su Espíritu Santo. Cuando presenta su evangelio a los creyentes romanos, el papel ético del evangelio es igualmente enfatizado. El evangelio, es también el evangelio del Hijo de Dios, trabaja de forma dinámica en unión con el Espíritu Santo de Dios, para producir una vida virtuosa y santa. Esta dinámica de trabajo es explicada por Pablo en términos de la "ley del espíritu" y "la ley de Dios". Aunque la ley mosaica es incapaz de proporcionar a los creyentes una vida ética, él enfatiza la naturaleza divina de la ley mosaica, su bondad y santidad. Pablo corrige las declaraciones negativas que hizo anteriormente en Gálatas mostrando ahora al espíritu no en oposición a la ley.

En relación con el contraste del espíritu y la carne, la carta a los Romanos determina dos consecuencias escatológicas en términos de "caminar según el espíritu" y "caminar según la carne". La primera refleja las cosas del espíritu (virtudes) y el segundo refleja las cosas de la carne (vicios). La vida en el espíritu lleva a la salvación y la vida en la carne conduce a la muerte; así, el espíritu representa la novedad de la vida en la ley del espíritu (la ley de la fe/la ley de Dios/la ley de la mente) y la carne representa la ley del pecado y la muerte. Estas dos realidades éticas opuestas, utilizando espíritu/virtudes y carne/vicios, también son ilustrados en términos del contraste entre la "ley de Dios" y "la mente de la carne". La primera se asocia con el espíritu, con la justicia y la santificación y el segundo con la esclavitud y con la corrupción. La conexión de la ley del espíritu con la virtud del amor es definida por Pablo como "el amor del espíritu," que ahora está arraigado en el amor de Dios y el amor de Cristo. Esta ley del amor es la consumación de la ley mosaica (mandamiento del amor), en la que los creyentes caminan según el espíritu y están conformes a la imagen y semejanza del Hijo de Dios.

CONCLUSIÓN: EL ESPÍRITU Y LAS VIRTUDES EN LAS CARTAS POSTERIORES DE PABLO

Mientras que Pablo amplía aún más su visión del espíritu, de ser preeminente (sus cartas anteriores) a ser la *fuente* de todas las virtudes cristianas (cartas posteriores), la relación del espíritu con su enseñanza acerca de las virtudes y la evitación de los vicios pasa a ser plenamente establecido en Romanos. En el transcurso del desarrollo del espíritu como la *fuente* de todas las virtudes, Pablo pone en relieve tres áreas principales reflejadas en sus primeras cartas: el primero, la relación del espíritu con el evangelio de Cristo; segundo, el contraste entre el espíritu y la carne; y tercero, la conexión del espíritu con las virtudes, especialmente con el mandamiento del amor. Todas las cualidades éticas atribuidas al espíritu por Paul se originan en Dios mismo. Ofrezco otra alternativa a lo que Keener ha proporcionado en su — quizá — inconcluso argumento. Su análisis se ha centrado en el rol del Espíritu de Dios como la "mente" de Dios, que guía la mente humana y ayuda a "dar forma" el *pensamiento* de aquellos que están en Cristo" y así "experimentar algo de la mente de Jesús".[116] Mientras Keener trata la mente del espíritu como una especie de "ley" (la mente del amor, la fe, de Dios y de Cristo), él omite completamente el énfasis en las implicaciones éticas de *cómo* la "mente" como el Espíritu de Dios moldea y transforma la de los creyentes en Cristo. De hecho, Keener no muestra cuidadosamente *cómo* los elementos esenciales en la enseñanza ética en torno al espíritu — el evangelio, el contraste entre el espíritu y la carne, las virtudes y la ley de Cristo/mandamiento del amor — están relacionados entre sí.

El factor más importante en su enseñanza ética, como veremos en el capítulo 4, es que por definir al espíritu como el Espíritu de Cristo y vincular estrechamente el evangelio de Cristo con la virtud del amor, la naturaleza del espíritu cambia. La función principal del espíritu como *fuente* de todas las virtudes en la ética de Paul se centra en la figura de Cristo (el Hijo de Dios). El concepto griego del espíritu conocido como el Espíritu Santo y divino de Dios (conocidos ya en las tradiciones judía helenista y filosófica-griega) entra en una nueva dimensión a través de Cristo. El espíritu empoderado por el poder divino de Dios abarca toda la dimensión perfecta y divina. Estos son conceptos nuevos para judíos y gentiles creyentes. Según la enseñanza de Pablo, el Espíritu de Dios tiene el poder de transformar la realidad humana de los creyentes en un ser (transformado) espiritual, virtuoso, santo, perfecto y eterno, cualidades que pertenecen a la esfera de lo divino.

---

116. Keener, *The Mind of the Spirit*, 128.

4

El Espíritu Como el "Habilitador" en la Exhortación en la Práctica de las Virtudes Cristianas

LA INVESTIGACIÓN DETALLADA DE Pablo de su presentación del espíritu como preeminente y *fuente* de todas las virtudes ha arrojado nueva luz para entender mejor cómo su pensamiento sobre el espíritu ha desarrollado a lo largo de su encuentro con los creyentes de las distintas comunidades cristianas en las *poleis* greco-romanas. Esa interacción con ese mundo le permitió su legado judío y helenista, converger culturalmente con su propia identidad religiosa y con sus convicciones personales. También ha ayudado a formar su actitud hacia ciertas creencias y prácticas judías (p. ej., circuncisión, templo, los mandamientos éticos de la ley, y las leyes de la alimentación). Si bien es cierto que su entendimiento del espíritu ha sido altamente alterado y/o transformado por su experiencia divina de Cristo resucitado,[1] su reinterpretación del espíritu en su doctrina sobre las virtudes después de su "llamada profética" refleja una conversación continua con el amplio mundo griego.[2] Este capítulo muestra cómo la primacía del espíritu como el "habilitador" está firmemente establecida en su enseñanza sobre las virtudes en su nueva concepción de liberación.[3] También doy una

1. Pfleiderer, *Primitive Christianity*, 1:409; *Lectures*, 76, 80.

2. En el proceso de mantener su identidad judía, los judíos de la diáspora griega intentaron conformar algunas de sus creencias judías a la dominante cultura helenista en las *poleis* encontrando armonía entre algunas de sus tradiciones bíblicas y los valores de la cultura helenista (p. ej., Aristóbulo, Filón, la *Carta de Aristeas* y Josefo).

3. Aquí el término liberación no se entiende en el sentido de la "liberación"

sugerencia sobre la postura filosófica de Pablo basada principalmente en la discusión del espíritu en su enseñanza ética.[4]

LA FUNCIÓN DEL ESPÍRITU EN LA CONDUCTA MORAL DEL CREYENTE

El desarrollo gradual de la primacía del espíritu ha sido demostrado en las siete cartas auténticas de Pablo. Es evidente que él privilegia al espíritu consistente y deliberadamente — primero como preeminente y luego como *fuente* — de manera que su nueva concepción de liberación en relación con su ética está totalmente permeada por el espíritu. Como resultado, el papel desempeñado por el espíritu resulta fundamental en la adquisición de las virtudes y el rechazo de los vicios. El tratamiento especial de Pablo sobre el espíritu se resume principalmente en tres aspectos importantes: (1) el espíritu está estrechamente conectado con la suprema virtud del amor; (2) es representado como la *fuente* de donde fluye todas las virtudes; y (3) está vinculado con la esfera inmaterial de lo divino.

El Espíritu y la Virtud Cristiana del Amor

En sus siete cartas auténticas, Pablo conecta el concepto espíritu con la virtud del amor. De hecho, para él, el amor es la virtud *por excelencia, la reina entre todas las virtudes.* En la primera carta a los Tesalonicenses, el amor se expresa en la virtud de confraternidad, y fue altamente apreciado en el *T12P*. Es una virtud enseñada por el mismo Dios (a los creyentes) y exhortada a ser practicada (por los creyentes) (3,12; 4,9–12). En Gálatas (la carta donde Pablo establece el marco de su enseñanza ética por primera vez), la virtud del amor es presentado como el *primer* "fruto" del espíritu (5,22). En la primera carta a los Corintios (13,4–7), la virtud del amor es descrito como el todo, sosteniendo todo y perdurando todo. En la segunda carta a los Corintios, la virtud del amor está asociado directamente con Dios cuando Pablo lo llama "el Dios del amor" (13,11–13). En Filemón, la virtud del amor está vinculado con el evangelio que predica Pablo. Onésimo, Filemón y su familia viven la enseñanza del evangelio "por amor". En Romanos la virtud del amor es identificado como la ley del espíritu (8,2).

(según el apocalípticismo de Martyn) del "presente tiempo malo"; sino, hablo de la liberación de la "observancia" de la ley mosaica como un código de principio de guía ética para los creyentes que están participando en la "nueva" vida.

4. Para evitar repeticiones, sólo pasajes claves de Pablo se citan en este capítulo. Para más ejemplos, vea los respectivos debates en los capítulos anteriores.

Pablo presenta al espíritu como la fuerza divina, un "habilitador" en la nueva concepción de liberación basada en la virtud del amor. Por ello, él enfatiza tres aspectos fundamentales de su enseñanza ética (la dinámica triple del espíritu). En sus primeras cartas, son el amor de Dios, el amor de Cristo, y el amor entre los creyentes. En su nueva doctrina de liberación, fuera de la observancia de la ley mosaica, el espíritu como el poder divino actúa entre las dos dimensiones del amor: (1) la relación entre los creyentes y Dios (vertical), y (2) la relación entre los creyentes (horizontal). Es verdad que Pablo no habla del "amor a la virtud". Sin embargo, cuando destaca la triple dinámica del espíritu en Romanos, él habla del "amor del espíritu" junto con "el amor de Dios" y "el amor de Cristo". Mientras que Pablo habla del "amor del espíritu" (Ro 15,30), su énfasis está también en "el amor de Cristo" (2 Co 5,13), así, dinámicamente conectando las virtudes con los dos, el espíritu y Cristo. Para Pablo, el amor de Cristo (su entrega hasta el punto de morir en una cruz) es el verdadero modelo del amor (2 Co 5,14-21; 134; Gl 1,3-4; 2,20; Flp 2,6-11).[5] El amor del espíritu es el "Espíritu de Cristo", une "el amor de Dios" y el amor entre los creyentes en "un amor", como él habla de "un espíritu" y el "mismo espíritu".[6]

Una de las importantes manifestaciones del espíritu como *fuente* y su relación con la virtud del amor es observada especialmente en la perspectiva de Pablo sobre el monoteísmo, la dimensión vertical del amor. En su nueva concepción de liberación, el espíritu viene a ser asociado con el culto del único y verdadero Dios (Ro 1,18-32) y el "conocimiento de Dios" (Ro 121, 28).

Esta relación divina entre el espíritu y el amor se visualiza en el énfasis de Pablo en el amor hacia los demás (la dimensión horizontal del amor). Él describe la amistad y el amor de Dios hacia los creyentes dentro de lo que constituye su propio principio ético: el mandamiento del amor. Esta ley es referida a veces como la ley de Cristo (Gálatas), la ley del espíritu y la ley de Dios (Romanos). Pablo habla de un *amor* recíproco entre un Dios amoroso quien es amado por Dios.[7] Los creyentes poseen el espíritu y son capaces de poner en práctica el mandamiento del amor, por lo tanto, vivir en confraternidad y compartir en los dones. Mientras que Pablo no permanece fiel a la "observancia" de la ley mosaica, él tiene mucho en común con otros autores judíos-helenistas. Su enseñanza sobre las virtudes permanece arraigada en el amor esencial de Dios y el amor de los seres humanos por igual.

---

5. Cf. Hays, "Christology and Ethics," 274.

6. Véase, 1 Co 12,4, 8-11; 10,3-4; 2 Co 7,1; 12,18.

7. Cf. Downing, *Cynics*, 219.

El Monoteísmo de Pablo

Para Pablo, como lo fue para todos los judíos, "Dios es Uno" (Gl 3,20; 1 Co 8,4; Ro 3,30).[8] Aunque Pablo reconoce a los seres celestiales como "dioses" (1 Co 8,5), para él hay un sólo y verdadero Dios (1 Co 8,6; cf. 1 Co 12,4–6). Él describe a Dios como Padre y quizás influenciado por el lenguaje estoico, llama a Dios el Creador de "todas las cosas" (*panta*, 1 Co 8,6).[9] Similar a su contemporáneo Filón,[10] su descripción de las cualidades del Dios invisible refleja lenguaje del platonismo medio: Dios es Eterno, Poderoso, Invisible, Incorrupto, e Inmortal (Ro 1,20–23; cf. Ro 11,33–36).[11] Sobre esto, Dahl sugiere correctamente que Pablo no sólo está en acuerdo con los judíos, sino también con helenistas instruidos, griegos y romanos.[12] En la tradición filosófica-griega de Pablo, como en la de Filón, "Un Dios" expresaba un monoteísmo conceptual. Esta tradición se remonta a Jenófanes (ca. 500 ac), quien dijo: "un solo Dios el mayor entre los dioses y seres humanos, no es en modo alguno similar a los mortales ya sea en el cuerpo o en el espíritu/mente".

La principal preocupación ética de Pablo sobre el monoteísmo es la idolatría (1 Ts 1,9–10; 1 Co 8,5–6; 2 Co 6,19; Gl 5,20; Ro 1,23), el camino directo hacia la depravación moral (Ro 1,18–32). En Pablo, el pecado de idolatría es descrito como el "origen" o la "raíz" (cf. Ro 1,23, 25) de todo tipo de vicios y pecados (Ro 1,24–32).[13] Por ejemplo, idolatría está estrechamente asociada con la "lujuria del corazón" (Ro 1,24), "las pasiones de la deshonra" (Ro 1,26–27), y la "mente depravada" (Ro 1,28–32). Además, la idolatría está muy relacionada con acciones inmorales, particularmente

---

8. Véase también 1 Ts 1,9; 1 Co 8,6; cf. 1 Co 11,12; 15,28; 2 Co 5,18). Para estudios sobre el monoteísmo de Pablo, véase Hagner, "Paul's Christology," 28–29; Schnelle, *Apostle Paul*, 70; Meeks, *The First Urban Christians*, 165–70; Glover, *Paul of Tarsus*, 35; Giblin, "Three Monotheistic Texts," 527–47.

9. Véase también 1 Co 11,12; Ro 11,36; cf. Filón, *Spec.* 1.208–209; Josefo, *Ag. Ap.* 2.167; *A. J.* 4.201. Sobre la influencia estoica en 1 Co 8,6, véase Fitzmyer, *First Corinthians*, 336; Hurtado, *One God, One Lord*, 97–99.

10. Filón apropia el lenguaje del platonismo medio para describir al Existente como invariable, increado, incorruptible, trascendente, inmaterial, invisible, eterno, poseedor de conocimientos, fuente de razón, Existente por sí mismo, autosuficiente, Dios existente, y ser existente (p. ej., *Leg.* 1.51; 2.1–3; *Opif.* 23; *Leg.* 2.2; *Cher.* 44, 52; *Sacr.* 60, 66; *Det.* 124; *Post.* 7, 63, 69). La concepción estoica de Dios como la fuerza que penetra todo está complementado por la concepción platónica de Él como bondad y gracia. Ver Fairweather, *Jesus and the Greeks*, 187–88.

11. Cf. Fairweather, *Jesus and the Greeks*, 388.

12. Dahl, *Studies in Paul*, 179–80.

13. Moo, *Epistle of the Romans*, 117.

las relaciones sexuales no naturales entre hombres y mujeres.[14] Estos vicios y pecados son "actos" de la impiedad y "maldad" (Ro 1,18) y encuentran su origen en el pecado de idolatría. Para evitar estas prácticas perversas, los creyentes son exhortados a alejarse de los ídolos para adorar solo al Dios único (1 Ts 1,9–10; cf. 1 Co 14,25; 2 Co 9,3).[15]

Siguiendo las huellas de sus compañeros judíos-helenistas, que despreciaban especialmente la idolatría egipcia,[16] Pablo apropia como suyo el credo del monoteísmo (el único y verdadero Dios contra los dioses gentiles) del judaísmo helenístico.[17] Él afirma que el templo de Dios no tiene punto en común con los ídolos (2 Co 6,16). De hecho, en 1 Co 10,7, 14–22, Pablo argumenta fuertemente en contra de comer comida sacrificada y comida en los recintos de los templos, un verdadero acto de idolatría y exhorta a los creyentes a "huir de la idolatría" (1 Co 10,14). En su intento de enfatizar el carácter ético del monoteísmo, Pablo universaliza su opinión del monoteísmo. Como la salvación es para los judíos y gentiles, aparte de la observancia de la ley mosaica, el único Dios es también el Dios de todos los judíos y gentiles (Ro 15,9). Todos aquellos que tienen fe en Cristo reciben las promesas de Dios que fueron hechas a los patriarcas de Israel (Ro 9,11).[18]

El Espíritu y las Virtudes Cristianas

Gl 5:13–6:10 marca un hito en cómo Pablo conecta al espíritu con la práctica de las virtudes y la evitación de los vicios. Según él, las virtudes se derivan del Espíritu Santo de Dios; es decir, poseer el espíritu significa tener todas las virtudes. Más adelante, en la primera carta a los Corintios,

14. Elliott (*Documents and Images*, 86, 97–98) señala que la atribución de un comportamiento inmoral a la idolatría era común en la literatura apologética judía. La misma idea se ve en el estoico Epicteto, quien sugiere que "una de las terribles consecuencias de la impiedad (el rechazo a honrar a los dioses) es la tentación a todo tipo de comportamiento inmoral" (Arriano, *Discursos de Epicteto* 2.20.32–35).

15. Elliott (*Documents and Images*, 93) señala que, para los creyentes Tesalonicenses, alejarse de los ídolos "hubiera requerido más que ellos concibieran a un único Dios supremo. Él exige que ellos se alejen del regular culto público de los dioses que sus vecinos no sólo habrían considerado normal y saludable, sino también necesario para el bienestar de la ciudad".

16. P. ej., Filón, *Decal.* 7, 78–80; *Spec.* 1.21–22, 24; *Legat.* 139; Josefo, *C. Ap.* 1.225, 239, 244, 249, 254; 2.66, 81, 86, 128–129, 139, 145–286; *Let. Arist.* 134–138; Sab 13 — 15; *Sib. Or.* 3:8–45, 184–187, 594–600, 764; fragmentos 1:18–21; 3:21–35.

17. Cf. Aristóbulo 124–169; *Jos. Asen.* 11:10–11; Filón, *Spec.* 1.208; *Leg.* 2.1–2; *Legat.* 115; Josefo, *A. J.* 8.91; 4.201; 5.112; 8.335, 337.

18. Cf. Tobin, *Paul's Rhetoric*, 320–382; Matera, *Romans*, 305–26; Fitzmyer, *Romans*, 704–708.

también añade los dones como procedentes del Espíritu Santo de Dios. Lo que implica la virtuosa y santa vida de los creyentes encuentra su fuente en el Espíritu Santo y divino de Dios. Para él, la posesión del espíritu califica al creyente para comportarse virtuosamente y evitar los vicios. Pablo no es el único que relaciona al espíritu con la ética, algunos de los autores judíos y griegos (filosóficos) han conectado de alguna manera el rol del espíritu divino con el desempeño ético. En Pablo, sin embargo, la conexión prominente entre el espíritu y la ética es altamente sofisticada. Su nueva concepción de liberación le permitió desarrollar su entendimiento del Espíritu Santo de Dios como la fuente de todas las virtudes. Pablo ve las virtudes como "fruto" del espíritu (Gl 5,22; cf. Ro 8,23).

En la enseñanza ética de Pablo, es su monoteísmo lo que establece el terreno para tal afirmación. Pablo une la *fuente* de todas las virtudes directamente a Dios (el Espíritu de Dios). En efecto, Dios es la "fuente" del espíritu (Ro 15,19), es la "fuente" de todas las virtudes. Para Pablo, todo lo que es espiritual y virtuoso/justo tiene sus raíces en Dios mismo (1 Ts 2,14; 2,11). Es Dios quien envía a su espíritu, quien es el Espíritu de su Hijo Jesucristo (Gl 4,6). Pablo habla de la poderosa y divina experiencia de recibir el espíritu en el bautismo y en poseerlo (Gl 3,1–5; 4,4; 2 Co 1,22; 5,5). La posesión del espíritu lleva al creyente a las virtudes y al conocimiento de Dios (2 Co 1,13; Ro 1,21). Lo que es característico de Pablo es su entendimiento de "poseer el espíritu" se hace crucial porque permite a los creyentes a estar naturalmente dispuestos a actuar virtuosamente. Ellos tienen el "fruto" del espíritu (virtudes), así que ellos son capaces de actuar de manera agradable a Dios. Como resultado, los creyentes no deben "observar" los mandamientos de la ley mosaica; su fe en Cristo, la recepción del espíritu y la disposición de su mente o intelecto les impulsa a ser virtuosos. El Espíritu de Dios como el "habilitador" asegura lograr una armonía espiritual entre la "mente" y el "cuerpo" humano.

Pablo habla acerca de su concepto *fuente* — junto con la virtud de la fe y la mente/intelecto — como la senda a la perfección y a la adquisición del conocimiento de Dios. El modo de pensar de Pablo habría sido familiar para sus oyentes judíos y gentiles. De hecho, hemos visto que algunos judíos-helenistas y autores greco-romanos hacen hincapié a la estrecha relación entre el espíritu y la mente (p. ej., Menander, Séneca, los estoicos, la LXX, y Filón). La mayoría de estos autores vinculan también el espíritu con el conocimiento de Dios. Sin embargo, la enseñanza ética de Pablo ofrece la mejor representación para una vida virtuosa; en su ética, el espíritu tiene la función de guiar a los creyentes hacia el camino de la virtud, la perfección y el conocimiento de Dios. Caminar según el espíritu es el "camino" de las virtudes y la paz,[19] y no de la ruina y la miseria como el camino de la carne (Ro 3,16–17). Para Pablo, el camino de la virtud es también el "camino" de Jesucristo (1 Co 4,17), a través de las lecciones de su evangelio lleva a los creyentes a las virtudes y, en última instancia, a una vida eterna con Dios. En cuanto a las enseñanzas del evangelio de Cristo, Pablo visualiza al espíritu como la "fuente" del evangelio, porque el evangelio que Pablo predica fue enseñado por el espíritu.

El Espíritu y el Mundo Inteligente Platónico

La construcción de la enseñanza ética de Pablo es de una manera muy similar al de los platonistas medios.[20] El objetivo de vivir virtuosamente en Pablo es moverse (con la ayuda del Espíritu Santo Dios) lo más lejos posible de la esfera del mundo material hacia el mundo inmaterial. Los capítulos anteriores han demostrado que Pablo trata al espíritu de un modo que sus cualidades divinas reflejan los conocimientos del platonismo medio sobre todo del mundo inteligente. De hecho, diversas características relacionadas especialmente con el "mundo *noético*" — como lo divino, inmortal, eterno, incorrupto, inmaterial e invisible son cualidades que el espíritu posee. La vida eterna, hacia el cual el espíritu guía es una vida identificada por Pablo como divino, espiritual, inmortal e incorrupta (Gl 6,8; 1 Co 15). Esa vida (eterna) el creyente está desafiado a alcanzar y vivir en el mundo inteligente.[21] Cuando Pablo escribe a los creyentes de Corinto, él les advierte: "yo digo esto, hermanos, que la carne y la sangre no pueden heredar el reino de Dios, ni los perecederos heredarán lo imperecedero" (15,30), "los injustos no heredarán el reino de Dios" (6,9), y los pecadores, como los fornicarios, idólatras, ladrones, etcétera, tampoco "heredarán el reino de Dios" (6,10). Me gustaría sugerir que el concepto espíritu y las virtudes en la enseñanza ética de Pablo operan dentro de las categorías orientadas del platonismo medio, pero sólo de una manera periférica.

Pablo refleja su pensamiento del "ser poseído por el espíritu" o "ser poseído por la carne" utilizando categorías pertenecientes al platonismo medio emergente. Su nuevo entendimiento del espíritu como *fuente* de

---

19. El término "paz" en Pablo puede referirse a la tranquilidad interna, como sugirieron algunos estudiosos. También puede significar el estado espiritual de la armonía o el equilibrio entre la mente humana" y "el cuerpo del creyente". Sobre el significado de la palabra "paz" en Pablo, véase Keener, *The Mind of the Spirit*, 135–41.

20. P. ej., Timeo de Locros 82–84; Alcino, Didaskalikos 1.152.2–3; 15.172.6–10. Cf. Tobin, "The Fate of Plato's *Timaeus*," 2–3.

21. Cf. Sandmel, *Philo of Alexandria*, 150.

todas las virtudes y como el divino "habilitador" en la nueva concepción de liberación le llevó a establecer indirectamente una visión dualística entre el espíritu y la carne. Él conecta estrechamente la noción platónica del mundo inteligente y el mundo sensible. Una característica importante se encuentra en la enseñanza ética de Pablo; él es el único judío helenista que directa y continuamente enfatiza la asociación entre el espíritu, virtudes y la mente/intelecto. Esta triple relación se encuentra en la LXX y Filón, pero en una forma modesta e indirecta (véase capítulo uno). Mientras que Pablo relaciona al espíritu y virtudes con la mente y el mundo inteligente, también tiende a asociar a la carne (que está asociada con los vicios y malos deseos) con el mundo material y corrupto, que es el reino del mundo sensible (1 Co 1,26; 3,1, 3; 5,5; 10,18; 15,33, 39). Esta comprensión dualista de la realidad ética del espíritu *vs.* la carne está mostrada explícitamente en la primera carta a los Corintios (véase la tabla 2.2 en el capítulo dos). Su asociación del espíritu con la esfera celestial no debería sorprender a los lectores, ya que era frecuente en el judaísmo definir al Espíritu de Dios como divino.

Es característico en Pablo ver que su pensamiento sobre el espíritu y las virtudes son parte del mundo inmaterial, el reino de la mente, la carne y los vicios parte del mundo material. La relación entre las categorías del platonismo medio y el rol desempeñado por el espíritu en la adquisición de las virtudes y el rechazo de los vicios es particularmente la *fuente* de todas las virtudes, donde siempre está vinculada con la meta final. Para él, el principal papel ético del espíritu es llevar al creyente a convertirse en "la imagen o semejanza del Hijo de Dios," Cristo (Rom 8,29), quien también es la "imagen de Dios" (2 Co 4,4; Flp 2,6; Ro 8,29–30). En esta presente y Nueva Alianza, los creyentes están llamados a "imitar" a Pablo (Flp 3, 17), porque imitándole, ellos están también imitando a Cristo. Neil Richardson afirma que "si Cristo es la imagen de Dios y es digno de ser imitado," implícitamente, ellos están "siendo llamados a imitar a Dios".[22]

EL ESPÍRITU DE DIOS IMPREGNANDO LA ENSEÑANZA DE LAS VIRTUDES

A diferencia de otros pensadores judíos-helenistas y greco-romanos, Pablo elige al espíritu, un concepto griego que no tenía significado ético en la tradición filosófica-griega (sólo un uso limitado en el judaísmo helenístico).[23] En esta sección, presento tres características principales que muestran el espíritu, como la *fuente* de todas las virtudes en la vida práctica

22. Richardson, *Paul's Language about God*, 135.

23. Cage, *The Holy Spirit*, 311; cf. Rabens, "The Holy Spirit and Deification," 194.

de los primeros judíos y gentiles creyentes, y se convierte en el punto de partida para el entendimiento de Pablo en su nueva concepción de liberación. Estas son: la adquisición de las virtudes, la práctica para alcanzar las virtudes y la transformación esencial del espíritu.

La Adquisición de las Virtudes

En la enseñanza ética de Pablo el espíritu es claramente supremo; su principal función es llevar al creyente a las virtudes. La recepción del espíritu en el bautismo no requiere esfuerzo humano. Es decir, no hay necesidad de formación, instrucción o práctica para tener o poseer al espíritu, así como lo es en la mayoría de los sistemas éticos de la filosofía griega, poseer al espíritu requiere sólo la virtud de la fe (en Cristo) y una auténtica disposición de la mente. Según Pablo, el Espíritu de Dios tiene el poder de generar "conocimiento de Dios" y "entendimiento," al menos de una forma similar como el espíritu se entiende en la filosofía estoica (1 Ts 2,13; 1 Co 2,16).[24] Cuando el creyente recibe el Espíritu de Dios (el "habilitador") a través de la fe, la mente (o intelecto) del creyente posee el poder divino para ser virtuoso y santo (cf. Flp 2,1–4). El creyente está intelectualmente listo para caminar según el espíritu, y esto sucede *sin* formación, instrucción o práctica. La construcción de Pablo sobre la posesión del espíritu en el corazón/mente de los creyentes es análoga a la representación que hace Filón al patriarca Isaac. A diferencia de los patriarcas Abraham y Jacob, Isaac se asocia con la "naturaleza," un alma que es naturalmente virtuoso, sin ningún esfuerzo humano, leyes, instrucción o práctica. Isaac, por virtud de su propio ser, es capaz de mostrar su piedad (*Spec.* 1.317; *Abr.* 3–4) y vive en un estado de virtud, es decir, perfección. Así mismo, no necesita "práctica" (el "cumplimiento" de la ley mosaica) ni la "instrucción" (la ley mosaica) porque su alma es naturalmente perfecta.

La enseñanza ética de Pablo, es el *mandamiento del amor*, o la ley de Cristo y se asemeja a los tres elementos esenciales de las virtudes: formación, instrucción y práctica. El amor de Cristo se convierte en el paradigma de los creyentes a seguir e imitar (Flp 2,5–11; Ro 14,14–18) a través de la formación y la práctica del amor, la virtud *por excelencia y fuente de las otras virtudes*. De hecho, si el creyente practica la virtud del amor, él o ella está practicando todas las demás virtudes (Gl 5:14; 1 Co 13). Pablo insta constantemente a los creyentes a ser capacitados, y practicar el amor hacia el otro, según el mandamiento del amor o de la ley de Cristo.[25] La formación

24. Engberg-Pedersen, *Cosmology*, 65. Véase también el capítulo uno.

25. P. ej., 1 Ts 3,1–9; 1 Co 13,1–13; 2 Co 2,5–11; Gl 5,13–15; 6,1–10; Flp 1,9; 2,1–11;

y práctica para vivir el mandamiento del amor, por lo tanto, requieren un esfuerzo individual. En una ocasión, Pablo describe la importancia de la formación en las virtudes y su práctica mediante el uso de imágenes atléticas (cf. 1 Co 9,24–27). El Espíritu de Dios da a los creyentes la seguridad de que poseen el poder intelectual para practicar las virtudes y llegar a la salvación eterna. También tienen que practicar la virtud del amor a fin de poner en práctica las demás virtudes y evitar los vicios (2 Co 7,1–9; Ro 3,2–20; 7,4–5). Lo que es significativo en la ética de Pablo es que estos tres elementos para adquirir las virtudes — entrenamiento, instrucción, y práctica — están intrínsecamente relacionados con el evangelio de Cristo, el cual contiene las instrucciones o lecciones para vivir el mandamiento del amor o la ley de Cristo.

Pablo y los Mandamientos Éticos y la Ley Alimentaria

La visión de los mandamientos éticos y la ley alimentaria de Pablo le diferencia de los otros judíos-helenistas. Es evidente por sus cartas la ley mosaica tiene un importante valor sólo mientras sirve en el *ínterin* entre Moisés y Cristo (Ro 7,1–4; 9,4; 10,4; 2 Co 3,11).[26] Lo que se requiere es que los creyentes deben ser guiados por el espíritu (Gl 5,18) a través de la fe en Jesucristo (Gl 2,16; Ro 2,28). Sólo entonces, la ley se perfecciona en la ley de Cristo (la ética del amor), tendrá su valor verdadero (Ro 3,31), será grabado en el corazón de los creyentes (Ro 2,15) y adquirirá una importancia universal (Gl 3,28; Ro 9,31; 10,12; 1 Co 12,13).[27] La ley de Cristo, fundada en la "ética del amor,"[28] es una ley superior y universal (Ro 4,16) que promueve las virtudes (Gl 5,22–23; cf. Ro 2,20; 13,10) y evita las pasiones, deseos y vicios (Ro 7,5, 8; 8,13–14; Gl 5,19–21). Ciertamente, para él, la vida virtuosa del creyente no implica el "cumplimiento" de la ley mosaica; la ley de Cristo o mandamiento del amor se convierte en el "corazón" de su ética.

En lugar de *reinterpretar* las leyes dietéticas judías, así como se encuentra en Filón (*Spec.* 4.78–131) y en la *Carta de Aristeas* (párrafos 128–171) para acomodarse a sus audiencias helenísticas, Pablo rechaza totalmente las leyes alimentarias judías. Apoya firmemente el abandono de los alimentos y normas de pureza. Su punto de vista radical de esta ley es evidente en

---

Plm 1,1–22; Ro 8,27–38; 12,1–21; 13,8–10.

26. Para un estudio sobre la ley en Filón y Pablo, véase Martens, *The Superfluity of the Law*.

27. Cf. Thompson, *Moral Formation*, 44–45, 127, 134.

28. Cf. Wendland, *Éthique du Nouveau Testament*, 68, 73–74; James D. G. Dunn, *Jesus and the Spirit*, 199–258.

su reproche a Pedro en Antioquía (Gl 2,11–14).[29] Pablo se alinea con un grupo de creyentes (gentiles) que creen que ningún alimento es impuro (Ro 14,14–23),[30] cuando afirma "yo sé y estoy persuadido en el Señor Jesús, que nada es inmundo en sí mismo" (Ro 14,14). La ley alimentaria llegó a su final (Ro 14,1–4, 14, 20); por lo tanto, "todo está limpio" en la ley de Cristo (Ro 14,13–20), que es el mandamiento del amor. Cuando la gente cuestiona la validez de la legislación de los alimentos, Pablo declara que esta ley, a diferencia de la ley de Cristo, no tiene consecuencias éticas (cf. Ro 14,14–15).

La actitud de Pablo hacia las leyes alimenticias se observa también en su argumento sobre la actual "comida sacrificada a los ídolos" (1 Co 8,1–11,1).[31] Según el estudio de Rogers, los argumentos morales de Pablo (1 Co 8–10) en contra de comer comida sacrificada a los ídolos y comer en el recinto del templo "se hizo sobre la base del amor, más que contra los egoísmos, orgullos, reclamaciones de derechos personales y celos de los corintios".[32] Rogers afirma, "el Fuerte en Corinto debería abstenerse de comer comida sacrificada a los ídolos a cuenta del amor a aquellos por quienes Cristo murió y por cuenta exclusiva de la fidelidad y la comunión con Cristo".[33] Sobre la base del amor, Pablo enfatiza tres exhortaciones acerca de la ética esencial de comer comida sacrificada a los ídolos: primero, comer cosas sacrificadas a los ídolos debe evitarse, porque no es sólo la participación en la adoración de los ídolos, sino también un delito contra un creyente (1 Co 8,9–13);[34] segundo, comer todo lo que se vende en un mercado de carne sin cuestionar es aceptable por razones de conciencia, "porque del

29. Cf. Stendahl, *Paul among Jews*, 2.

30. Mt 15,11; Mc 7,15, 19. Las leyes de la alimentación consistió en las leyes sobre las carnes prohibidas (Lv 11; Dt 14), sacrificios (Lv 17,10–16) y "carne y leche" (Ex 23,19). Cf. Tomson, *Paul and The Jewish Law*, 240; Watson, *Paul, Judaism*, 33.

31. La negatividad hacia la comida sacrificada a los ídolos se encuentra en otros textos judíos-helenistas. Por ejemplo, Filón considera que la participación en las comidas de asociaciones religiosas supone una violación de las leyes de la alimentación y del comer alimentos prohibidos e idólatras (*Somn.* 2.123; *Ios.* 154; *Mos.* 1.31, 241, 278, 298; 2.167, 270; *Spec.* 3.126; *Praem.* 98; *Flacc.* 14, 50). Así mismo, *Syb. Or.* 2.96 exhorta la abstinencia "de lo que es sacrificado para los ídolos"; y una frase en Pseudo–Focílides instruye a "no comer sangre; abstenerse de lo que es sacrificado para los ídolos" (31). Van der Horst sugiere que esta frase es probablemente una interpolación cristiana basado en Hch 15:29. Véase "Pseudo-Focílides," 2:527.

32. Rogers, "God and the Idols," 88.

33. Rogers, "God and the Idols," 300. Para un análisis detallados sobre los argumentos de Pablo en 1 Co 8–10, consulte las páginas 235–298; Collins, *First Corinthians*, 304–404; Fitzmyer, *First Corinthians*, 330–404; Schnabel, "How Paul Developed," 286–89.

34. Collins, *First Corinthians*, 323.

Señor es la tierra y todo lo que está en él" (1 Co 10,25–26).[35] Tercero, comer comida sacrificada a los ídolos en la casa de un incrédulo no es permitido por razones de conciencia (1 Co 10,27–29). Pablo pone un énfasis en la preocupación ética por los demás creyentes (cf. 1 Co 9,21). Esto es lo que está en juego para él. Como Collins señala, "el comer alimentos ofrecidos a los ídolos debe evitarse en la medida en que resulte ofensivo para un miembro de la comunidad de Corinto que tiene una conciencia delicada".[36] Pablo exhorta a los creyentes de Corinto que vivan guiados por el Espíritu de Dios, la ley de Cristo que es la ley suprema.

La Práctica Para Alcanzar las Virtudes

La nueva concepción de liberación de Pablo penetra su enseñanza ética. Cuando habla de la adquisición de las virtudes y la evitación de los vicios, él conecta al espíritu con lo que constituye el principio básico de las virtudes: el mandamiento del amor o la ley de Cristo, también llamada la ley de Dios, la ley de la fe, la ley del espíritu y la ley del Señor. Los autores judíos-helenistas que analizamos en este libro, hablan de la importancia de vivir virtuosamente/correctamente a fin de alcanzar la meta de la vida, pero los medios para alcanzarlo se expresan de manera diferente. Hemos visto, Pablo sustituye la ley mosaica con la ley de Cristo (Gl 1,7), o el mandamiento del amor enraizado en el evangelio de Cristo. En este punto crítico, él sale de su tradición judía-helenística. Pablo exhorta "fe en Cristo". Es a través de la fe, no de la práctica de la circuncisión, por ejemplo, que los creyentes experimentan la dinámica labor del Espíritu de Dios (Gl 3,1–5). Sin la práctica de la circuncisión, ellos pueden actuar virtuosamente en conformidad con la ley de Cristo y conducir sus vidas de una manera que sea agradable a Dios (Ro 15,1–15).

Para Pablo, el valor de la ley mosaica permanece como una norma material, sólo en sentido de apuntar hacia la ley de Cristo o el mandamiento del amor (cf. Gl 6,2; Ro 13,8–10). En su nuevo mensaje ético de liberación, la ley de Cristo es el objetivo de la ley mosaica.[37] Como tal, es en este aspecto que Pablo permanece — algo — conectado con su herencia judía-helenista.

---

35. Pablo, preocupado por los miembros más pobres de la comunidad, sugiere que cuando los creyentes compran carne en un mercado para comer en la casa, no necesitan preocuparse si la carne fue ofrecida a los ídolos, porque tienen relativamente poca oportunidad de comer carne, y probablemente la única carne disponible para ellos habría sido la carne sacrificada a los ídolos. Cf. Collins, *First Corinthians*, 305.

36. Collins, *First Corinthians*, 307.

37. Cf. Tobin, "Romans 10:4," 276.

Su nueva concepción de liberación nunca se aparta *completamente* de su herencia judía. No estoy de acuerdo con los eruditos que intentan caracterizar a Pablo como "uno que dejó de ser compatible con el judaísmo" después de su "llamada profética". Pablo era un judío. Concurro con Elliot, quien observa que Pablo no fue más allá de los límites del judaísmo,[38] y con Frey, quien correctamente menciona "Pablo nunca abandonó el 'judaísmo', con el fin de unirse al 'cristianismo'".[39] La perspectiva cristocéntrica de Pablo le llevó a cambiar tanto en su identidad como judío como en su entendimiento de la ley mosaica. Sus cartas demuestran solamente una separación "parcial" entre Pablo y el judaísmo(s) del primer siglo dc.[40] En ese sentido, Wright es convincente cuando argumenta que "Pablo reelaboró, redefinió, recategorizó . . . lo que exactamente 'guardar la ley' o 'las obras de la ley' podrían haber significado para él como fariseo".[41] Debido al acontecimiento de Jesucristo, la ley mosaica es reemplazada por el evangelio de Cristo en el Espíritu de Dios (1 Co 2,12–13). Los judíos y gentiles creyentes que "caminan según el espíritu" conducen sus vidas de acuerdo con el evangelio de Cristo, que contiene las instrucciones de la ley de Cristo. Ellos también experimentan una "mente" renovada por el espíritu, de tal forma que sus mentes transformadas logran lo que la ley mosaica originalmente intentó. Según Pablo, el ejemplo de la vida de Jesús (su muerte y resurrección) es el "contenido" central del evangelio que Pablo predica. Los creyentes, quienes practican las "instrucciones" del evangelio de Cristo (Ro 8,8), están "practicando" la ley de Cristo. Hays señala, la ley de Cristo no es otra cosa que "la entrega misma de Jesucristo".[42] A la luz de su nueva comprensión de liberación, la enseñanza ética de Pablo va de la mano con la fe en Cristo, el evangelio de Cristo, la ley de Cristo y el espíritu (o la ley del espíritu). Por tanto, el objetivo

---

38. Elliot, "The Question of Politics," 204.

39. Frey, "Paul's Identity," 291.

40. Los estudiosos han llegado a la conclusión de que no es fácil dar una definición de la palabra "judaísmo" en el tiempo de Pablo. Paul se vio a sí mismo como un religioso judío (1 Co 9,20–21); sin embargo, su experiencia personal de la llamada cambió su forma "farisaica" de entender y vivir el judaísmo. Es cierto que, en mayor o menor grado, su opinión sobre ciertas creencias (especialmente el templo, la circuncisión, el "cumplimiento" de la ley mosaica, y la legislación sobre alimentos o códigos dietéticos) lo colocó, a diferencia de la mayoría de sus contemporáneos judíos, fuera de las "fronteras" de lo que constituía Palestina y el judaísmo helenístico en el primer siglo dc. Su relación con estas creencias centrales del judaísmo cambió drásticamente hasta el punto de que más tarde se convirtió en una figura clave en la formación de una nueva religión; este es el cristianismo.

41. Wright, *Paul and the Faithfulness*, 364.

42. Hays, "Christology and Ethics," 270–87.

de vida no es "hacerse como *Dios*," sino la meta es ser "transformado en la semejanza o imagen de *Cristo*," la imagen de Dios.

Pablo y la Circuncisión

Pablo habla sobre la circuncisión especialmente en Romanos y Gálatas.[43] Una vez menciona la circuncisión de la carne como un valor importante; sólo en el caso de uno que obedece la ley (Ro 2,25a). El creyente que es circuncidado y no respeta la ley, la circuncisión no tiene ningún valor; su circuncisión física "se convierte en incircuncisión" (Ro 2,25b). En este texto, Pablo enfatiza la importancia de ser coherentes entre la observancia, la obediencia de la ley y la práctica de la circuncisión física. De hecho, él sostiene que quienes no están circuncidados en la carne, pero *observan* la ley son actualmente considerados como circuncidados (Ro 2,26). Lo importante no es la evidencia (la circuncisión física), sino la verdadera intención de cumplir la ley.[44]

Pablo considera la circuncisión física prescritas por la ley no necesaria y da prioridad a la circuncisión metafórica espiritual, la circuncisión *interior*. Esto es particularmente cierto en Ro 2,28–29, cuando enfatiza el valor ético de la circuncisión y simbólicamente subraya que la verdadera circuncisión es del "corazón" (interno), en el espíritu y la fe; no en la letra (externo).[45] Un corazón circuncidado es una persona transformada, orientada hacia la obediencia (cf. Ro 6,17) y la fe (Ro 10,8–10) para vivir una vida santa y virtuosa. Él afirma que el verdadero judío no lleva una marca física, sino quien participa en la vida de Cristo, viviendo su ley y el mandamiento del amor (Gl 5,6; cf. Flp 3,2–3). Con el bautismo de Cristo, la circuncisión llega a su fin (Gl 5,2–6; 1 Co 7,17–20).[46] El ritual del bautismo toma el lugar del ritual de la circuncisión (cf. Gl. 3,2–3; Ro 6,3; 13,14). En Gl 5,11

---

43. Cuando Pablo menciona la circuncisión, generalmente expresa la irrelevancia de su práctica física (Ro 2,28–29; 3,1, 30; 4,9–12; 15,8; 1 Co 7,19; Gl 2,7–9, 12; 5,6, 11; 6,15; Flp 3,2–5).

44. Para las diversas interpretaciones de Ro 2,25–28, véase Matera, *Romans*, 69–77; Byrne, *Romans*, 101–106; Fitzmyer, *Romans*, 319–324.

45. Cf. Ro 3,1, 30; 1 Co 7,19. En dos ocasiones Pablo se burla sarcásticamente de quienes practican la circuncisión física comparando la circuncisión a la mutilación (Flp 3:2) y la castración (Gl 5,12). Tolbert ("Philo and Paul," 404–405) señala que Pablo en su propia evaluación parece improbable que alguna vez haya adoptado tal alta visión simbólica (o haya rechazado) la circuncisión (Flp 3,5–6; Gl 1,14).

46. Para los estudios importantes sobre el debate acerca de la circuncisión (Gl 5,2) y el carácter del evento de Cristo, véase Barclay, "Paul, the Gift," 36–56; Borgen, "Observations, 80–102.

— 6:10,[47] Pablo transfiere el papel de la circuncisión física a la crucifixión del creyente con Cristo (Gl 5,11, 24; cf. 6,13–14). En Gl 5,11, él ofrece una elección entre la circuncisión y el escándalo de la cruz, que lo elabora en Gl 5,24: "aquellos que pertenecen a Cristo han crucificado la carne junto con sus pasiones y deseos". Pablo afirma que la crucifixión de Cristo ha eliminado las pasiones y deseos (Gl 5,19–24; 6,13–14), liberando así a los creyentes a vivir virtuosamente en conformidad con la ley de Cristo o el mandamiento del amor (Gl 5,14; 6,2).

La visión de la circuncisión de Pablo es metafóricamente interiorizada y como consecuencia elimina la barrera entre judíos y gentiles (Gl 3,27–29; Ro 10,12; 1 Co 12,13).[48] Ya la "real" circuncisión es ahora la circuncisión interna del corazón; él redefine su tradición heredada y da un valor ético a través del rito bautismal. A diferencia de Filón, lo que está en juego es que Pablo no hace ningún intento para mantener juntos la metafórica espiritual y el significado literal de la circuncisión. Él ve a el uno con el otro en guerra (2 Co 3,6); se trata de una situación de "lo uno o lo otro" en vez de la situación de "los dos y". De nuevo, su argumento básico favorece el verdadero significado de la circuncisión, la vida espiritual en Cristo (Flp 33) vivida por la ley de Cristo.[49]

La Transformación Esencial del Espíritu en la Conducta Ética

En la enseñanza ética de Pablo hay tres elementos fundamentales: el espíritu, Cristo y la ley de Cristo. Hemos visto la importancia de la práctica del mandamiento del amor (o la ley de Cristo), su estrecha relación con el espíritu y con el evangelio en la vida virtuosa de los creyentes. Lo que necesita destacarse ahora es la relación intrínseca entre el espíritu y Cristo. El nuevo entendimiento de Pablo sobre el espíritu como *fuente* de todas las virtudes en su nueva concepción de liberación acentúa la trascendencia de Dios. Así mismo, lo llamó a concebir como un "intermediario" entre el Dios desconocido (el mundo inteligente) y el mundo sensible. Este nuevo entendimiento

---

47. Sobre la circuncisión en Gl 5,11–6:10 véase Borgen, *Philo, John, and Paul*, 220–236; "Paul Preaches Circumcision," 37–46.

48. Según Tolbert ("Philo and Paul," 403–404), Pablo no sólo elimina la frontera "del de dentro o el de fuera"; él también elimina el límite del género masculino y femenino, algo que Filón intenta preservar. Para Pablo, las mujeres pueden participar en la circuncisión "real" del corazón tan plenamente como cualquier hombre. Por lo tanto, la circuncisión espiritual que Pablo proclama no sólo acaba con la distinción entre "judío y griego", sino también con la distinción entre "hombre y mujer" (Gl 3,28). Véase también McEleney, "Conversion," 328–329; Nolland, "Uncircumcised Proselytes?" 173–94.

49. Cf. Livesey, "Paul, the Philonic Jew," 142.

lo llevó a destacar el papel de Cristo como el representante de Dios. El Cristo de Pablo, quien se hizo hombre (Gl 4,4), se convierte en el agente "intermedio" entre Dios (esfera celestial) y los seres humanos (esfera terrenal).[50]

A través de la figura de Cristo, Hijo de Dios, los creyentes alcanzan el objetivo de ser transformados en la imagen o semejanza de Cristo (2 Co 4,4; Flp 2,6; Ro 8,29–30). Esta transformación en el Espíritu de Dios que Pablo habla es conforme con la transformación (o renovación) de la "mente humana" y "el cuerpo del creyente". Estas son dos realidades importantes en la renovación de la mente que reconoce la voluntad de Dios como aquello que es bueno, aceptable, perfecto y va conforme con la mente de Jesús (Flp 2,1–5; 3,19–21; 4,6–8).[51] Pablo identifica a Cristo con la imagen de Dios, como Sterling muestra en su declaración, "el punto de Pablo es que los cristianos comparten la forma de la Imagen de Dios que es Cristo".[52] De una forma similar a Filón, quien concibe la razón la imagen de Dios como un "hombre celestial," Pablo describe la figura de Cristo como la imagen del "hombre celestial". Cristo *no* es el hombre de polvo (1 Co 15,48–49), pero "el último Adán quien se hace un espíritu vivificante" (1 Co 15,45).[53] Pablo no alude explícitamente a Gn 1,26–27 (como Filón lo hace); pero él tiene en mente la idea que Cristo es el espíritu y la "imagen de Dios" (2 Co 3,18; 4,4). De acuerdo con Pablo, a través de Cristo los creyentes pueden convertirse en "imágenes" de Dios y en última instancia, tener una participación en la gloria (celestial) de Dios. Pablo enfatiza el ideal de "hacerse semejantes a *Cristo*" (Ro 8,29). Por lo tanto, los creyentes son capaces de contemplar a Dios eternamente a través de Cristo (la imagen de Dios) y el espíritu es fundamental para el encuentro definitivo con el Dios divino, así como se demuestra en su objetivo cristocéntrico.

Los análisis de sus siete cartas auténticas han demostrado que Pablo se conforma con las ideas judías-helenísticas y las opiniones de algunos autores filosóficos griegos de un Espíritu divino y Santo. Pablo, sin embargo, lleva el concepto del espíritu en otra dirección, no encontrado en la tradición griega ni en la judías-helenísticas. Lo que es singular en Pablo es el espíritu divino de alguna manera se "cristifica," esto entendido como

50. Cf. Hagner, "The Vision of God," 85.

51. Keener, *The Mind of the Spirit*, 132–35.

52 Livesey Sterling, "'The Image of God'," 170–71.

53. En su interpretación de Gn 1:26–27 sobre la creación del hombre inteligible "en imagen de Dios," Filón entiende la "imagen de Dios" como la razón de Dios (p. ej., *Opif.* 17–19, 25–26, 31, 69–71; *Leg.* 3.96; *Her.* 230–231; *Spec.* 1.81; 3.83, 207; *QG* 2.62). Es a través de la razón que el alma amante de la virtud se convierte en una "imagen de Dios," el objetivo platónico. Para un tratamiento útil sobre la interpretación de Gn 1,26–27 en Filón, véase Tobin, *The Creation of Man*.

el espíritu que se centra en la figura de Cristo.[54] Esta relación única y especial entre el espíritu y Cristo es central, y gobierna el pensamiento ético de Pablo. Las primeras cartas de Pablo han destacado a Cristo como el que trae el espíritu a los creyentes que tienen fe (Gl 4,6). Además, la ley de Cristo viene a ser identificada con la ley del espíritu y el evangelio de Cristo con la sabiduría de Dios, el Espíritu de Dios (1 Ts 4,8). El análisis de las cartas posteriores de Pablo ha demostrado que el Espíritu de Dios se hace el Espíritu de Cristo (Ro 8,9) y que Cristo, como el Señor, es el espíritu (2 Co 3,17; Ro 8,10).

La "cristification" del espíritu se observa en dos aspectos primordiales que conllevan las esferas divina y humana. En relación con Dios (la esfera divina), el espíritu es el Espíritu divino de Dios; es decir, *ya está* divinizado. El espíritu divino está intrínsecamente asociado con Cristo cuando Pablo afirma que "Dios ha enviado el Espíritu de Su Hijo a nuestros corazones" (Gl 4,6); por ende, el espíritu es "cristificado". En relación a los creyentes (la esfera humana), el espíritu divino a través de Cristo se hace parte de ellos, cuando los creyentes, quienes tienen fe en Cristo, reciben al espíritu en sus corazones en el bautismo. El Espíritu de Dios es "derramada" en sus corazones (Ro 5,5) y "mora" en el cuerpo humano del creyente (Ro 8,9, 11; 1 Co 3,16).[55] Utilizando un lenguaje común para los creyentes judíos y gentiles-helenísticos, Pablo habla del espíritu divino como aquello que forma parte del cuerpo material (Gl 3,27–28; 4,4; 1 Co 2,14; 3,16; 2 Co 1,22; 5,5; Ro 8,11).[56] Dentro de este contexto, Pablo entiende el cuerpo humano como el templo del Espíritu de Dios.[57] Es *a través de Cristo y en Cristo que habitando en el cuerpo del creyente (el templo del Espíritu de Dios), el Espíritu divino de Dios entra, en contacto con la esfera material.* En este sentido, el espíritu de alguna manera se materializa (1 Co 15,45; 2 Co 3,6, 17–18; Ro

54. La experiencia de Pablo de la revelación de Jesucristo (Gl 1,12) es visto como la clave para su *cristocéntrico* entendimiento del espíritu en su enseñanza ética. Para un tratamiento adicional sobre este tema, consulte Fee, "Paul's Conversion," 166–83.

55. Véase también 1 Co 7,40; Gl 5,25; 2 Co 6,16.

56. Estoy de acuerdo con Keener (*The Mind of the Spirit*, 131–32), quien argumenta que Pablo habla a su variada audiencia utilizando un lenguaje atractivo para ellos. Sin embargo, no iría demasiado lejos y afirmar que la palabra "morada" en Pablo no dependía del pensamiento griego. De hecho, el lenguaje "morada" está atestiguado en los textos tanto como judío-helenistas y griegos (véase el capítulo uno).

57. Es este "cuerpo" (que en sí no es malo) que, guiado por una mente renovada, podría ser utilizado para el bien (Ro 12,1; cf. 6,13). Pablo reconoce que en algunas circunstancias el cuerpo también podría ser utilizado para pecar (Ro 1,24; 6,12–13; 7,5), e incluso esta estrechamente asociado con el pecado (Ro 6,6; 8,10, 13; cf. 7,24). Para estudios sobre el tema del templo en Pablo, ver Weissenrieder, "'Do You Know,'" 59–108; Lim, "Paul's Use of Temple Imagery," 189–205; Fetherolf, "The Body for a Temple," 88–106; Murphy O'Connor, "1 and 2 Corinthians," 74–90.

8,9; cf. 1 Co 6,17).[58] Keener no intenta ir tan lejos; de hecho, él no discute la materialidad o la inmaterialidad del espíritu en el pensamiento de Pablo. El prolífico erudito usa el lenguaje de "morada," p. ej., el espíritu, o la mente del espíritu, "morando" en los creyentes y Dios "morando" entre la gente de su pueblo. Pero la palabra "morando" no es sobre la *posesión* del Espíritu de Dios;[59] es sobre la *disponibilidad* del espíritu en la vida de los creyentes.

Mientras que los antiguos estoicos no dudaron en combinar lo material con lo inmaterial,[60] los judíos en la diáspora griega — influenciados principalmente por la LXX — generalmente consideraban la naturaleza del Espíritu de Dios no precisamente como material. Para Pablo y para otros escritores judíos-helenistas, el Espíritu de Dios es inmaterial y divino. No obstante, mientras que Pablo profundiza el desarrollo del espíritu en su enseñanza ética, la distinción entre el espíritu material e inmaterial se vuelve menos enfatizada. Quizás, para él, esto no era un problema real, él trata al espíritu a veces como material[61] y otras veces como inmaterial. El

58. Cf. Engberg–Pedersen, *Cosmology*, 57.

59. Keener, *The Mind of the Spirit*, 127, 133, 206.

60. Según Martin (*The Corinthian Body*, 21–25), no sólo el estoicismo combinó lo material con lo inmaterial. Martin afirma correctamente que en el mundo greco-romano no había distinción entre lo material y lo inmaterial (p. ej., Platón, *Tim.* 39E–40A). Véase, Martin, *The Corinthian Body*, 21–25.

61. Gunkel, *Die Wirkungen*, 43–49, 75. Él apoya firmemente la posición de que Pablo y los primeros creyentes concibierón al espíritu como un "fenómeno material". Véase también Engberg–Pedersen, "The Material Spirit," 181, 187–90. En su *Cosmology*, 16–17, 39–41, afirma que el espíritu en Pablo es material y un fenómeno cognitivo. En su discusión sobre 2 Co 3,18 Engberg–Pedersen argumenta que el espíritu parece estar operativo en los creyentes, tanto materialmente (transformación) y cognitivamente (la visión). Con respecto a 1 Ts 5,23; 1 Co 2,14–15, y 15,44, Engberg–Pedersen señala que Pablo entiende que los creyentes tienen un cuerpo y un alma y que, diferente a todos los demás, tienen también el espíritu infundido en sus cuerpos. En su cuerpo y alma, han recibido al espíritu como una entidad material, de modo que están en camino de ser completamente transformados en cuerpos y almas espirituales. Por lo tanto, en este proceso, el espíritu tiene un rol cognitivo (razón) y también un rol material (lo material que se impregna en el cosmos), así como en el estoicismo. Para Engberg–Pedersen, la ética de Pablo se basa en su cosmología (la composición cosmológica del cuerpo físico), tal como se expone en el estoicismo. Para opiniones similares, ver Horn, *Das Angeld des Geistes*, 43–48, 57–59, 430; Martin, *The Corinthian Body*, 132. Estos destacados estudiosos, quienes argumentan a favor de una concepción materialista, concreta, y tangible del espíritu, están correctos *sólo* en parte, porque no reconocen que Pablo trata al espíritu también como una realidad inmaterial y que tanto Cristo (Ro 8,3; Gl 4,4) como el espíritu (Ro 8,9, 11) comparten la naturaleza divina de Dios, y que el Espíritu de Dios morando en el creyente mantiene su divinidad. Estos estudiosos no sólo excluyen una lectura platónica del espíritu, pero también no vinculan la "materialización" del espíritu con Cristo. Para breves resúmenes de los estudios de Gunkel y Horn, véase Rabens, *The Holy Spirit and Ethics*, 8–10, 12–15.

texto en 2 Co 5,4-5 es un buen ejemplo para demostrar el hecho de que Pablo combina el lenguaje estoico (material) con el lenguaje platónico (inmaterial) para describir la actividad del espíritu en los creyentes.[62] Claramente, Pablo no está sólo al describir el espíritu en ambos sentidos en su enseñanza ética.[63] Esto puede ser debido a su intento de conciliar su propio entendimiento del espíritu dentro del contexto de comunidades altamente mixtas, mientras que él se inclina a reflexionar sobre la relación del espíritu con Cristo, la vida ética del creyente y el entendimiento de los judíos sobre el espíritu divino. En Pablo, encontramos la conexión más cercana del espíritu divino con la esfera material a través de Cristo, esto expresada en formas que reflejan categorías más estoicas en lugar de platónicas. Por lo tanto, podemos decir que la "cristificación" del espíritu le hace un "orientado estoicamente," no obstante, su asociación del espíritu con la esfera inmaterial y divino está más allá del estoicismo. En el pensamiento de Pablo, el Espíritu de Dios impregna tanto la esfera material como inmaterial. La cuestión de un espíritu material (estoico) o inmaterial (platónico) no es un asunto de particular preocupación en su ética. Sin embargo, es la cristificación del espíritu que le coloca fuera del entendimiento común (judío) helenista sobre el espíritu como divino e inmaterial.

Como una última reflexión, ¿qué tipo de concepto es el espíritu en su enseñanza ética? Pablo nunca define al espíritu (excepto en su declaración "el Señor *es* el espíritu" en 2 Co 3,17-18) ni explica su naturaleza o sustancia; él no dice explícitamente si el espíritu es material o inmaterial, a pesar de su trato del Espíritu de Dios en ambos sentidos. Hemos visto que el entendimiento de Pablo sobre el espíritu refleja algunas nociones del espíritu en la tradición judía-helenística y menos en la tradición griega. Pablo construye sobre estas nociones su propia opinión del espíritu. Esta "realidad espiritual e intelectual" tiene el poder de permitir y transformar dinámicamente la actividad ética de la vida virtuosa de los creyentes. El espíritu como "una realidad espiritual e intelectual" es una "mente–transformativa".

El pensamiento de Pablo sostiene esta idea para expresar experiencias éticas asociadas con las interrelaciones de los creyentes en el plano humano

---

62. Verbeke (*L'Évolution*, 223-36, 403-405) apoya el entendimiento del espíritu como inmaterial, argumentando que la pneumatología paulina debe ser entendido a lo largo de las líneas del pensamiento platónico. Rabens, "The Holy Spirit and Deification," 203-207; *The Holy Spirit and Ethics*, 80-120; Stalder, *Das Werk des Geistes*, 67.

63. La forma de visualización de Pablo (material [estoico] e inmaterial [platónico]) no es única en la tradición judía-helenista. Por ejemplo, el espíritu es visto como material e inmaterial en la *Sabiduría de Salomón* (1,5-6, 27; 7,22-8,1; cf. 13,1-9), en Filón (*Opif.* 29; *Somn.* 2.252; *Leg.* 1.42; *Plant.* 24). Análogamente, en *José y Aseneth* el autor habla de "un espíritu vivificante," pero no en un sentido ético, cuando el autor describe el don celestial del "nido de abeja" como el espíritu de vida (16.14; 19.11; cf. 18.9-11).

(entre los creyentes de la comunidad) y el nivel divino (entre los creyentes y Dios). El desarrollo del espíritu, el "habilitador," como una "realidad espiritual e intelectual" en su enseñanza ética de Pablo es compleja. El Espíritu Santo y divino toma (en parte) una "forma existencial" morando en el creyente. Esta forma de entender/definir la opinión y/o tratamiento del espíritu revelan dos verdades importantes. Primero, como una "realidad espiritual e intelectual," el espíritu está en la esfera celestial divinizado y santificado. Segundo, a través de Cristo y en Cristo, el espíritu se hace parte de, e impregna, las experiencias éticas de los creyentes. Este espíritu tiene el poder de transformar dinámicamente la vida de los creyentes en una vida virtuosa y santa. En Pablo, hay una nueva dimensión del espíritu como "una realidad espiritual e intelectual," que es sin duda, su "cristificación".

Pablo y el Templo

En sus siete cartas indiscutibles, Pablo no habla sobre la realidad "física" del templo de Jerusalén o las prácticas y fiestas religiosas para con el templo.[64] No hay evidencia clara acerca de su actitud personal hacia la estructura física del templo después de su "llamada profética". Que haya un silencio de Pablo no puede interpretarse como una indicación de que él no tenía aprecio por el templo y sus prácticas. Es evidente que él da más valor al templo espiritual y metafórico, que al cuerpo del creyente, donde el espíritu habita.[65] En sus cartas a los creyentes en Corinto, Pablo habla del templo metafóricamente de tal modo que se aleja del actual templo de Jerusalén y de las ceremonias religiosas relacionadas con el templo.[66] Tratando los problemas en la comunidad de Corinto (1 Co 3,16–17; 6,19), Pablo afirma que "el cuerpo es un templo".[67] Él recuerda a los creyentes que su cuerpo físico es central en

---

64. P. ej., enviar dinero al templo, ofrecer los primeros frutos, los sacrificios, y las celebraciones de los días santos. En las cartas genuinas de Pablo, no hay pruebas de que él haya observado estas festividades judías. Los pasajes de Gl 4,9–11 y Ro 14,5 muestran una actitud negativa de Pablo hacia el sabat. No obstante, él adopta el lenguaje del cristianismo temprano que es indirectamente relacionado con festividades judías, pero estos son utilizados de manera metafórica para explicar su cristología (p. ej., Gl 2,21; 3,1; Flp 2,6–11; 1 Co 6,20; 7,23; Ro 3,24; 8,18–26, 37).

65. Malina y Pilch, *Social Science Commentary*, 75.

66. Weissenrieder, "'Do You Know,'" 378. Para un tratamiento del uso de imágenes del templo en Pablo, ver Lim, "Paul's Use of Temple Imagery," 189–205.

67. Fetherolf ("The Body for a Temple," 91, 94) sostiene que Pablo usa "cuerpo" y "templo" porque su audiencia, principalmente gentiles, habrían sido familiarizados con el lenguaje, que a mediados del primer siglo dc fue identificado como el lenguaje del cuerpo político. Véase Robertson and Plummer, *A Critical and Exegetical Commentary*, 66; Thiselton, *The First Epistle*, 315.

su fe en Cristo. Según Murphy O'Connor, "el cuerpo es la esfera en que el seguimiento de Cristo se hizo en real".[68] Eso significa que la conducta ética de los creyentes en relación a otros es esencial para la comunidad cristiana primitiva.

Esta mirada metafórica del templo es de alguna manera similar al de Filón, esto en el sentido que ambos (aunque Paul más que Filón) tienden a ver el templo espiritualmente.[69] Sin embargo, la descripción metafórica de Pablo del templo espiritual es diferente al de Filón en dos aspectos. Primero, mientras que en Filón el alma (mente) humana es un templo (*Cher.* 99–101); en Pablo el cuerpo del creyente es el templo para que el Espíritu de Dios habite (1 Co 3,16). Segundo, mientras que en Filón el templo espiritual se centra en el individuo (*Leg.* 1.62), en Pablo, está orientado a la comunidad (1 Co 3,17; cf. 2 Co 6,16). En 1 Co 6,19, por ejemplo, Pablo utiliza la imagen del templo cuando aborda el tema de la inmoralidad sexual. Otra vez, él declara que la comunidad de los creyentes es el templo del Espíritu Santo y subraya que ahora sus conductas éticas deben reflejar su nueva condición y estado en virtud de la ley de Cristo. La vida de los creyentes debe estar coherente con la presencia de Dios habitando en ellos.[70] Pablo usa la imagen del templo para "promover los valores alineados con el evangelio de Cristo".[71]

EL LUGAR DE PABLO Y SU ÉTICA DENTRO DEL CONTEXTO GRECO-ROMANO

Pablo no fue inmune a la influencia filosófica-griega respecto a su opinión sobre el espíritu.[72] La manera que trata a su concepto central en sus siete

68. Murphy O'Connor, "1 and 2 Corinthians," 77; cf. Fetherolf, "The Body for a Temple," 105–106.

69. Filón valora los aspectos físicos (*Spec.* 1.67) y metafóricos (*Somn.* 1.149) del templo de Jerusalén.

70. Lim, "Paul's Use of Temple Imagery," 194. Ver también Fee, *The First Epistle*, 264; Fitzmyer, *First Corinthians*, 269–70. En 2 Co 6,16, Pablo utiliza de nuevo las imágenes de "templo" para exhortar a los creyentes de Corinto a vivir su estatus como el templo del Dios vivo trazando claros límites sociales para sus relaciones con aquellos fuera de la comunidad. Este pasaje es uno de los más polémicos y debatidos en las cartas a los Corintios, y su autenticidad e integridad han sido cuestionadas. Véase Thrall, *A Critical and Exegetical Commentary*, 3–49; Adewuya, *Holiness and Community*, 13–43. Para bibliografía, véase Lim, *"The Sufferings of Christ*, 28–29.

71. Lim, "Paul's Use of Temple Imagery," 200.

72. Las virtudes y vicios en Pablo, por ejemplo, contienen una forma de discurso popular griego de virtudes (Epicteto, *Diss.* 3.22.44), como lo demuestra especialmente en Gl 5,22–23; Flp 4,8–9 (virtudes) y en Ro 1,29–31; 13,13; 1 Co 5,10–11; 6,9–10; 2 Co

cartas indiscutibles muestra que él habría sido influenciado por lo preva-
lente en las tradiciones judía-helenista y filosófica-griega. Pablo era parte del
mismo mundo amplio donde se discutía a cerca de las virtudes, un debate
que era común y corriente para los judíos de la diáspora griega de la época
helenística en su encuentro con el mundo amplio greco-romano.[73] Como
sus colegas autores judíos-helenistas, Pablo interpreta su ética dentro de ese
amplio contexto. Él toma lo que puede ser caracterizado como categorías,
doctrinas judías y gentiles de acuerdo a su propia experiencia y propósito
para presentar su enseñanza ética. Sus tradiciones judía y helenística le
permitieron enseñar sobre la adquisición de las virtudes y la evitación de
los vicios dentro del espectro de las distintas interpretaciones del espíritu.
Apropiándose de un concepto griego, él desarrolla un discurso eficaz sobre
la ética que satisface tanto a su finalidad (su nueva concepción de liberación) y su audiencia mixta de judíos y griegos.

Nociones Judías Helenistas y Filosóficas Griegas Sobre el Espíritu Infundidas en la Visión Ética de Pablo

De manera similar a otros autores judíos-helenistas analizados en este estudio (capítulo uno), Pablo extrae de un conjunto de nociones, lenguajes
e ideas acerca del espíritu que fueron comunes en las tradiciones judía-
helenística y filosófica-griega. Lo que es importante señalar es que el análisis
en este estudio revela que el uso de la terminología filosófica es introducido
en la tradición judía-helenística. Esta realidad sin duda crea un desafío,
especialmente cuando se trata de decidir qué se deriva únicamente de la
tradición judía y de la tradición filosófica-griega. Este reto es principalmente por dos razones: (1) hay una buena cantidad de similitudes entre los
escritores judíos-helenistas y filósofos greco-romanos; (2) al mismo tiempo,
los escritores judíos-helenistas difieren, en distintos grados de los filósofos
del mundo greco-romano.

Ciertamente, los elementos filosóficos en las cartas de Pablo emergen
como parte de su tratamiento de los problemas en las primeras comunidades cristianas y la proclamación del evangelio a los gentiles. Esto permite
sugerir tentativamente las características que derivan de cada tradición. Su
fuerte visión monoteísta de Pablo, la importancia dada a la adquisición de

---

6,6; 12,20–21; Gl 5,19–21 (vicios). Para estudios sobre los valores griegos reflejados
en la ética de Pablo, véase Lategan, "Is Paul Developing," 323; deSilva, "Paul and the
Stoa," 561–63; Engberg-Pedersen, "Paul, Virtues, and Vices," 608; Betz, *Galatians*, 282;
Malherbe, *Moral Exhortation*, 138–40; Beale, "The Old Testament Background," 1–38.

73. Ver la *Carta de Aristeas*, 4 Macabeos, Filón y Josefo.

las virtudes y la evitación de los vicios, la supremacía de la virtud del amor y las relaciones horizontales y verticales son aspectos importantes en la cual converge armoniosamente con sus compañeros judíos de la diáspora griega. Las ideas que el Espíritu de Dios es divino (inmaterial) y santo proceden también de la tradición judía-helenística que Pablo heredó.[74]

Los elementos judíos encontrado en Pablo son, así mismo, reflejados en la literatura y filosofía griega. Estas referencias son las siguientes: el espíritu como el Espíritu de Dios (o el espíritu divino), la identificación del espíritu como "el Espíritu Santo de Dios," la idea del Espíritu Santo de Dios confiere virtudes, la estrecha asociación entre el Espíritu de Dios y la profecía, la descripción de que el Espíritu de Dios es "un espíritu vivificante" y la asociación del espíritu con el poder, con el conocimiento de Dios y con el conocimiento misterioso/oculto. Estas concepciones del espíritu en ambas tradiciones fueron prevalentes antes de su "llamada profética". En particular, el tratamiento del espíritu como material proviene probablemente de su entorno estoico. Su asociación del espíritu con el intelecto/mente y el mundo inteligente muestra su influencia platónica en Pablo y en otros escritores judíos-helenistas.[75] Es revelador que los autores judíos-helenistas han sido casi con toda seguridad influenciados por la tradición filosófica-griega y hacen esta asociación. Pablo, sin embargo, tiende frecuentemente a disociar directamente al espíritu del mundo material, mortal y corrupto. Son en estas ideas y nociones que Pablo se mantiene enraizado en las tradiciones griega y judía-helenística del primer siglo dc. Se puede decir que el límite de su herencia cultural y religiosa de Pablo en términos de su enseñanza ética son las opiniones comunes y nociones "platónicas" y la "aplicación" de estas en su ética.

Aunque Pablo trata al Espíritu de Dios en términos de las categorías estoicas y platónicas, él desarrolla su comprensión del espíritu en un modo menos filosófico que otros escritores judíos-helenistas (Sabiduría, 4 Macabeos, y Filón). Lo que es igualmente revelador es que Pablo nunca asocia directamente al espíritu con la razón estoica; sólo 4 Macabeos hace esta asociación. En estoicismo existe una asociación directa del espíritu con la razón (especialmente en referencia al mundo); sin embargo, en Pablo, la asociación es entre el espíritu y Cristo. En este punto, puedo decir que la antítesis espíritu-carne establecido en Gálatas es en parte debido a un nuevo desarrollo. Es decir, Pablo amplía el significado ético del espíritu y el término carne adquiere una nueva connotación negativa.

74. Esta declaración contradice el argumento de Gunkel, de que Pablo se basó en la opinión popular del espíritu en el cristianismo primitivo, y no en la Escritura judía o judaísmo helenista. Ver Gunkel, *Die Wirkungen*, 6–82.

75. P. ej., Aristóbulo, la *Sabiduría de Salomón*, 4 Macabeos y Filón.

La principal influencia de Pablo en su enseñanza ética configurada en torno al espíritu es principalmente la LXX, como lo fue para otros autores judíos-helenistas, especialmente Filón y secundariamente su herencia judía helenista. Sale a la luz que la influencia de la tradición griega (filosófica) es mínima. Pablo comparte, en cierta medida, sus puntos de vista sobre el espíritu con la literatura judía-helenística discutidas en el capítulo uno, especialmente con aquellos textos que están más orientados filosóficamente. Sin embargo, debemos reconocer en estos textos (con la excepción de la Sabiduría), que la prominencia dada al espíritu no está principalmente en el ámbito de la ética. Las opiniones comunes que Pablo comparte con sus colegas escritores judíos de la diáspora griega son particularmente en la asociación del espíritu con el mundo inmaterial inteligente. Un hecho interesante es que los autores judíos-helenistas son los que comparten más que Pablo con los sistemas éticos de la filosófica-griega. De hecho, en ambas tradiciones, el espíritu no juega un papel prominente en la ética (en la Sabiduría es sólo a través de la sabiduría). Por lo tanto, la prominencia ética dada al espíritu es única en Pablo; de hecho, el espíritu está altamente desarrollado y constantemente enfatizado como la *fuente* de todas las virtudes.

Es importante recalcar que la prominencia dada al espíritu en su enseñanza ética se mueve radicalmente más allá de la ley mosaica, el principio fundamental de la vida ética para los judíos. Con Pablo el espíritu se hace el "habilitador" para guiar poderosamente a los creyentes en la adquisición de las virtudes y la evitación de los vicios. Pablo va más allá de sus dos tradiciones cuando transforma y se aleja de ambas tradiciones y cuando él apropia ideas y conceptos sobre el espíritu de las tradiciones judía-helenística y (filosófica) griega dentro de su propia configuración ética. Él redefine y desarrolla las ideas y conceptos sobre el espíritu a la luz de sus propias convicciones acerca de Cristo y la nueva ley (el mandamiento del amor). Con esta apropiación, el concepto del espíritu en Pablo no sólo se convierte en la *fuente* de su enseñanza ética, sino también está presente (a través de Cristo) en la vida de los creyentes. De este modo, la prominencia ética atribuida al espíritu es radicalmente centrada en la figura de Cristo y en su evangelio. Esta configuración radical de su ética lo pone a Pablo "fuera" de los otros escritores judíos-helenistas, aunque él siempre se vio a sí mismo como un judío auténtico.

Pablo: Un Ecléctico Medio Platónico

Los análisis de los capítulos anteriores nos proporcionan las herramientas básicas para localizar tentativamente la postura filosófica de Pablo. La pregunta crucial es: ¿en el nivel de lenguaje, ideas y conceptos comunes compartidos con la tradición filosófica-griega, dónde podemos colocar a Pablo filosóficamente, esto basada en el uso del espíritu en su doctrina sobre las virtudes?[76] Un número de estudiosos han intentado entender la ética de Pablo en relación con la filosofía griega, especialmente estoicismo.[77] El estudio más influyente de la era moderna, en mi opinión, es de Engberg–Pedersen, quien argumenta la ética de Pablo es especialmente una versión radicalizada de la ética estoica. Pablo no cambió lo que encontró en su contexto judío y helenístico. Pero sí radicalizó lo que encontró ampliándolo a lo que bien puede ser llamado su fin lógico.[78] Aunque el argumento de Engberg–Pedersen se centra en la ética de Pablo en comparación con la ética estoica, para Engberg–Pedersen el concepto del espíritu no desempeña ningún papel en absoluto. De hecho, su "modelo estoico" (I — > X — > S) — presentado primero en su libro, *Paul and the Stoics*[79] — no incluye al espíritu. Más adelante en su libro, *Cosmology and Self in the Apostle Paul*,[80] Engberg–Pedersen reconoce esa omisión. Es entonces cuando él vuelve a definir su modelo teniendo en cuenta tres elementos principales: el espíritu, Cristo y los creyentes. A pesar de que su nuevo modelo exhibe la obra del Espíritu de Dios, él no retrata al espíritu como un concepto central. Para Engberg–Pedersen, el espíritu es simplemente un elemento más en la configuración ética de Pablo.

Pablo no fue un filósofo *per se*. De hecho, Pablo ni perteneció a, ni reconoció, una escuela filosófica-griega. Sus cartas dan a conocer un Pablo que es más probablemente un cometido "predicador," un "pastor" o un "anunciador" del evangelio de Cristo. Pablo es un judío helenista y según su propia opinión sobre sí mismo, permaneció así a lo largo de su vida. Sin embargo, su presentación del espíritu en su enseñanza sobre las virtudes muestra a un Pablo que conoce las interpretaciones del espíritu en la literatura

---

76. Para evaluar las posturas filosóficas de Pablo, sigo las seis posibles posiciones filosóficas que utiliza Runia para determinar la postura filosóficas de Filón: (1) un *de iure* platonista medio; (2) un *de facto* platonista medio; (3) un expositor platonista de las Escrituras; (4) un expositor filosófico ecléctico de las Escrituras; (5) un filósofo independiente; y (6) un pensador religioso judío. Para una explicación de cada posición, consulte Runia, "Was Philo a Middle Platonist," 125.

77. Para una buena bibliografía, véase Scott, *Implicit Epistemology*, 101–40; Freed, *The Morality of Paul's Converts*; White, "Morality," 201–215; Tomson, *Paul and the Jewish Law*, 51–53; Thorsteinsson, "Paul and Roman Stoicism," 139–61; La respuesta de Engberg-Pedersen a Philip F. Esler, "Paul and Stoicism," 35–60; Downing, *Cynics*; Lohse, *Theologische Ethik*.

78. Engberg-Pedersen, "Paul, Virtues, and Vices," 628.

79. Engberg-Pedersen, *Paul and the Stoics*, 34–60. Sobre un análisis y crítica del modelo de Engberg-Pedersen, véase Munzinger, *Discerning the Spirits*, 123–40.

80. Ver Engberg-Pedersen, *Cosmology*, 175–81.

y la filosofía greco-romana que están al corriente durante el primer siglo dc. Estas nociones básicas eran, de hecho, familiares para judíos y gentiles ordinarios que vivían en la diáspora griega. En este sentido, Keener señala acertadamente que las audiencias mixtas de Pablo "estaban expuestos a algunas filosofías populares de los altavoces en los mercados y concursos públicos, así como también (para aquellos que eran ciudadanos libres en sus ciudades) alusiones en los discursos en asambleas públicas".[81] Me gustaría sugerir que Pablo trata al espíritu como lo haría un "ecléctico" platonista medio. No perteneció a una escuela filosófica-griega, ni reconoció una escuela filosófica; pero, él seleccionó, apropió e incluso alteró significativamente algunas de las ideas y el lenguaje filosófico greco-romano sobre el espíritu en la forma como él deseaba para satisfacer su propósito.

Es importante destacar el hecho que la definición que constituye el platonismo medio en el primer siglo dc es bastante desafiado.[82] Tobin ha señalado acertadamente que la interpretación del platonismo medio es difícil de entender por dos factores principales: (1) lo que tenemos de los escritos del platonismo medio es muy fragmentario, y (2) los orígenes del platonismo medio son oscuros.[83] Mi argumento para definir a Pablo como un "ecléctico" platonista medio se basa en tres razones importantes. En primer lugar, la descripción de la recepción del espíritu de los creyentes en el bautismo refleja su uso del lenguaje platónico, cuando escribe, Dios conquistó y destruyó la muerte para tragar lo mortal (2 Co 5,4; 2,7; 1 Co 15,54). La forma en que Pablo expresa la función principal del espíritu en su enseñanza ética usando el lenguaje del platonismo medio relacionado con el mundo inteligente transmite un conocimiento básico del pensamiento platónico del primer siglo dc. Pablo también describe el objetivo de la vida del creyente en términos platónicos: el espíritu conduce a lo divino, a lo perfecto, incorrupto, inmortal, inmaterial y eterno.[84] Además, Pablo explica, a través del espíritu los creyentes están conformados a la "imagen" o "semejanza" de Cristo, que en última instancia lleva a la semejanza de Dios (2 Co 3,18; 4,4).

En segundo lugar, de modo similar al autor de la Sabiduría, Pablo habría estado familiarizado con la doctrina estoica del espíritu, especialmente la relación del espíritu con el mundo material. La formulación estoica que el espíritu material impregna todo y da vida a todo es de alguna manera

---

81. Keener, *The Mind of the Spirit*, xviii.

82. Dillon, *The Middle Platonists*.

83. Tobin, "The Fate of Plato's *Timaeus*," 2–3.

84. Pasajes paulinos que reflejan el lenguaje platónico son especialmente 1 Co 2,12; 9,25; 15,40–49, 52–54; 2 Co 3,18; 4,4; 5,1, 4; 7,10; Gl 6,8; Flp 3,3, 19, 21; Ro 7,4, 25.

apropiada y alterada por Pablo para hablar de la "morada" del Espíritu Santo de Dios en el creyente y en toda la comunidad (1 Ts 4,8; 1 Co 3,16; 6,19). El espíritu vivificante y divino "infundido" en el corazón del creyente (2 Co 1,22; 5,5) es en el nuevo mensaje de liberación de Pablo la garantía de que la nueva vida es una vida de santidad (7,1). Para él, la liberación vivificante que Dios da es un "Espíritu Santo" (2 Co 6,6–7; 13,13). Esta nueva forma de "pensar en Cristo está facultado por el Espíritu de Dios que habita en los creyentes. Este nuevo enfoque puede satisfacer la voluntad de Dios porque el espíritu que conoce la voluntad de Dios guía, motiva y empodera al creyente".[85] La doctrina estoica de "el espíritu impregna el mundo" es alterada por Pablo en términos de la "inhabitación del espíritu" no sólo en cada creyente, sino también en toda la comunidad de creyentes.

En tercer lugar, el espíritu estoico da vida, genera entendimiento y está conectado con el intelecto. Así mismo, en Pablo, el Espíritu de Dios, como una "realidad espiritual e intelectual" es lo que da a los creyentes la vida verdadera a través de la disposición de la mente. Esta es una vida que lleva a la vida eterna (salvación) y guía a los creyentes al entendimiento y conocimiento de Dios. En su doctrina sobre las virtudes, Pablo fomenta la unificación del espíritu con la mente, y con el mundo inteligente (estas dos últimas características platónicas). La primera fue altamente valorada por los filósofos, especialmente los estoicos (la escuela filosófica más popular en el mundo greco-romano del tiempo de Pablo), quienes veían las virtudes como tipos de conocimientos.[86] Además, Pablo utiliza el término estoico "todo" (*panta*) para describir la supremacía de la virtud del amor (1 Co 13),[87] y está estrechamente relacionada con el espíritu (el amor del espíritu).[88] Pablo atribuye a la virtud del amor (la reina de las virtudes), cualidades superiores, que generalmente se atribuyen a Dios en el lenguaje estoico de "todo": "el amor abarca todas las cosas, cree en todo, espera en todo y soporta todo" (1 Co 13,7).[89] Especialmente la expresión "el amor abarca todas las cosas" es una referencia análoga a la noción estoica del rol de la razón/espíritu en la

---

85. Keener, *The Mind of the Spirit*, 113.

86. P. ej., Ario Didimo, *Epítome de Ética Estoica*, 2.7.5b5, p. 18.15–17. Ver Keener, *The Mind of the Spirit*, 120.

87. La palabra estoica "todo" (*panta*) aparece en la primera carta a los Corintios más que en cualquiera de sus otras auténticas cartas (1 Co 2,15; 3,21, 22; 4,6, 13; 8,6; 9,12, 22, 23, 24, 25; 10,2, 17, 23, 31, 33; 11,2, 12; 12,6, 11, 13, 30; 14,18, 23, 24, 26, 40; 15,10, 25–28). Fitzmyer (*First Corinthians*, 336–37) observa que "todo" se utiliza en fórmulas cosmológicas del estoicismo griego. Significa "todas las cosas" o "el todo" (mundo).

88. Ro 15,30.

89. Curiosamente, la misma conexión entre el lenguaje "soportar todas las cosas" y "amor" se encuentra en Menander, *Sam.* 77–85.

creación.[90] En el estoicismo la palabra "todo" generalmente está relacionado con el mundo material; en Pablo, sin embargo, está relacionado con la ética, en particular con el amor.

El rol central del espíritu como *fuente* de todas las virtudes en su enseñanza ética de Pablo es principalmente mostrado en términos de las categorías estoicas y platónicas. De hecho, la combinación de ambas escuelas de pensamiento filosófico representó una de las principales características de lo que fue el platonismo medio en el primer siglo dc.[91] Pablo es un "ecléctico" apropiando y *redefiniendo* diversas nociones platónicas y estoicas en una coherente visión ética a fin de configurar su doctrina de las virtudes en el entorno del espíritu. Su entendimiento del espíritu como *fuente* de todas las virtudes y la nueva concepción de liberación muestran a Pablo como un representante "ecléctico" del platonismo medio del primer siglo dc. Esto no pone a Pablo directamente en la misma categoría que otros "platonistas medios" en sentido estricto de la palabra, o su entendimiento del espíritu fue puramente platónico (inmaterial). Su "cristificación" del espíritu demuestra la orientación filosófica de Pablo fue más estoica que platónica. Como tal, él encaja en la categoría de "ecléctico" en el platonismo medio, fuertemente influido por las doctrinas estoicas. Utilizando las seis posiciones posibles de Runia, Paul encaja perfectamente en la posición cuatro, un "ecléctico" que utiliza el lenguaje filosófico, ideas y conceptos con el propósito de enseñar y exhortar la práctica de las virtudes.[92]

CONCLUSIÓN

Pablo ha transformado las opiniones sobre el espíritu de tal manera que la naturaleza del espíritu, sus poderes y cualidades toman otra dimensión al ser intrínsecamente asociados con las virtudes y la esfera celestial. La convicción personal de Pablo sobre Cristo después de su "llamada profética" le diferencia de lo que constituye el entendimiento "judío" común del espíritu. Para él, su conocimiento del Espíritu de Dios no puede ser separado de su entendimiento de Cristo. Esto es un aspecto esencial que llevó a Pablo a centrarse no sólo en la ley mosaica, pero en una nueva ley; su verdadero significado (instrucción) pasa a ser incorporado en el evangelio de Cristo. En la enseñanza de Pablo sobre las virtudes, el espíritu, Cristo y su ley no pueden separarse. A pesar de los cambios en su actitud hacia la ley mosaica

90. La frase "el amor cubre todas las cosas" da a entender también la noción del cuidado de Dios de todas las cosas.

91. Cf. Engberg-Pedersen, *Cosmology*, 24–25.

92. Runia, "Was Philo a Middle Platonist?" 125.

y otros elementos esenciales del judaísmo, él todavía es parte del mundo judío-helenista, más que parte de las diversas escuelas filosóficas. Es quizás, como Fee afirma, a causa de "ser judío," Paul prefiere usar las palabras "santo" y "santidad" en lugar de "virtud" y "virtuoso".[93]

Su convergencia cultural de Pablo nunca devalúa su herencia judía. De hecho, él nunca se aparta completamente de ello. Su compromiso de predicar el evangelio de Cristo a los gentiles (en territorios griegos y romanos) sigue enraizado en su herencia judía. Esto es incluso después de que redefine su entendimiento de la ley mosaica a la luz del evento de Jesucristo. Significativamente, la innovación, la redefinición de la herencia judía y la cultura helenista transforman la visión del judaísmo helenista y el cristianismo primitivo. Estos (la innovación y redefinición de ambas tradiciones), sin duda, nos permiten comprender mejor lo que el judaísmo y el cristianismo primitivo fueron en el mundo greco-romano del primer siglo dc.

Es verdad que la singular caracterización del espíritu utilizando categorías platónicas y estoicas muestra el conocimiento de Pablo (y de los lectores/espectadores judíos y gentiles) dentro del entendimiento del espíritu en la tradición filosófica-griega. No obstante, su punto de vista sobre el espíritu en su enseñanza ética confirma que él no está muy influenciado por esa tradición. Cuando se trata de filosofía, Pablo refleja algunos (pero importantes) efectos del desarrollo emergente del platonismo medio del primer siglo dc. Su "cristificacion" del espíritu y su descripción de las cualidades y poderes conferidos a su concepto principal utilizando lenguaje platónico y estoico hacen de él un "ecléctico" platonista medio. En otras palabras, él fue un "ecléctico" en quien una de las influencias importantes fueron las ideas del platonismo medio, y no sólo del estoicismo. Sin embargo, hay que recalcar las similitudes con referencia a estas tradiciones filosóficas-griegas en la ética de Pablo sólo existen a nivel terminológico y no en el contenido.

93. Freed, *The Morality of Paul's Converts*, 70.

5

Conclusión y Comentarios Finales

ESTE ESTUDIO HA ADOPTADO un concepto griego, el espíritu, para iluminar cómo Pablo configura su discurso ético para enseñar a sus creyentes sobre las virtudes. Como un judío-helenista no sólo estaba inmerso en los desafíos de vivir el "judaísmo"; su interpretación del espíritu fue desarrollado dentro de los contextos de la diáspora griega. Sus cartas revelan como Pablo estaba influenciado de una u otra manera con las tradiciones judía-helenista y filosófica-griega. Su entendimiento y nociones comunes del espíritu se relacionan con los de Filón, la *Sabiduría de Salomón*, 4 Macabeos, *los Oráculos Sibilinos*. No obstante, él fue influenciado particularmente por la LXX y fue afectado levemente por sistemas éticos de la filosofía griega. He descrito cómo Pablo vio el rol ético del espíritu en sus cartas indiscutibles. La investigación de su utilización compleja del espíritu ha mostrado un especial énfasis en el desarrollo de la función del espíritu en su ética: de ser representado como preeminente (en sus primeras cartas) a convertirse en la *fuente* de todas las virtudes (en sus cartas posteriores). Claramente, este entendimiento fue fundamental para su nueva concepción de liberación.

Como la exhortación ética de Pablo instó a los creyentes judíos y gentiles a tener una vida virtuosa y santa en sus primeras cartas, él estableció lo que puede definirse como una relación *vis–à–vis* entre el Espíritu Santo de Dios y Cristo. Esta relación, a primera vista parecía sencillo, fue entendida por los creyentes y se hizo efectiva a través de la fe en Cristo, su evangelio y su nueva ley. Lo que es más importante, vinieron a ver la ley de Cristo y de su evangelio como una forma superior de vivir éticamente, mejor a aquellas doctrinas encontrada en otras exhortaciones judías y sistemas éticos de la filosofía griega. Especialmente en su acalorada discusión contra sus adversarios en Gálatas, Pablo estableció la preeminencia del espíritu en su ética (Gl 5–6). Esta nueva configuración ética enmarca su conexión inicial entre el espíritu, la adquisición de las virtudes y la evitación de los vicios. Como resultado, las creencias judías fundamentales fueron desafiadas. Por ejemplo, Pablo (1) puso al espíritu en contra la observancia de la ley mosaica; (2) desarrolló un marcado contraste entre el espíritu y la carne; (3) asoció al espíritu con virtudes, la carne con vicios y pecados; (4) hizo contraste entre la libertad y la esclavitud; y (5) conectó la libertad con el espíritu y vinculó la esclavitud con la carne y la observancia de la ley mosaica.

Este estudio reveló que la relación entre el espíritu, Cristo y su ley junto con la triple expresión de la virtud del amor (el amor del espíritu, el amor de Dios y el amor de Cristo) determina la base principal del discurso ético de Pablo. De hecho, su uso del espíritu como *fuente* de todas las virtudes refleja fuertemente la asociación de este concepto con la función de Cristo y su ley. De la misma manera, las relaciones verticales y horizontales resaltaron la conexión del espíritu con las virtudes y especialmente con la virtud del amor. Pablo no estaba solo al interpretar su ética dentro de las tradiciones judía-helenista y la filosófica-griega. Principalmente, la LXX y, en segundo lugar, los escritos de otros autores judíos-helenistas, y en menor grado la tradición filosófica-griega; le sirvieron como base para atribuir al espíritu como preeminente en su enseñanza sobre las virtudes. De una manera similar a Filón, Pablo siguió la LXX en la forma de ver el concepto del espíritu como el Espíritu Santo y divino de Dios, que tuvo el poder de transformar dinámicamente la vida ética de los creyentes. En la literatura y la filosofía griega, el concepto del espíritu se consideraba a veces como el Espíritu Santo y divino. Este concepto tenía el poder de ayudar a individuos en la inspiración profética, como también en sus desempeños éticos. Significativamente, en Pablo, el entendimiento del espíritu tomó un giro radical en dos aspectos esenciales donde el espíritu adquirió una fuerte connotación ética: la adquisición de las virtudes y la evitación de vicios entró en vigor sólo en el espíritu (la *fuente* de todas las virtudes), y el rol ético del espíritu fue determinado por el papel de Cristo (el evento de Cristo).

Estos dos aspectos esenciales llevaron a Pablo a *reorientar* su propia opinión de sí mismo en relación a Cristo. Este cambio resultó en una definición *nueva* de su propia concepción del rol del espíritu en la vida ética de los creyentes judíos y gentiles en el mundo mediterráneo. En el curso de la carta a los Romanos (capítulos 5–7, 8), los dos aspectos esenciales llevaron a Pablo a revisar puntos concretos que había sostenido anteriormente en Gálatas y la primera carta a los Corintios. Primero, la ley mosaica no está asociada con la esclavitud; este último se asocia con Dios y Su justicia. Segundo, la ley mosaica no está asociada con la carne (vicios); es la ley del pecado y de la muerte que se asocia con la carne. Tercero, el espíritu no está en oposición con la ley mosaica; el espíritu (el "habilitador") se opone a la ley del pecado y de la muerte. Cuarto, el contraste entre el espíritu y la carne se vuelve menos destacado; el papel del espíritu como *fuente* es redireccionado hacia la esperanza escatológica. Quinto, la libertad no está en oposición a la observancia de la ley mosaica; la libertad viene del espíritu y no es contrastada con la esclavitud.

Este estudio ha demostrado también el tema de la virtud, fue parte de la discusión amplia en el mundo greco-romano y Pablo fue parte de ese debate. Su participación en esa amplia conversación ha mostrado cómo él compartió la influencia de ideas, lenguaje y nociones sobre el espíritu con las tradiciones judía-helenista y filosófica-griega. El carácter de esa influencia no fue homogéneo; sucedió en diferentes grados y modos. Lo cierto es que no fue el único en asociar al espíritu con el lenguaje de "derramar," la profecía y la inspiración. Lo más sorprendente es que no fue el único en relacionar al espíritu con los mundos material e inmaterial, con la razón y con la mente/intelecto. Todas estas conexiones están presentes de alguna manera en textos judíos-helenistas y la literatura filosófica-griega. En la literatura y la filosofía greco-romana — con pocas excepciones — estas conexiones generalmente no estaban vinculados con la ética. Pablo es el único de forma explícita y consistentemente tiende a describir el objetivo ético de la posesión del espíritu utilizando cualidades platónicas. Por lo tanto, él directamente asocia a su concepto con las virtudes, con la mente y con el mundo intelectual. La conexión del espíritu con la mente en Pablo ha sido suprema en la discusión de Keener, pero sorpresivamente, aunque se enfoca en una larga colección de literatura filosófica, él no va más allá a conectar al espíritu con el mundo inteligente y las virtudes. Argumenté que Pablo es el único judío-helenista que lleva a su esplendor esta triple relación ética intrínseca (espíritu–virtudes–intelecto). Se encuentra en la LXX y Filón sólo indirectamente y en forma modesta; pero ni Filón ni la LXX le dan un énfasis ético.

En el capítulo cuatro, iluminé tres aspectos importantes como parte de la estructura completa del discurso ético de Pablo centrado en el espíritu: primero, la relación del espíritu con la práctica o la adquisición de las virtudes; segundo, la conexión del espíritu con las lecciones o los medios para adquirir las virtudes; tercero, la transformación radical del espíritu, expresado como la "cristificación" del espíritu. Es característico de Pablo que el rol primordial del espíritu en su ética fue asociado directamente con Dios a través de Cristo. El Espíritu Santo de Dios, como una "realidad espiritual e intelectual" en la vida ética del creyente, llegó a ser eficaz a través de la figura de Cristo, la "imagen" o "semejanza" de Dios. Mientras que Pablo enfatiza el papel de Cristo, su evangelio, su ley, su visión del espíritu como divino e inmaterial quedó aparentemente materializado a través de la recepción del Espíritu de Dios en el cuerpo del creyente y a través de Cristo. Este desarrollo se define en este estudio como la "cristificación del espíritu".

La medida en que su reinterpretación de la relación del espíritu con la ética y su redefinición del espíritu a la luz de su visión cristocéntrica no separó completamente a Pablo de su tradición judía-helenística. Este estudio reveló que las diferencias entre sus propios puntos de vista y las opiniones de otros autores judíos-helenistas representó la flexibilidad de navegar dentro del marco amplio en el mundo greco-romano. Pablo fue capaz de enseñar a su audiencia mixta una ética superior de vida en la diáspora griega. Lo hizo según sus propias convicciones en medio de los desafíos planteados por el helenismo presente en su entorno del primer siglo dc. La configuración de su enseñanza ética alrededor del espíritu dentro de los parámetros de ambas tradiciones es ejemplar para sostener que Pablo fue capaz de explicar a su audiencia (mixta) con confianza su preocupación por una vida santa y virtuosa "en parte" dentro de las categorías del entendimiento greco-romano.

Otra importante observación final es que Pablo amplía su entendimiento del concepto ético en categorías filosóficas. Él tuvo éxito combinando ambas concepciones filosóficas sin crear un conflicto entre los entendimientos platónicos (inmaterial) y estoicos (material) del espíritu entre los creyentes judíos y gentiles del primer siglo dc. Al menos, las cartas de Pablo demuestran que no era una cuestión que interesaba a los creyentes. Principalmente, su transformación del espíritu (su "cristificación") muestra su tendencia estoica. Le permitió describir al Espíritu Santo y divino de Dios en términos estoicos. El espíritu se hizo parte de lo terreno (mundo sensible) a través del creyente en Cristo; al mismo tiempo, la naturaleza del espíritu (*fuente* de las virtudes) permaneció enraizado en el mundo celestial (mundo inteligente), es decir, en la divinidad y la santidad de Dios.

Claramente, tanto las tradiciones platónica y estoica le proporcionaron a Pablo las herramientas para "cristificar" al espíritu, así como también para potenciar sus cualidades divinas. Esta dicotomía en Pablo no estuvo en conflicto; la asociación del espíritu con los mundos material e inmaterial fueron juntados armoniosamente. La noción de ver un concepto griego en ambos sentidos (material e inmaterial) fue particularmente encontrado en la *Sabiduría de Salomón*. El autor, que no era un filósofo, representó a la sabiduría, también espíritu, como material (estoico) e inmaterial (platónico). En el caso de Pablo, la importancia concedida al espíritu en términos platónicos y estoicos lo llevó a presentarse filosóficamente dentro de los parámetros del emergente platonismo medio de su tiempo. Este fue un período donde elementos característicos del platonismo y estoicismo se juntaron. Pablo, un "ecléctico" platónico medio, desarrolló y llegó más allá de la tradición filosófica-griega. Su postura filosófica se cristalizó en el punto de divergencia de sus dos tradiciones: su tendencia estoica y platónica media. Estas escuelas filosóficas fueron importantes, ya que fueron las que ultimadamente le llevaron a su "cristificación" del espíritu.

Como última reflexión, el contexto pluralista (judío y griego) enriqueció su comprensión del espíritu en formas que le ayudó a reflexionar de forma flexible, a reevaluar y a veces a cambiar considerablemente sus convicciones para satisfacer las demandas de su audiencia formados por judíos y gentiles. Esta flexibilidad no fue fácil de alcanzar. A lo largo del desarrollo de su enseñanza ética en el curso de sus cartas, Pablo mostró su lucha en determinar una perspectiva ética que intentara conciliar armoniosamente su "judaísmo" y su "ser un seguidor de Cristo". Lo que es significante es que fue capaz de sintetizar, así como también integrar hábil e inteligentemente nociones y categorías sobre el espíritu en su propio entendimiento de la ética. En sus cartas, Pablo ciertamente espera ofrecer un discurso ético superior sobre cómo uno está llamado a practicar las virtudes y evitar los vicios. Sin duda, él intentó ofrecer un impacto mayor en su audiencia mixta de creyentes judíos y gentiles que vivieron inmersos en la complejidad del mundo greco-romano.

Bibliografía

Adewuya, J. Ayodeji. *Holiness and Community in 2 Cor 6:14–7:1: Paul's View of Communal Holiness in the Corinthian Correspondence*. New York: Peter Lang, 2001.

Aeschylus. *Persians, Seven Against Thebes, Suppliants, Prometheus Bound*. Vol. 1. Edited y traducido por Alan H. Sommerstein. Loeb Classical Library. Cambridge: Harvard University Press, 2009.

Barclay, John M. G. *Colossians and Philemon*. Sheffield: Sheffield Academic, 1997.

———. *Flavius Josephus: Against Apion: Translation and Commentary*. Vol. 10 of *Flavius Josephus: Translation and Commentary*. Editado por Steve Mason. Leiden: Brill, 2007.

———. *Jews in the Mediterranean Diaspora: From Alexander to Trajan (323 BCE– 117 CE)*. Berkeley: University of California Press, 1996.

———. *Obeying the Truth: A Study of Paul's Ethics in Galatians*. Studies of the New Testament and Its World. Edinburgh: T. & T. Clark, 1988.

———. "Paul, the Gift and the Bathe over Gentile Circumcision: Revisiting the Logic of Galatians." *Australian Biblical Review* 58 (2010) 36–56.

Barrett, Charles K. *A Commentary on the First Epistle to the Corinthians*. Harper's New Testament Commentaries. New York: Harper & Row, 1968.

Beale, G. K. "'The Old Testament Background of Paul's Reference to 'the Fruit of the Spirit' in Galatians 5:22." *Bulletin for Biblical Research* 15/1 (2005) 1–38.

Beasley-Murray, G. R. "The Holy Spirit, Baptism, and the Body of Christ." *Review & Expositor* 63 (1966) 177–85.

Betz, Hans Dieter. *2 Corinthians 8 and 9: A Commentary on Two Administrative Letters of the Apostle Paul*. Hermeneia. A Critical and Historical Commentary on the Bible. Philadelphia: Fortress, 1985.

———. *Galatians: A Commentary on Paul's Letter to the Churches in Galatia*. Editado por Helmut Koester. Hermeneia. A Critical and Historical Commentary on the Bible. 4th Ed. Minneapolis: Fortress, 1988.

———. *Studies in Paul's Letter to the Philippians*. Wissenschaftliche Untersuchungen zum Neuen Testament 343. Tübingen: Mohr Siebeck, 2015.

Bieder, Werner. "Πνεῦμα in Wisdom." En *The Theological Dictionary of the New Testament*, traducido y editado por Gerhard Kittel y Gerhard Friedrich, 6:370–75. 10 vols. Grand Rapids, Michigan: Eerdmans, 1964–1976.

Bitner, Bradley J. *Paul's Political Strategy in 1 Corinthians 1–4*. Cambridge: Cambridge University Press, 2015.

Block, Daniel I. *The Book of Ezekiel Chapters 25–48*. Grand Rapids: Eerdmans, 1998.

Bockmuehl, Marcus. *A Commentary on the Epistle to the Philippians*. Black's New Testament Commentary. 4th Ed. London: A & C Black, 1997.

Borgen, Peder. "Observations on the Theme 'Paul and Philo': Paul's Preaching of Circumcision in Galatia (Gal 5:11) and Debates on Circumcision in Philo." *Paulinische Literatur und Theologie* (1980) 80–102.

———. "Paul Preaches Circumcision and Pleases men." *Paul and Paulinism* (1982) 37–46.

———. *Philo, John, and Paul: New Perspectives on Judaism and Early Christianity*. Atlanta: Scholars, 1987.

———. "Philo of Alexandria." En *Jewish Writings of the Second Temple Period: Apocrypha, Pseudepigrapha, Qumran Sectarian Writings, Philo, Josephus*, editado por Michael E. Stone, 233–82. Philadelphia: Fortress, 1984.

Bornkamm, Günther. *Paul*. Traducido por M. G. Stalker. New York: Harper & Row Publishers, 1971.

Bouwman, Tilburg Gijs. "Die Hagar- und Sara-perikope (Gal 4,21–31): Exemplarische Interpretation zum Schriftbeweis bei Paulus." En *Aufstieg und Niedergang der römischen Welt: Geschichte und Kultur Roms im Spiegel der neueren Forschung*, editado por Wolfgang Haase, 25.4:3135–55. Part 2, Principat 25.4. New York: De Gruyter, 1987.

Branick, Vincent P. *Understanding Paul and His Letters*. New York: Paulist, 2009.

Brisebois, Mireille. *Saint Paul: Introduction to St. Paul and his Letters*. Traducido por Phyl Jenkins. Middlegree, Slough, England: St. Paul Publications, 1986.

Bruce. F. F. *The Epistle to the Galatians: A Commentary of the Greek Text*. Grand Rapids, Michigan: Eerdmans, 1982.

———. *The Epistle to the Galatians: A Commentary of the Greek Text*. Grand Rapids, Michigan: Eerdmans, 1982.

———. *Philippians*. Editado por W. Ward Gasque. New International Biblical Commentary. 3d Ed. Peabody, Massachusetts: Hendrickson Publishers, 1995.

Büchel, Friedrich. *Der Geist Gottes im Neuen Testament*. Gütersloh: Bertelsmann, 1926.

Bultmann, Rudolf. *Der Stil der Paulinischen Predigt und die Kynisch-Stoische Diatribe*. Forschungen zur Religion und Literatur des Alten und Neuen Testaments 13. Göttingen: Vandenhoeck & Ruprecht, 1910.

———. *The Old and New Man in the Letters of Paul*. Traducido por Keith R. Crim. Richmond, Virginia: John Knox, 1964.

———. "The Problem of Ethics in Paul." En *Understanding Paul's Ethics: Twenty Century Approaches*, traducido por Christoph W. Stenschke y editado por Brian S. Rosner, 195–216. Grand Rapids: Eerdmans, 1995.

Burns, J. Patout. *Romans: Interpreted by Early Christian Commentators*. Grand Rapids, Michigan: Eerdmans, 2012.

Burton, Ernest De Witt. *Spirit, Soul, and Flesh*. Chicago: University of Chicago Press, 1918.

———. "Spirit, Soul, and Flesh." *American Journal of Theology* 18 no. 1 (1914) 59–80.

Byrne, Brendan. *Romans*. Sacra Pagina Series 6. Collegeville, Minnesota: The Liturgical, 19960.

Byron, John. *1 and 2 Thessalonians*. The Story of God Bible Commentary. Grand Rapids: Zondervan, 2014.

Cage, Gary T. *The Holy Spirit: A Sourcebook with Commentary*. Reno, Nevada: Charlotte House Publishers, 1995.

Callahan, Allen D. *Embassy of Onesimus: The Letter of Paul to Philemon.* Valley Forge, PA: Trinity, 1997.

Carson, D. A. *Showing the Spirit: A Theological Exposition of 1 Corinthians* 12–14. Grand Rapids, Michigan: Baker Book House, 1987.

Casalini, Nello. *Le Lettere di Paolo: Esposizione del loro sistema di teologia.* Analecta Studium Biblicum Franciscanum 54. Jerusalem: Franciscan Printing, 2001.

Ciampa, Roy E. y Rosner, Brian S. *The First Letter to the Corinthians.* Pillar New Testament Commentary. Grand Rapids: Eerdmans, 2010.

Cicero. *On the Nature of the Gods, Academics.* 3 vols. Traducido por H. Rackham. Loeb Classical Library. Cambridge: Harvard University Press, 1933.

Cicero. *On Old Age, On Friendship, On Divination.* Traducido por W. A. Falconer. Loeb Classical Library. Cambridge: Harvard University Press, 1923.

Clarke, Ernest G. *The Wisdom of Solomon.* Cambridge: Cambridge University Press, 1973.

Collins, Adela Yarbro. "Aristobulus: A New Translation and Introduction." En vol. 2 de *The Old Testament Pseudepigrapha,* editado por James H. Charlesworth, 831–42. Apocalyptic Literature and Testaments. 2 vols. 2d Ed. Peabody, Massachusetts: Hendrickson Publishers, 2011.

Collins, John J. *Between Athens and Jerusalem: Jewish Identity in the Hellenistic Diaspora.* Grand Rapids: Eerdmans, 2000.

———. *Jewish Wisdom in the Hellenistic Age.* The Old Testament Library. Louisville, Kentucky: Westminster John Knox, 1997.

———. "Joseph and Asenath, Jewish or Christian?" *Journal for the Study of the Pseudepigrapha* 14 (2005) 97–112.

———. "Sibylline Oracles: A New Translation and Introduction." En vol. 1 of *The Old Testament Pseudepigrapha,* editado por James H. Charlesworth, 317–472. Apocalyptic Literature and Testaments. 2 vols. 2d Ed. Peabody, Massachusetts: Hendrickson Publishers, 2011.

Collins, Raymond F. *First Corinthians.* Sacra Pagina Series 7. Collegeville, Minnesota: The Liturgical, 1999.

———. *Letters that Paul Did Not Write: The Epistle to the Hebrews and the Pauline Pseudepigrapha.* Wilmington: Liturgical, 1988.

Cooper, John M. *Plato: Complete Works.* Indianapolis: Hackett, 1997.

Cormack, Michael. *Plato's Stepping Stones: Degrees of Moral Virtue.* London: Continuum, 2006.

Cousar, Charles B. *Philippians and Philemon: A Commentary.* New Testament Library. Louisville: Westminster John Knox, 2009.

De Boer, Martinus C. *Galatians: A Commentary.* Louisville, Ky.: Westminster John Knox, 2011.

De Jonge, M. "The Main Issues in the Study of the Testaments of the Twelve Patriarchs." *New Testament Studies* 26 (1980) 508–24.

———. *The Testaments of the Twelve Patriarchs: A Critical Edition of the Greek Text.* Pseudepigrapha Veteris Testamenti Graece. Leiden: Brill, 1978.

———. "The Transmission of the Testaments of the Twelve Patriarchs by Christians." *Vigiliae Christianae* 47 (1993) 1–28.

Delling, Gerhard. *Die Bewältigung der Diasporasituation durch das Hellenistische Judentum.* Göttingen: Vandenhoeck & Ruprecht, 1987.

DeSilva, David A. *4 Maccabees: Introduction and Commentary on the Greek Text in Codex Sinaiticus*. Editado por Stanley E. Porter et al. Septuagint Commentary Series. Leiden: Brill, 2006.

———. "Paul and the Stoa: A Comparison." *Journal of the Evangelical Theological Society* 38/4 (1995) 549–564.

Dibelius, Martin. *From Tradition to Gospels*. New York: Scribner, 1965.

Dillon, John. *The Middle Platonists 80 B.C.to A.D. 220*. Ithaca, New York: Cornell University Press, 1977.

Diodorus of Sicily. *Library of History, Volume I: Books 1–2.34*. Traducido por C. H. Oldfather. Loeb Classical Library. Cambridge: Harvard University Press, 1933.

Donfried, Karl Paul. *Paul, Thessalonica, and Early Christianity*. Grand Rapids, Michigan: Eerdmans, 2002.

Diogenes Laertius. *Lives of Eminent Philosophers*. Traducido por R. D. Hicks. Loeb Classical Library. 2 vols. Cambridge: Harvard University Press, 1925.

Downing, F. Gerald. *Cynics, Paul and the Pauline Churches: Cynics and Christian Origins II*. New York: Routledge, 1998.

Drane, John A. *Paul Libertine or Legalist? A Study of the Theology of the Major Pauline Epistles*. London: SPCK, 1975.

Drane, John W. "Tradition, Law and Ethics in Pauline Theology." *Novum Testamentum* 16 n. 3 (1974) 167–78.

Draper, Jonathan A. y Jefford, Clayton N. eds. *The Didache: A Missing Piece of the Puzzle in Early Christianity*. Early Christianity and Its Literature. Atlanta: SBL, 2015.

Dunn, James D. G. *Beginning from Jerusalem: Christianity in the Making*. Vol. 2. Grand Rapids: Eerdmans, 2009.

———. *Cambridge Companion to St Paul*. Cambridge: Cambridge University Press, 2003.

———. *The Epistle to the Galatians*. Black's New Testament Commentaries. London: A & C Black, 1993.

———. *Jesus and the Spirit: A Study of the Religious and Charismatic Experience of Jesus and the First Christians as Reflected in the New Testament*. Philadelphia: Westminster Press, 1975.

———. *The New Perspective on Paul: Revised Edition*. Grand Rapids, Michigan: Eerdmans, 2005.

———. *The Theology of Paul the Apostle*. Grand Rapids: Eerdmans, 1998.

Edwards, Matthew. *Pneuma and Realized Eschatology in the Book of Wisdom*. Göttingen: Vandenhoeck & Ruprecht, 2012.

Elliot, Neil. *Liberating Paul: The Justice of God and the Politics of the Apostle*. New York: Orbis, 1994.

———. "The Question of Politics: Paul as a Diaspora Jew under Roman Rule." En *Paul within Judaism: Restoring the First-Century Context to the Apostle*, editado por Mark D. Nanos y Magnus Zetterholm, 203–244. Minneapolis: Fortress, 2015.

Elliott, Neil, y Mark Reasoner. *Documents and Images for the Study of Paul*. Minneapolis: Fortress, 2011.

Engberg-Pedersen, Troels. *Cosmology and Self in the Apostle Paul: The Material Spirit*. Oxford: Oxford University Press, 2010.

———. "The Material Spirit: Cosmology and Ethics in Paul." *New Testament Studies* 55 (2009) 179–97.

———. *Paul and the Stoics*. Louisville: Westminster John Knox, 2000.

———. *Paul in His Hellenistic Context.* Minneapolis: Fortress, 1995.

———. "Paul, Virtues, and Vices." Pages 608–34 en *Paul in the Greco-Roman World: A Handbook.* Editado por J. Paul Sampley. Harrisburg, PA: Trinity, 2003.

———. "The Relationship with Others: Similarities and Differences between Paul and Stoicism." *Zeitschrift für die neutestamentliche Wissenschaft und die Kunde der älteren Kirche* 96 (2005) 35–60.

Engel, Helmut. *Das Buch der Weisheit.* Neuer Stuttgarter Kommentar Altes Testament 16. Stuttgart: Katholisches Bibelwerk GmbH, 1998.

Esler, Philip F. "Paul and Stoicism: Romans 12 as a Test Case." *New Testament Studies* 50/1 (2004) 106–124.

Fairweather, William. *Jesus and the Greek or Early Christianity in the Tideway of Hellenism.* Edinburgh: T. & T. Clark, 1924.

Fee, Gordon D. The First Epistle to the Corinthians. Grand Rapids: Eerdmans, 1987.

———. *God's Empowering Presence: The Holy Spirit in the Letters of Paul.* Peabody, Massachusetts: Hendrickson Publishers, 1994.

———. "Paul's Conversion as Key to His Understanding of the Spirit." En *The Road from Damascus: The Impact of Paul's Conversion on His Life, Thought, and Ministry,* editado por Richard N. Longenecker, 166–83. Grand Rapids, Michigan: Eerdmans, 1997.

———. *Paul's Letter to the Philippians.* Editado por Ned B. Stonehouse et al. New International Commentary on the New Testament. Grand Rapids, Michigan: Eerdmans, 1995.

Fetherolf, Christina. "The Body for a Temple, a Temple for a Body: An Examination of Bodily Metaphors in 1 Corinthians." *Proceedings & Midwest Society of Biblical Literature* 30 (2010) 88–106.

Fishbane, Michael. *Biblical Interpretation in Ancient Israel.* Oxford: Oxford University Press, 1985.

Fitzgerald, John T. *Friendship, Flattery and Frankness of Speech: Studies on Friendship in the New Testament World.* Supplements to Novum Testamentum 82. Leiden: Brill, 1996.

———. "Philippians in the Light of Some Ancient Discussions of Friendships." En *Friendship, Flattery, and Frankness of Speech: Studies of Friendship in the New Testament World,* edited by John T. Fitzgerald, 141–60. Supplements to Novum Testamentum 82. Leiden: Brill, 1996.

Fitzmyer, Joseph A. *First Corinthians: A New Translation with Introduction and Commentary.* Anchor Bible 32. New Haven: Yale University Press, 2008.

———. *The Letter to Philemon: A New Translation with Introduction and Commentary.* Anchor Bible 34C. New Haven: Yale University Press, 2000.

———. *Romans: A New Translation with Introduction and Commentary.* Anchor Bible 33. 2d Ed. New Haven: Yale University Press, 2008.

Forbes, C. *Prophecy and Inspired Speech in Early Christianity and its Hellenistic Environment.* Wissenschaftliche Untersuchungen zum Neuen Testament 2.75. Tübingen: Mohr Siebeck, 1995.

Forschner, Maximilian. *Die Stoische Ethik: Über den Zusammenhang von Natur-, Sprach- und Moralpilosophie im altstoischen System.* Stuttgart: Klett-Cotta, 1981.

Freed, Edwin D. *The Morality of Paul's Converts.* London: Equinox, 2005.

Frey, Jörg. "Paul's Jewish Identity." En *Jewish Identity in the Greco-Roman World: Judische Identität in der griechisch-römischen Welt,* editado por Jörg Frey, Daniel

R. Schwartz and Stephanie Gripentrog, 285–321. Ancient Judaism and Early Christianity. Leiden: Brill, 2007.

Furnish, Victor Paul. *II Corinthians: Translated with Introduction, Notes, and Commentary*. The Anchor Bible 32A. Garden City, New York: Doubleday, 1984.

———. *Theology and Ethics in Paul*. Nashville: Abingdon, 1968.

Garland, David E. *1 Corinthians*. Baker Exegetical Commentary on the New Testament. Grand Rapids, Michigan: Baker Academic, 2003.

Georgi, Dieter. *Jüdische Schriften aus hellenistisch-römischer Zeit: Weisheit Salomos*. Band III. Lieferung 4. Gütersloh: Mohn, 1980.

Giblin, Charles H. "Three Monotheistic Texts in Paul." *Catholic Biblical Quarterly* 37 (1975) 527–47.

Gloël, Johannes. *Der Heilige Geist in der Heilsverkündigung des Paulus*. Halle: Numeyer, 1888.

Glover, Terrot R. *Paul of Tarsus*. London: Student Christian Movement, 1925.

Goodenough, Erwin R. "The Perspective of Acts." En *Studies in Luke-Acts, Essays Presented in Honor of Paul Schubert*, editado por L. E. Keck y J. L. Martyn, 51–59. Nashville: Abingdon, 1966.

Goodenough, Erwin R. *An Introduction to Philo Judaeus*. Oxford: Basil Black Well, 1962.

Grabbe, Lester L. *Wisdom of Solomon*. Sheffield: Sheffield Academic, 1997.

Grafe, Eduard. "Das Verhältnis der paulinischen Schriften zur Sapientia Salomonis." Theologische Abhandlungen (1892) 251–86.

Gray, Patrick. *Opening Paul's letters: A Reader's Guide to Genre and Interpretation*. Grand Rapids, Michigan: Baker Academic, 2012.

Green, Gene L. *The Letters to the Thessalonians. Pillar New Testament Commentary*. Editado por D. A. Carson. Grand Rapids: Eerdmans, 2002.

Gunkel, Hermann. *The Influence of the Holy Spirit: The Popular View of the Apostolic Age and the Teaching of the Apostle Paul*. Traducido por Roy A. Harrisville y Philip A. Quanbeck II. Philadelphia: Fortress, 1979.

———. *Die Wirkungen des heiligen Gesites nach der populären Anschauung der apostolischen Zeit und der Lehre des Apostels Paulus*. Göttingen: Vandenhoeck & Ruprecht, 1888.

Guthrie, George H. *2 Corinthians*. Baker Exegetical Commentary on the New Testament. Grand Rapids, Michigan: Baker Academic, 2015.

Haacker, Klaus. "Paul's Life." En *The Cambridge Companion to St Paul*, editado por James D. G. Dunn, 19–33. Cambridge: Cambridge University Press, 2003.

Hafemann, Scott J. *Suffering and the Spirit: An Exegetical Study of II Cor. 2:14–3:3 within the Context of the Corinthian Correspondence*. Wissenschaftliche Untersuchungen zum Neuen Testament II/19. Tübingen: Mohr Siebeck, 1986.

Hagner, Donald A. "Paul's Christology and Jewish Monotheism." Perspectives in Christology (1991) 19–38.

———. "The Vision of God in Philo and John: A Comparative Study." *Journal of the Evangelical Theological Society* 14 no. 2 (1971) 81–93.

Hamilton, Edith y Cairns, Huntington, eds. *Plato: The Collected Dialogues Including the Letters with Introduction and Prefatory Notes*. Bollingen Series 71. Princeton: Princeton University Press, 1989.

Hansen, G. Walter. *The Letter to the Philippians*. Editado por D. A. Carson. Pillar New Testament Commentary. Grand Rapids: Eerdmans, 2009.

Hansen, G. Walter "Paul's Conversion and His Ethics of Freedom in Galatians." En *The Road from Damascus: The Impact of Paul's Conversion on His Life, Thought, and Ministry*, editado por Richard N. Longenecker, 213–37. Grand Rapids: Eerdmans, 1997.

Harrington, Daniel J. "Paul." En *The Eerdmans Dictionary of Early Judaism*, editado por John J. Collins y Daniel C. Harlow, 1034–38. Grand Rapids: Eerdmans, 2010.

Harris, Murray J. *Colossians & Philemon*. Exegetical Guide to the Greek New Testament. Grand Rapids: Eerdmans, 1991.

———. *The Second Epistle to the Corinthians: A Commentary on the Greek Text*. New International Greek Testament Commentary. Grand Rapids, Michigan: Eerdmans, 2005.

Hays, Richard B. "Christology and Ethics in Galatians: The Law of Christ." *Catholic Biblical Quarterly* 49 (1987) 268–90.

———. *First Corinthians*. Interpretation, a Bible Commentary for Teaching and Preaching. Louisville: John Knox, 1997.

———. *The Moral Vision of the New Testament: A Contemporary Introduction to New Testament Ethics*. San Francisco: HarperSanFrancisco, 1996.

———. "The Role of Scripture in Paul's Ethics." En *Theology and Ethics in Paul and His Interpreters: Essays in Honor of Victor Paul Furnish*, editado por Eugene H. Lovering, Jr. y Jerry L. Sumney, 30–47. Nashville: Abingdon, 1996.

Heath, J. M. F. *Paul's Visual Piety: The Metamorphosis of the Beholder*. Oxford: Oxford University Press, 2013.

Hengel, Martin y Deines, Roland. *The Pre-Christian Paul*. Philadelphia: Trinity, 1991.

Hengel, Martin. "Der vorchristliche Paulus." En *Paulus und das antike Judentum*, editado por Hengel Martin y Ulrich Heckel, 177–295. Wissenschaftliche Untersuchungen zum Neuen Testament 58. Tübingen: Mohr (Paul Siebeck), 1991.

———. "The Pre-Christian Paul." En *The Jews Among Pagans and Christians in the Roman Empire*, editado por Judith Lieu, John North, y Tessa Rajak, 29–52. London y New York: Routledge, 1988.

Hesiod. *Theogony, Works and Days, Testimonia*. Vol. 1. Editado y traducido por Glenn W. Most. Loeb Classical Library. Cambridge: Harvard University Press, 2007.

Hock, Ronald F. "Paul and Greco-Roman Education." En *Paul in the Greco-Roman World: A Handbook*, editado por J. Paul Sampley, 198–227. New York: Trinity, 2003.

Holladay, Carl R. *Fragments from Hellenistic Jewish Authors. Volume III: Aristobulus*. Text and Translations 39. Pseudepigrapha 13. Society of Biblical Literature. Atlanta, Georgia: Scholars, 1995.

Hollander, H. W. y De Jonge, M. *The Testaments of the Twelve Patriarchs: A Commentary*. Studia in Veteris Testamenti Pseudepigrapha of vol. 8. Leiden: Brill, 1985.

Homer. *Odyssey, Volume II: Books 13–24*. Traducido por A. T. Murray y revisado por George E. Dimock. Loeb Classical Library. Cambridge: Harvard University Press, 1919.

Hooker, Morna. "Philippians." En *The Cambridge Companion to St Paul*, editado por James D. G. Dunn, 105–115. Cambridge: Cambridge University Press, 2003.

Horace. *Horace*. Traducido por C. E. Bennett y H. Rushton Fairclough. 2 vols. Loeb Classical Library. Cambridge: Harvard University Press, 1927–1929.

Horn, Friedrich Wilhelm. *Das Angeld des Geistes: Studien zur paulinischen Pneumatologie.* Forschungen zur Religion und Literatur des Alten und Neuen Testaments 154. Göttingen: Vandenhoeck & Ruprecht, 1992.

——. "Wandel im Geist: Zur pneumatologischen Begründung der Ethik bei Paulus." *Kerygma und Dogma* 38/2 (1992) 149–70.

Hübner, Hans. *Law in Paul's Thought.* Editado por John Riches. Traducido por James C. G. Greig. Eidnburgh: T & T Clark, 1984.

Hugedé, Norbert. *Saint Paul et la Culture Grecque.* Paris: Librarie Protestante, 1966.

Hugues, Frank W. "The Gospel and Its Rhetoric in Galatians." En *Gospel in Paul: Studies on Corinthians, Galatians, and Romans for Richard N. Longenecker,* editado por Ann Jervis y Peter Richardson, 210–21. Journal for the Study of the New Testament Supplement Series 108. Sheffield: Sheffield Academic, 1994.

Hultgård, Anders. *L'eschatologie des Testaments des Douze Patriarches.* 2 vols. Stockholm, Sweden: Almqvist & Wiksell International, 1977–1981.

Hultgren, Arland J. *Paul's Letter to the Romans.* Grand Rapids, Michigan: Eerdmans, 2011.

Hurd, John C. "Reflections Concerning Paul's 'Opponents' in Galatians." En *Paul and His Opponents,* editado por Stanley E. Porter, 129–48. Pauline Studies 2. Leiden: Brill, 2005.

Hurtado, Larry W. *One God, One Lord: Early Christian Devotion and Ancient Jewish Monotheism.* Philadelphia: Fortress, 1988.

Isaacs, Marie E. *The Concept of Spirit: A Study of Pneuma in Hellenistic Judaism and its Bearing on the New Testament.* London: Heythrop College, 1970.

Jacoby, Hermann. *Neutestamentliche Ethik.* Königsberg i. Pr.: Von Thomas & Oppermann, 1899.

Käsemann, Ernst. *Leib und Leib Christi: Eine Untersuchung zur paulinischen Begrifflichkeit.* Beiträge zur historischen Theologie 9. Tübingen: Mohr Siebeck, 1933.

——. *New Testament Questions of Today.* Traducido por W. J. Montague. Philadelphia: Fortress, 1969.

Kee, Howard C. "The Ethical Dimensions of the Testaments of the XII as a Clue to Provenance." *New Testament Studies* 24 (1978) 259–70.

——. "Testaments of the Twelve Patriarchs: A New Translation and Introduction." En vol. 1 of *The Old Testament Pseudepigrapha,* editado por James H. Charlesworth, 775–828. Apocalyptic Literature and Testaments. 2 vols. 2d Ed. Peabody, Massachusetts: Hendrickson Publishers, 2011.

Keener, Craig S. *The Spirit in the Gospels and Acts: Divine Purity and Power.* Peabody: Hendrickson, 1997.

Kertelge, Karl. "Letter and Spirit in 2 Corinthians 3." En *Paul and the Mosaic Law,* editado por James D. G. Dunn, 117–30. Wissenschaftliche Untersuchungen zum Neuen Testament 89. Tübingen: Mohr, 1996.

Kleinknecht, Hermann. "Πνεῦμα in the Greek World." En vol. 6 of *Theological Dictionary of the New Testament,* editado por Geoffrey W. Bromiley, 334–59. 9 vols. Grand Rapids: Eerdmans, 1933–73.

Knox, John. *Philemon Among the Letters of Paul: A New View of its Place and Importance.* Chicago: University of Chicago Press, 1935.

Kümmel, Werner G. *Man in the New Testament.* Philadelphia: Westminster, 1963.

Kurt Stalder, *Das Werk des Geistes in der Heiligung bei Paulus.* Zürich: EVZ, 1962.

Lambrecht, Jan. *Second Corinthians*. Sacra Pagina Series 8. Collegeville, Minnesota: The Liturgical, 1999.

Lampe, Peter. "Keine 'Sklavenflucht' des Onesimus." *Zeitschrift für die neutestamentliche Wissenschaft und die Kunde der* älteren *Kirche* 76 (1985) 135–137.

Lategan, Bernard C. "Is Paul Developing a Specifically Christian Ethics in Galatians?" En *Greeks, Romans, and Christians: Essays in Honor of Abraham J. Malherbe*, editado por David L. Balch et al., 318–28. Minneapolis: Fortress, 1990.

Leppä, Heikki. "The Torah in Galatians." En *The Torah in the Ethics of Paul*, editado por Martin Meiser, 59–69. Library of New Testament Studies 473. European Studies of Christian Origins. New York: T & T Clark, 2012.

Levison, John R. *Filled with the Spirit*. Grand Rapids: Eerdmans, 2009.

Liddell, Henry George y Scott, Robert. *A Greek-English Lexicon*. 10th Ed. Oxford: Clarendon, 1996.

Lim, Kar Yong. "Paul's Use of Temple Imagery in the Corinthians Correspondence: The Creation of Christian Identity." En *Reading Paul in Context*, editado por William S. Campbell et al., 189–205. New York: T & T Clark International, 2010.

———. *"The Sufferings of Christ are Abundant in Us" (2 Corinthians 1:5): A Narrative-Dynamic Investigation of Paul's Sufferings in 2 Corinthians*. New York: T. & T. Clark, 2009.

Livesey, Nina E. "Paul, the Philonic Jew (Philippians 3,5–21)." *Annali di Storia dell'Esegesi* 27/2 (2010) 35–44.

Lohse, Eduard. "Changes of Thought in Pauline Theology? Some Reflections on Paul's Ethical Teaching in the Context of His Theology." En *Theology and Ethics in Paul and His Interpreters: Essays in Honor of Victor Paul Furnish*, editado por Eugene H. Lovering, Jr. y Jerry L. Sumney, 146–60. Nashville: Abingdon, 1996.

———. *Colossians and Philemon: A Commentary on the Epistle to the Colossians and to Philemon*. Hermeneia. A Critical and Historical Commentary on the Bible. Philadelphia: Fortress, 1971.

———. *Theologische Ethik des Neuen Testaments*. Stuttgart: Kohlhammer, 1988.

Long, A. A. & Sedley, D. N. *The Hellenistic Philosophers*. 2 vols. Cambridge: Cambridge University Press, 2012.

Long, Anthony A. *Hellenistic Philosophy: Stoics, Epicureans, Sceptics*. New York: Charles Scribner's Sons, 1974.

Lucan. *The Civil War (Pharsalia)*. Traducido por J. D. Duff. Loeb Classical Library. Cambridge: Harvard University Press, 1928.

Lull, David Jon. *The Spirit in Galatians*. Society of Biblical Literature. Dissertation Series 49. Chico, California: Scholars, 1980.

Malina, Bruce J. y John, J. Pilch. *Social Science Commentary on the Letters of Paul*. Minneapolis: Augsburg, 2006.

Malherbe, Abraham J. "Exhortation in First Thessalonians." *Novum Testamentum* 25 (1983) 238–56.

———. *The Letters to the Thessalonians: A New Translation with Introduction and Commentary*. Anchor Bible 32B. New Haven: Yale University Press, 2000.

———. *Moral Exhortation, A Greco-Roman Sourcebook*. Editado por Wayne A. Meeks. Library of Early Christianity. Philadelphia: Westminster, 1986.

———. *Paul and the Popular Philosophers*. Minneapolis: Fortress, 1989.

———. "Paul: Hellenistic Philosopher or Christian Pastor?" *Australasian Theological Review* 68 (1986) 86–98.

Martyn, James Louis. *Galatians: A New Translation with Introduction and Commentary.* Anchor Bible 33A. New York: Doubleday, 1997.

Martens, John W. "The Superfluity of the Law in Philo and Paul: A Study in the History of Religions." PhD Diss., McMaster University, 1991.

Martin, Dale B. *The Corinthian Body.* New Haven: Yale University Press, 1995.

Matera, Frank J. *II Corinthians: A Commentary.* New Testament Library. Louisville: Westminster John Knox, 2003.

———. *Romans.* Paideia Commentaries on the New Testament. Grand Rapids, Michigan: Baker Academic, 2010.

McEleney, Neil J. "Conversion, Circumcision, and the Law." *New Testament Studies* 20 (1974) 328–329.

Meeks, Wayne A. *The First Urban Christian: The Social World of the Apostle Paul.* 2d Ed. New Haven: Yale University Press, 2003.

———. *The Moral World of the First Christians.* Philadelphia: Westminster, 1986.

———. *The Origins of Christian Morality: The First Two Centuries.* New Haven: Yale University, 1993.

Melick, Richard R. Jr. *Philippians, Colossians, Philemon.* Editado por David S. Dockery. New American Commentary 32. Nashville, Tennessee: Broadman, 1991.

Menander. *The Principal Fragments.* Vol. 1. Traducido por Francis G. Allison. Loeb Classical Library. New York: Putnam's Sons, 1921.

Metzger, Bruce M. *A Textual Commentary on the Greek New Testament.* London: United Bible societies, 1975.

Michel, Otto. *Paulus und seine Bible.* Beiträge zur förderung christlicher Theologie 18. Gütersloh: C. Bertelsmann, 1929.

Migliore, Daniel L. *Philippians and Philemon.* Beliefs Series. Louisville: Westminster John Knox, 2014.

Miller, G. "ZNW Testament Research." *Currents in Biblical Research* 9 (2011) 238–309.

Mitchell, Margaret M. "1 and 2 Thessalonians." En *The Cambridge Companion to St Paul,* editado por James D. G. Dunn, 51–63. Cambridge: Cambridge University Press, 2003.

Moo, Douglas J. Epistle of the Romans. New International Commentary on the New Testament. Grand Rapids, Michigan: Eerdmans, 1996.

———. *The Letters to the Colossians and to Philemon.* Pillar New Testament Commentary. Grand Rapids, Michigan: Eerdmans, 2008.

Munzinger, André. *Discerning the Spirits: Theological and Ethical Hermeneutics in Paul.* Society for New Testament Studies Monograph Series 140. Cambridge: Cambridge University Press, 2007.

Murphy-O'Connor, Jerome. "1 and 2 Corinthians." En *The Cambridge Companion to St Paul,* editado por James D. G. Dunn, 74–90. Cambridge: Cambridge University Press, 2003.

———. *Paul: A Critical Life.* New York: Oxford University Press, 1996.

———. *St. Paul's Corinth: Texts and Archaeology.* 3d Ed. Collegeville: Liturgical, 2002.

Nanos, Mark D. "A Jewish View." En *Four Views on the Apostle Paul,* editado por Stanley N. Gundry y Michael F. Bird, 159–93. Grand Rapids: Zondervan, 2012.

———. *The Mystery of Romans: The Jewish Context of Paul's Letter.* Minneapolis: Fortress, 1996.

———. *Reading Corinthians and Philippians within Judaism: Collected Essays of Mark D. Nanos,* Vol. 4. Eugene, Oregon: Cascade, 2017.

Naveros, Córdova Nélida. *Philo of Alexandria's Ethical Discourse: Living in the Power of Piety*. Lanham, MD: Lexington/Fortress Academic, 2018.

Neusner, Jacob, ed. *Religions in Antiquity: Essays in Memory of Erwin Ramsdell Goodenough*. Studies in the History of Religions 14. Leiden: Brill, 1968.

Niederwimmer, Kurt. "Das Problem der Ethik bei Paulus." *Theologische Zeitschrift* 24/2 (1968) 81–92.

Nolland, J. "Uncircumcised Proselytes?" *Journal for the Study of Judaism in the Persian, Hellenistic, and Roman Periods* 12 (1981) 173–94.

Omerzu, Heike. *Der Prozess des Paulus: Eine Exegetische und rechtshistorische Untersuchung der Apostelgeschichte*. Beiheft zur Zeitschrift für die neutestamentliche Wissenschaft 115. Berlin: de Gruyter, 2002.

Pao, David W. *Colossians & Philemon: Zondervan Exegetical Commentary on the New Testament*. Editado por Clinton E. Arnold. Zondervan Exegetical Commentary on the New Testament Series. Grand Rapids, Michigan: Zondervan, 2012.

Pervo, Richard I. *Acts: A Commentary*. Hermeneia. A Critical and historical Commentary on the Bible. Editado por Harold W. Attridge. Minneapolis: Fortress, 2009.

Pfleiderer, Otto. *Lectures on the Influence of the Apostle Paul on the Development of Christianity*. The Hibbert Lectures, 1885. Traducido por J. Frederick Smith. London: Williams and Norgate, 1979.

Pfleiderer, Otto. *Paulinism: A Contribution to the History of Primitive Christian Theology*. London: Williams and Norgate, 1877.

———. *Primitive Christianity: Its Writings and Teachings in their Historical Connections*. 4 vols. Traducido por W. Montgomery. Editado por W. D. Morrison. Clifton, New Jersey: Reference Book Publishers, Inc., 1965.

Philip, Finny. *The Origins of Pauline Pneumatology: The Eschatological Bestowal of the Spirit upon Gentiles in Judaism and in the Early Development of Paul's Theology*. Wissenschaftliche Untersuchungen zum Neuen Testament 2. Reihe 194. Tübingen: Mohr Siebeck, 2005.

Philo. Traducido por F. H. Colson et al. 12 vols. Loeb Classical Library. Cambridge: Harvard University Press, 1929–1962.

Pietersma, Albert y Wright, Benjamin G., eds. *A New English Translation of the Septuagint: A New Translation of the Greek into Contemporary English, An Essential Resource for Biblical Studies*. New York: Oxford University Press, 2007.

Plato. Traducido por Harold North Fowler et al. 12 vols. Loeb Classical Library. Cambridge: Harvard University Press, 1914–1927.

Plutarch. *Moralia*. Traducido por Frank Cole Babbitt et al. 16 vols. Loeb Classical Library. Cambridge: Harvard University Press, 1927–1976.

Plutarch. *Moralia, Volume V: Isis and Osiris, The E at Delphi, The Oracles at Delphi No Longer Given in Verse, The Obsolescence of Oracles*. Traducido por Frank Cole Babbitt. Loeb Classical Library 306. Cambridge: Harvard University Press, 1936.

Pohlenz, Max. *Paulus und die Stoa*. Darmstadt: Wissenschaftliche Buch Gesellschaft, 1964.

Puzo, Flix. "Significado de la Palabra 'Pneuma' en San Pablo." *Estudios biblicos* 1 (1942) 437–60.

Rabens, Volker. "The Development of Pauline Pneumatology: A response to F. W. Horn." *Biblische Zeitschrift* 42 (1999) 161–79.

————. "The Holy Spirit and Deification in Paul: A 'Western' Perspective," en *The Holy Spirit and the Church according to the New Testament Sixth International East-West Symposium of New Testament Scholars, Belgrade, August 25 to 31, 2013*. Editado por Predrag Dragutinović et al. Tübingen: Mohr Siebeck, 2016.

————. *The Holy Spirit and Ethics in Paul: Transformation and Empowering for Religious-Ethical Life*. Wissenschaftliche Untersuchungen zum Neuen Testament 2. Reihe 283. 2d Ed. Tübingen: Mohr Siebeck, 2013.

————. "*Pneuma* and the Beholding of God: Reading Paul in the Context of Philonic Mystical Traditions." En *The Holy Spirit, Inspiration, and the Cultures of Antiquity: Multidisciplinary Perspective*, editado por Jörg Frey y John R. Levison, 294–329. Ekstasis 5. Berlin/New York: De Gruyter, 2014.

Reese, James M. *Hellenistic Influence on the Book of Wisdom and Its Consequences*. Analecta Biblica 41. Rome: Biblical Institute, 1970.

Reiser, Marius. "Hat Paulus Heiden Bekehrt?" *Biblische Zeitschrift* 39 (1995) 77–83.

Reumann, John. *Philippians: A New Translation with Introduction and Commentary*. Anchor Bible 33B. New Haven: Yale University Press, 2008.

Richards, Randolph E. *Paul and First-century Letter Writing: Secretaries, Composition, and Collection*. Downers Grove, Illinois: InterVarsity, 2004.

Richardson, Neil. *Paul's Language about God*. Journal for the Study of the New Testament Supplement Series 99. Sheffield, England: Sheffield Academic, 1994.

Riesner, Rainer. "Pauline Chronology." En *The Blackwell Companion to Paul*, editado por Stephen Westerholm, 9–29. Malden: Wiley-Blackwell, 2011.

Robertson, A. and Plummer, A. *A Critical and Exegetical Commentary on the First Epistle of St. Paul to the Corinthians*. Edinburg: T. & T. Clark, 1963.

Rodgers, Trent A. "God and the Idols: Representation of God in 1 Corinthians 8–10." PhD diss., Loyola University Chicago, 2015.

Rosner, Brian S., ed. *Paul and the Law: Keeping the Commandments of God*. Editado por D. A. Carson. New Studies in Biblical Theology 31. Downers Grove, Illinois: Inter Varsity, 2013.

————. *Paul, Scripture and Ethics: A Study of 1 Corinthians 5–7*. Arbeiten zur Geschichte des antiken Judentums und des Urchristentums 22. Leiden: Brill, 1994.

————. *Understanding Paul's Ethics: Twenty Century Approaches*. Grand Rapids: Eerdmans, 1995.

Runia, David T. "Was Philo a Middle Platonist? A Difficult Question Revisited." *Studia Philonica* 5 (1993) 112–140.

Sand, Alexander. *Der Begriff 'Fleish' in den Paulinischen Hauptbriefen*. Biblische Untersuchungen 2. Regensburg: Friedrich Pustet, 1967.

Sanders, E. P. "Paul between Judaism and Hellenism." En *St. Paul among the Philosophers*, editado por John D. Caputo y Linda M. Alcoff, 74–90. Bloomington, IN: Indiana University Press, 2009.

————. *Paul, the Law, and the Jewish People*. Philadelphia: Fortress, 1983.

————. *Paul and Palestinian Judaism: A Comparison of Patters of Religion*. Philadelphia: Fortress, 1977.

Sandmel, Samuel. *Philo of Alexandria: An Introduction*. New York: Oxford University Press, 1979.

Schmeller, Thomas. *Paulus und die "Diatribe": Eine Vergleichende Stilinterpretation*. Neutestamentliche Abhandlungen. Neue Folge 19. Münster: Aschendorff, 1987.

Schnabel, Eckhard J. "How Paul Developed His Ethics: Motivations, Norms, and Criteria of Pauline Ethics." En *Understanding Paul's Ethics: Twentieth Century Approaches*, editado por Brian S. Rosner, 267-97. Grand Rapids, Michigan: Eerdmans, 1995.

Schnelle, Udo. *Apostle Paul: His Life and Theology*. Grand Rapids: Baker Academy, 2003.

———. *The Letter to the Romans*. Bibliotheca Ephemeridum Theologicarum Lovaniensium 226. Leuven: Uitgeverij Peeters, 2009.

Schrage, Wolfgang. *Der Erste Brief an die Korinther*. 2 vols. Evangelisch-katholischer Kommentar zum Neuen Testament 7. Zürich: Benziger, 1995.

———. *The Ethics of the New Testament*. Traducido por D. E. Green. Philadelphia: Fortress, 1988.

Schreiner, Thomas R. y Johnson, Luke T. *Galatians: Exegetical Commentary on the New Testament*. Editado por Clinton E. Arnold. Zondervan Exegetical Commentary on the New Testament Series. Grand Rapids, Michigan: Zondervan, 2010.

———. "Response to Mark D. NanosE *Four Views on the Apostle Paul*, editado por Stanley N. Gundry y Michael F. Bird, 200-209. Grand Rapids, MI: Zondervan, 2012.

———. *Romans*. Baker Exegetical Commentary on the New Testament. Grand Rapids, Michigan: Baker, 1998.

Schweitzer, Albert. *The Mysticism of Paul the Apostle*. New York: Seabury, 1968.

———. *Paul and His Interpreters: A Critical History*. London: Black, 1912.

Schweizer, Eduard. "Spirit of Power: The Uniformity and Diversity of the Concept of the Holy Spirit in the New Testament." *Interpretation* 6 (1952) 259-78.

Scott, Ian W. *Implicit Epistemology in the Letters of Paul: Story, Experience and the Spirit*. Editado por Jörg Frey. Wissenschaftliche Untersuchungen zum Neuen Testament 2. Reihe 205. Tübingen: Mohr Siebeck, 2006.

Scott, James M. *Adoption as Sons of God*. Wissenschaftliche Untersuchungen zum Neuen Testament 2. Reihe 48. Tübingen: J. C. B. Mohr (Paul Siebeck), 1992.

Scott, Walter. *Hermetica*. 4 vols. Boston: Shambhala, 1985.

Seneca, Epistles, Volume I: Epistles 1-65. Traducido por Richard M. Gummere. Loeb Classical Library 75. Cambridge: Harvard University Press, 1917.

———. Epistles, Volume II: Epistles 66-92. Traducido por Richard M. Gummere. Loeb Classical Library 75. New York: Putnam's Sons, 1920.

Segal, Alan F. *The Other Judaisms of Late Antiquity*. Atlanta: Scholars, 1987.

Shogren, Gary S. *1 & 2 Thessalonians*. Zondervan Exegetical Commentary on the New Testament Series. Editado por Clinton E. Arnold. Grand Rapids: Zondervan, 2012.

Stegman, Thomas D. *Second Corinthians*. Catholic Commentary on Sacred Scripture. Grand Rapids, Michigan: Baker Academic, 2009.

Stendahl, Krister. *Paul among the Jews and Gentiles, and Other Essays*. Philadelphia: Fortress, 1976.

Sterling, Gregory E. "'The Image of God': Becoming Like God in Philo, Paul, and Early Christianity." *Portrays of Jesus* (2012) 157-73.

Stobaeus, *Ioannes. Anthologii libri duo priores*. 2 vols. Editado por Curt Wachsmuth. Berlin: Weidmann, 1884.

Stoicorum Veterum Fragmenta. Editado por H. von Arnim. 4 vols. Leipzig: Teubner, 1903-1924.

Stowers, Stanley K. "Does Pauline Christianity Resemble a Hellenistic Philosophy? En *Paul Beyond the Judaism/Hellenism Divide*, editado por Troels Engberg-Pedersen, 81-102. Louisville: Westminster John Knox, 2001.

————. *The Diatribe and Paul's Letter to the Romans*. Society of Biblical Literature Dissertation Series 57. Chico: Scholars, 1981.

————. "Paul on the Use and Abuse of Reason." En *Greeks, Romans, and Christians: Essays in Honor of Abraham J. Malherbe*, editado por David L. Balch et al., 253–86. Minneapolis: Fortress, 1990.

Stuhlmacher, Peter. *Der Brief an Philemon*. Zurich: Benziger/Neukirchner, 1975.

————. "Erwägungen zum ontologischen Charakter der καινη κτισις bei Paulus." *Evangelische Theologie* 27 (1967) 1–35.

Suggs, M. Jack. "The Christian Two Ways Tradition: Its Antiquity, Form and Function." En *Studies in New Testament and Early Christian Literature: Essays in Honor of Allen P. Wikgren*, editado por David Edward Aune, 60–74. Leiden: Brill, 1972.

Tanielian, Anoushavan. *Archbishop Nerses Lambronac'i Commentary on Wisdom of Solomon: Introduction, and Diplomatic Edition of the Armenian Text*. New York: Skewra, 2007.

Taylor, John B. *Ezekiel: An Introduction and Commentary*. Tyndale Old Testament Commentaries. Vol. 22. England: Inter-Varsity, 1969.

The Greek Magical Papyri in Translation, Including the Demotic Spells. Traducido por E. N. O'Neil. Editado por Hans Dieter Betz. Chicago: The University of Chicago Press, 1986.

Thiselton, Anthony C. *The First Epistle to the Corinthians*. Grand Rapids: Eerdmans, 2000.

Thompson, James W. *Moral Formation According to Paul: The Context and Coherence of Pauline Ethics*. Grand Rapids: Baker Academic, 2011.

Thorsteinsson, Runar M. "Paul and Roman Stoicism: Romans 12 and Contemporary Stoic Ethics." *Journal for the Study of the New Testament* 29.2 (2006) 139–61.

Thrall, M. E. A Critical and Exegetical Commentary on the Second Epistle to the Corinthians. Vol. 1. International Critical Commentary. Edinburgh: T&T Clark, 1994.

Thurston, Bonnie B. y Ryan, Judith M. *Philippians and Philemon*. Sacra Pagina Series 10. Collegeville, Minnesota: Liturgical, 2005.

Tobin, Thomas H. *The Creation of Man: Philo and the History of Interpretation*. Washington, D.C.: Catholic Biblical Association of America, 1983.

————. "The Fate of Plato's *Timaeus* in Middle Platonism." An invited paper for the 1990 Society of Biblical Literature Convention, November 1990, New Orleans. Pages 1–11.

————. *Paul's Rhetoric in Its Context: The Argument of Romans*. Peabody, Massachusetts: Hendrickson Publishers, 2008.

————. "Romans 10:4: Christ the Goal of the Law." *Studia Philonica* 3 (1991) 272–80.

————. *The Spirituality of Paul*. Eugene, Oregon: Wipf and Stock, 2008.

Tolbert, Mary A. "Philo and Paul: The Circumcision Debates in Early Judaism." En *Dem Tod nicht Glauben Sozialgeschichte der Bibel*, editado por Frank Crüsemann et al., 400–402. Gütersloh: Gütersloher, 2004.

Tomson, Peter J. *Paul and the Jewish Law: Halakha in the Letters of the Apostle to the Gentiles*. Compendia rerum iudaicarum ad Novum Testamentum. Vol. 2. Minneapolis: Fortress, 1990.

Turner, Nigel. *Grammatical Insights into the New Testament*. Edinburgh: T&T Clark, 1965.

Ulrichsen, J. H. *Die Grundschrift der Testamente der Zwölf Patriarchen: Eine Untersuchung zu Umfang, Inhalt, und Eigenart der ursprünglichen Schrift.* Stockholm: Almqvist & Wiksell, 1991.

Van der Horst, Pieter W. "Pseudo-Phocylides: A New Translation and Introduction." En vol. 1 of *The Old Testament Pseudepigrapha*, editado por James H. Charlesworth, 565–82. Apocalyptic Literature and Testaments. 2 vols. 2d Ed. Peabody, Massachusetts: Hendrickson Publishers, 2011.

Van de Sandt, Huub y Flusser, David. *The Didache: Its Jewish Sources and Its Place in Early Judaism and Christianity.* Compendia Rerum Iudaicarum ad Novum Testamentum 3.5. Minneapolis: Fortress, 2002.

Van Imschoot, P. "Sagesse et Esprit dans l'A.T." *Revue Biblique* (1938) 23–49.

Vincent, Marvin R. *The Epistles to the Philippians and to Philemon.* The International Critical Commentary. New York: Charles Scribner's Sons, 1906.

Virgil. *Eclogues, Georgics, Aeneid: Books 1–6.* Traducido por H. Rushton Fairclough. Revisado por G. P. Goold. Loeb Classical Library. Cambridge: Harvard University Press, 1916.

Wall, Robert W. *Colossians & Philemon.* The IVP New Testament Commentary Series. 4th ed. Downers Grove, Illinois: IVP Academic, 1993.

Wanamaker, Charles A. *The Epistles to the Thessalonians: A Commentary on the Greek Text.* New International Greek Testament Commentary. Grand Rapids, Michigan: Eerdmans, 1990.

Watson, Francis. *Paul, Judaism and the Gentiles Paul: A Sociological Approach.* Cambridge: Cambridge University Press, 1986.

Weima, Jeffrey A. D. *1–2 Thessalonians.* Baker Exegetical Commentary on the New Testament. Grand Rapids: Baker Academic, 2014.

Weissenrieder, Annette. "'Do You Know that You are God's Temple?': Toward a New Perspective on Paul's Temple Image in 1 Cor 3:16." En *Contested Spaces: Houses and Temples in Roman Antiquity and the New Testament*, editado por David L. Balch y Annette Weissenrieder, 59–108. Wissenschaftliche Untersuchunggen zum Neuen Testament 285. Tübingen: Mohr Siebeck, 2012.

Wendland, Heinz-Dietrich. *Ethik des Neuen Testaments.* Göttingen: Vandenhoeck & Ruprecht, 1970.

———. *Éthique du Nouveau Testament: Introduction aux Problèmes.* Genève: Labor et Fides, 1972.

Wendt, Hans H. *Die Begriffe Fleisch und Geist im biblischen Sprachgebrauch.* Gotha: Berthes, 1878.

White, Michael. "Morality between Two Worlds: A Paradigm of Friendship in Philippians." En *Greek, Romans, and Christians: Essays in Honor of Abraham J. Malherbe*, editado por David L. Balch et al., 201–215. Minneapolis: Fortress, 1990.

Windish, Hans. "Das Problem des paulinischen Imperativs." *Zeitschrift für die neutestamentliche Wissenschaft und die Kunde der* älteren *Kirche* 23 (1924) 265–81.

Winston, David. "Wisdom in the Wisdom of Solomon." En *Search of Wisdom: Essays in Memory of John G. Gammie*, editado por Leo G. Perdue et al., 249–64. Louisville: Westminster/John Knox, 1993.

———. *The Wisdom of Solomon: A New Translation with Introduction and Commentary.* The Anchor Bible 43. Garden City, New York: Doubleday, 1979.

Winter, Sarah B. C. "Paul's Letter to Philemon." *New Testament Studies* 33 (1987) 203–212.

Witherington, Ben III. *Paul's Letter to the Philippians: A Socio-Rhetorical Commentary.* Grand Rapids: Eerdmans, 2011.

———. *1 and 2 Thessalonians: A Socio-Rhetorical Commentary.* Grand Rapids: Eerdmans, 2006.

Witton, J. "A Neglected Meaning for *Skeuos* in 1 Thessalonians 4.4." *New Testament Studies* 28 (1982) 142–43.

Wright, N. T. *Paul and the Faithfulness of God: Book I Parts I and II.* Minneapolis: Fortress, 2013.

———. *Paul and His Recent Interpreters: Some Contemporary Debates.* Minneapolis: Fortress, 2013.

Zimmerli, Walther. *Ezekiel 2: A Commentary on the Book of the Prophet Ezekiel Chapters 25–48.* Editado por Paul D. Hanson y Leonard Jay Greenspoon. Traducido por James D. Martin. Hermeneia: A Critical and Historical Commentary on the Bible. Philadelphia: Fortress, 1983.